나와 타자

전남대학교 인문학연구원 HK+가족커뮤니티사업단
가족커뮤니티 인문지표 총서 02

가족커뮤니티의 개념들 관계편 2

나와 타자

발행일 2023년 2월 28일
집필자 류도향 김기성 김현미 김경란 강의혁 신지영
김병인 정미라 윤지영 한우리 김경학 최대희
정미선 이경배 추주희 이재준 김동규
발행인 정성택
발행처 전남대학교출판문화원

등록 1981. 5. 21. 제53호
주소 61186 광주광역시 북구 용봉로 77
전화 062-530-0573
팩스 062-530-0579
홈페이지 http://www.cnup.co.kr
이메일 cnup0571@hanmail.net

ISBN 978-89-6849-951-7 (93810)

이 저서는 2018년 대한민국 교육부와 한국연구재단의 지원을 받아
수행된 연구임 (NRF-2018S1A6A3A04042721)
This work was supported by the Ministry of Education of the Republic of Korea and the National Research Foundation of Korea(NRF-2018S1A6A3A04042721)

전남대학교 인문학연구원 HK⁺가족커뮤니티사업단
가족커뮤니티 인문지표 총서 02

류도향 · 김기성 · 김현미 · 김경란 · 강의혁 · 신지영
김병인 · 정미라 · 윤지영 · 한우리 · 김경학 · 최대희
정미선 · 이경배 · 추주희 · 이재준 · 김동규 공저

나와 타자

가족커뮤니티의 개념들 2

관계편

전남대학교출판문화원

한국사회의 가족과 공동체는 현재 급진적인 변동 과정에 놓여 있습니다. 저출산·고령화의 인구변화와 함께 심화하고 있는 1인가구 현상이 가장 눈에 띄는 방증입니다. 동거, 비혼, 비친족 가구, 비혼 출산, 자발적 한부모, 무자녀 등 다양한 형태의 신(新)가족들이 등장하면서 누가 가족이고 무엇이 가족인지 가족의 의미도 불투명해졌습니다. 결혼, 출산, 양육, 장례 등 일반적인 생애경로를 따라 과거로부터 전승된 공동체 문화와 의례도 변형을 겪거나 점점 사라지고 있습니다. 이와 더불어 동맹, 상부상조, 연대를 가능케 했던 공통의 상징지각 및 공통감각에 커다란 침식이 일어나는 것처럼 보입니다.

알파고, 챗GTP 등의 등장으로 가시화된 소위 4차산업혁명의 기술(인공지능, 증강현실, 사물인터넷, 생명공학 등)은 우리에게 미래 공동체의 가능성에 대한 더욱 근본적인 성찰을 촉구하고 있습니다. SF영화나 소설에서 상상된 초지능, 초연결, 초융합 시대가 가까이 도래하면서, 서로 기대고 돌보는 사람(人)의 근원적 존재 방식과 공동체 개념에 어떤 변화가 일어날지 보다 구체적인 전망이 필요해졌습니다.

『가족커뮤니티의 개념들 - 관계편』 1~3권은 이러한 시대 흐름을 배경으로, 오늘날 가족과 공동체의 변화를 '관계'의 관점에서 새롭게 성찰하려는 시도입니다. 이 책은 혈연, 지연, 학연, 민족 등의 집단동질성에 기반했던 공동체서사를 다원화하고, 나아가 민주적이고 평화로운 관계의 형식을 상상하고 발명하는 데 필요한 인문학 개념들을 제시하고 있습니다.

우리가 일상에서 경험하는 공동체는 다채롭게 분화하고 변이하고 있지만, 그에 대한 우리의 인식은 혈연/비혈연, 정상가족/비정상가족, 개인/공동체, 사적영역/공적영역의 이분법적 틀을 크게 벗어나지 못하고 있습니다. 사람들 사이의 인정과 신뢰, 갈등과 분쟁의 문제를 사유하는 방식도 관례와 통념에 따르거나 스펙터클 사회의 틀에 박힌 이미지로 귀착되는 경우가 많습니다. 또한 공동체 해체를 진단하고 그에 대응하는 국가정책은 정량화 및 수치화할 수 있는 현황에 초점을 맞추고 있어서 새로운 연대의 가능성을 포착하는 데 한계를 보이고 있습니다.

이 책은 가족과 공동체의 변화 과정에서 출현하는 파열과 탈구를 서사화하고, '이미 그러나 아직(already not yet)' 우리에게 오지 않은 공동체를 담론화하기 위한 일종의 방법론적 도구입니다. 이는 지금까지 가족과 공동체 관련 정책 입안과 실행의 기반이 된 사회과학적 지표를 보완하는 일종의 인문학적 지표라고도 할 수 있습니다. 여기서 말하는 지표는 일반적인 의미에서 '지표'가 아니라, 현실에 통합적으로 개입할 수 있는 가치체계 및 담론의 구성을 위한 열린 개념틀을 의미합니다.

이 책이 가족커뮤니티에 관한 개념의 포괄적 목록을 모두 망라하여 작성한 것은 아닙니다. 그 대신 지금까지 가족커뮤니티 관련 국내 연구 분야에서 인문학적 담론을 형성하는 데 중요한 위치를 점한 범주와 개념들을 세심히 선별하고자 했습니다. 이 선별작업은 전남대학교 인문학연구원 인문한국플러스(HK+) 사업 연구성과에 바탕하고 있습니다.

전남대학교 인문학연구원은 2018년부터 HK+ 사업 국가전략 분야에 선정되어 〈초개인화 시대, 통합과 소통을 위한 가족커뮤니티 인문학〉이라는 아젠다로 인문기반 융복합 집단연구를 수행해 왔습니다. HK+ 사업의 공동 연구진은 전통적인 가족과 공동체를 보완하고 확장하는 열린 친밀관계의 장(場)을 '가족커뮤니티'로 정의하고, 인문학적 문제의식에서 전통과 현대의 가족커뮤니티 담론을 폭넓게 탐색했습니다. 그리고 공동체 내·외부 관계성의 거리, 밀도, 문화적 맥락과 정치적 지형을 학제적이고 융복합적인 접근을 통해 심도 있게 고찰하여, 공동체를 형성하는 관계의 척도를 '인접성', '타자성', '지속성'으로 설정했습니다.

첫째, 인접성은 어떻게 서로가 가까워지고 멀어지는지 그 관계 맺음의 양상－함께 속해 있다는 감정, 공유되는 관심, 상호주관적으로 인정되는 가치, 공통의 상호행위－을 정동적, 감성적, 사회문화적으로 분석하기 위한 척도입니다. 둘째, 타자성은 조화롭고 통일된 전체에 대한 낭만적 상상을 거부하고, 차이와 이질성을 포용하는 비균질적이고 울퉁불퉁한 공동체의 잠재성을 찾기 위한 척도입니다. 이는 국가와 사회가 정한 주류적 관계규범성을 문제화하고 새로운 관계의 윤리를 탐색하는 데 중요한 사유지점을 제공합니다. 셋째, 지속성은 공동체의 운명성 또는 영원성에 대한 신화적 이데올로기를 해체하고, 단절과 연속, 파열과 생성, 닫힘과 열림 사이에서 공동체가 계속해서 생성, 변형, 형성되는 질적 과정을 성찰하기 위한 척도입니다.

『가족커뮤니티의 개념들-관계편』 1~3권의 제목은 위 세 가지 척도를 대중적 언어로 변환한 것으로, 1권의 제목인 '가까운 사이'는 '인접성'을, 2권의 제목인 '나와 타자'는 '타자성'을, 3권의 제목인 '함께하는 시간'은 '지속성'을 재구성한 것입니다. 그리고 각 척도에서 주요한 개념들이 다음과 같이 선정되었습니다.

1권 가까운 사이

① 가족하기-되기 ② 감통 ③ 곁 ④ 닮음, 유사 ⑤ 멂/가까움 ⑥ 배려 ⑦ 사이 ⑧ 신뢰 ⑨ 얼굴과 책임 ⑩ 연대 ⑪ 의리 ⑫ 이웃 ⑬ 자기애 ⑭ 접촉과 만짐 ⑮ 정성 ⑯ 지기 ⑰ 친밀함·친밀성 ⑱ 친족

2권 나와 타자

① 가족 안의 이방인 ② 갈등 ③ 난민 ④ 노인 ⑤ 사회적 배제와 포용 ⑥ 소수자-되기 ⑦ 이민족 ⑧ 인정투쟁 ⑨ 자기방어 ⑩ 젠더 ⑪ 초국적 가족 ⑫ 초국적 이주민 ⑬ 퀴어 ⑭ 타자이해 ⑮ 탈가정 청소년 ⑯ 평화 ⑰ 혐오 ⑱ 환대

3권 함께하는 시간

① 가정의례 ② 계승 ③ 공동경험 ④ 공-산 ⑤ 공서 ⑥ 나이듦, 죽음 ⑦ 놀이 ⑧ 비밀 ⑨ 생애동반자 ⑩ 장소와 집 ⑪ 질적 시간 ⑫ 집단기억 ⑬ 짝/반려 ⑭ 추억 ⑮ 퀴어시간성 ⑯ 탄생 ⑰ 희로애락

이 개념들에 대한 공동저술을 위해 인문학 제분야뿐만 아니라, 사회학, 인류학, 교육학, 간호학, 신학 등 다양한 학제를 아우르는 연구자들이 필진으로 참여해 주셨습니다.

이 책은 통상적인 사전처럼 형식적 정의를 하는 것이 아니라, 개념의 확장된 논의와 현실적용을 위한 비평을 담고 있습니다. 각 개념어들은 〈개념의 기본적 정의〉, 〈개념의 기원과 발전〉, 〈의미와 해석〉, 〈참고문헌 및 더 읽을거리〉의 순서로 서술되어 있습니다. 〈개념의 기본적 정의〉는 개념이 함축한 주요 의미를 설명해주고, 〈개념의 기원과 발전〉은 해당 개념을 역사적·이론적 맥락 위에서 이해할 수 있게 해줍니다. 또한 〈의미와 해석〉은 오늘날 현실과 연관하여 생각할 거리를 제시하고, 〈참고문헌 및 더 읽을거리〉는 독자들이 스스로 더 공부할 수 있도록 지침을 제공해줍니다.

이 책에 수록된 개념들은 하늘에 떠 있는 별들을 자유롭게 잇고 거기에 새로운 이름을 붙이듯이, 체계적 분류나 위계를 거부하는 짜임관계를 이루며 시민들 개개인의 성찰을 독려합니다. 독자들은 흥미와 관심사항에 따라 개념들을 살펴보면서 자신의 현실을 돌아보고 도래할 공동체의 다양한 형식을 숙고할 수 있을 것입니다.

우리는 이 책에 수록된 개념들에 대한 의문을 수용합니다. 중요

한 개념들이 누락되었거나 적절성이 떨어진 개념들이 선별되었다고 생각하는 이도 있을 것입니다. 무엇이 핵심 개념인지를 구성하는 것은 어떤 이론적 관점과 지향성을 갖는지에 따라 각양각색일 수 있기 때문입니다.

하지만 이 책의 개념들은 과거에서부터 현재까지 전승되면서 여전히 생명력을 잃지 않고, 무엇보다 국내 굴지의 연구자들이 미래를 향한 문제의식 속에서 천착한 연구대상이라는 공통점을 가지고 있습니다. 이 책의 공동연구가 가족커뮤니티에 대한 의미 있는 논의를 확장시키고, 지금 이곳과는 다른 사회에 대한 인문학적 상상력을 일깨울 수 있기를 바랍니다.

차례

전남대학교 인문학연구원

HK+가족커뮤니티사업단

가족커뮤니티 인문지표 총서

가족커뮤니티의 개념들

가족 안의 이방인 A Stranger Within the Family

기본적 정의

가족 안의 이방인은 마치 한마음 한뜻인 것처럼 가정된 가족정체성 내부의 차이와 균열을 포착하기 위한 은유적 부호이다. 이는 사랑, 친밀함과 같은 가족의 이상이 가족 안팎의 경계를 눈에 띄지 않게 은폐할 수 있음을 비판적으로 상기시킨다. 크리스테바(Julia Kristeva, 1941~)에 따르면 "이방인은 우리들의 정체성의 감춰진 측면이고, 우리들의 머묾을 없애는 공간이며, 화합과 공감 근저에 놓여 있는 시간이다."[1] 때때로 내 자신조차 오래 머물던 곳에서 낯선 이방인이 된 듯 소외될 때가 있다. 한 사람의 정체성도 일생동안 계속되는 타자화를 통해 불연속적 변화를 겪는데, 하물며 가족이라는 집단은 수많은 차이와 이질성의 교차 속에서 끊임없이 교섭되고 타협되는 중층적 시간의 산물일 수밖에 없다. 따라서 가족에 대한 진정한 이해는 가족정상성 규범에 동화되지 않는 타자성을 민감하게 대하는 감수성을 필요로 한다.

---

1 Julia Kristeva, *Fremde sind wir uns selbst*, Suhrkamp: Frankfurt am Main; 1990, 104쪽.

개념의 기원과 발전

가족 안의 이방인이라는 은유를 해명하기 위해서는, 먼저 집단에서 이방인의 문제가 철학적으로 어떻게 논의됐는지 살펴볼 필요가 있다. 집단에서 이방인의 문제는 아주 오래된 철학적 테마이다. 대표적으로 플라톤의 많은 대화편은 이방인(xenos)에 대한 질문을 던지고 있다.[2] 플라톤의 『소크라테스의 변론』에서 신성모독으로 기소당한 소크라테스는 법에 관한 한 자신은 이방인이라고 선언한다.[3] 자신을 이방인으로 대해달라고 변론한 이유는 고대 그리스 세계에서 이방인에 대한 환대가 일반적으로 행해지는 관습이었기 때문이다.[4] 이처럼 전통 철학에서 이방인의 문제는 민족과 국가의 경계에서 체제 유지와 포섭 및 동화를 둘러싼 중요한 정치적·윤리적 테마가 되었다.

그러다가 이방인의 문제를 사회학적 테마로 처음 정식화한 것은 독일의 사회학자이자 미학자인 짐멜(Georg Simmel, 1858~1918)이다. 그는 이방인을 어떤 고정된 지점에서 분리되어 있다는 공간적 의미를 넘어, 인간들의 상호작용에서 나타나는 가까움과 멂의 독특한 조합이라는 사회학적 의미로 파악하였다. 짐멜에 따르면 이방인

2 자크 데리다, 『환대에 대하여』, 남수인 옮김, 동문선, 2004, 58쪽 참조.

3 플라톤, 「소크라테스의 변론」, 『에우티프론, 소크라테스의 변론, 크리톤, 파이돈』, 박종현 옮김, 서광사, 2003, 17d, 99쪽.

4 이방인에 대한 환대의 문제를 다룬 근대 철학자로 칸트가 있다. 칸트는 『영구평화론』의 제3의 확정조항에서 보편적 우호의 조건에 대해 말하면서 이방인의 환대에 말한다. 칸트에 따르면 이방인이 평화적으로 처신하는 한, 그를 적대적으로 다루어서는 안 된다. 하지만 이방인의 권리는 일시적인 체류의 권리, 교제의 권리로 제한된다. 임마누엘 칸트, 『영구평화론: 하나의 철학적 기획』, 이현구 옮김, 서광사, 2008.

은 어떤 집단 내부에 있으면서도 그 내부에 있지 않은 특성을 끌어들이는 자이다.[5] 다시 말해 이방인은 집단에 속하지 못한 채 멀리 떨어져 있는 것이 아니라, 가까우면서도 멀리 있는 중간자적 성격을 지닌 자이다. 한편으로 이방인은 집단 안에 소속되어 있지만, 다른 한편으로 주변인과 적대자로서의 낯섦을 갖는다.

짐멜은 이 낯섦이 집단에 부정적인 것이 아니라, 오히려 "매우 긍정적인 관계, 다시 말하자면 특수한 상호작용의 형식"[6]을 낳는다고 본다. 이방인은 집단 안에서 가까운 인간관계에 접촉하면서도, 친족 관계나 지역적·직업적 상태의 그 어떠한 개별적 요소들에 의해서도 고정되지 않기 때문에 '객관성'이라는 특별한 태도를 보인다. 이 태도는 단순히 거리를 두는 중립적인 태도가 아니다. 그것은 가까움과 멂, 그리고 무관심과 적극적인 관여를 독특한 방식으로 조합하는 자유로운 태도를 뜻한다.[7] 이방인은 가족이나 당파의 이해관계에 매이지 않고 공평무사하게 활동할 수 있으며, 질적으로 새로운 관계성을 창조하고 다채로운 상호작용을 유발할 수 있다. 또한 이방인은 집단에 대해 냉철하고 객관적인 태도를 견지함으로써, 집단 내부의 문제점을 통찰하거나 집단 구성원들조차 모르는 비밀을 발견하기도 한다. 이런 점에서 짐멜은 이방인도 집단의 유기적 구성원이며, 집단의 통일적 삶을 가능케 하는 특별한 조건이라고 말한다.

철학자 데리다(Jacques Derrida, 1930~2004)에 따르면 이방인은

---

5 게오르그 짐멜, 『짐멜의 모더니티 읽기』, 김덕영 옮김, 새물결, 2005, 79쪽.

6 같은 책, 80쪽.

7 같은 책, 82쪽.

본래부터 이방인일 수 없다. 이방인(étranger/stranger)이 이방인이 되는 것은 어떤 특수한 상황, 자신이 무지에 빠져버리는 낯선(étrange/strange) 상황에 놓일 때이다. 이 무지 때문에, 그는 질문을 던지게 된다. 자신이 처해있는 낯선 상황을 알기 위해, 그곳이 어떤 곳인지 알기 위해 질문한다. 그는 또한 질문을 받는다. 그가 어디에서 왔는지, 무엇을 위해 왔는지, 무엇을 찾고 있는지에 대해 질문받는다. 그러므로 그는 질문과 연관된 존재, 질문을 통해서만 가능한 존재인 것이다. 데리다는 이런 질문의 상황을 이방인에 대한 본질적인 규정으로 보고, 이방인을 '질문하는 존재'로 규정한다.[8] 이방인의 질문은 내부의 고유한 질서를 흔들고 동일성을 의문시한다는 점에서 해체의 힘을 갖는다.

페미니즘 사상가 크리스테바는 정신분석학적 접근을 통해 이방인이 고국을 떠남으로써 형성되는 범주가 아니라, 인간 정체성의 한 부분이며 우리 자신 안에 있는 범주라고 주장한다. 그녀에 따르면 우리는 모두 남/여, 성인/아이, 장애/비장애, 결혼/비혼, 토착민/이방인 등의 이분법적 도식으로 명확히 구별되지 않는 문턱과 경계에서 있다. 즉 이방인의 특성은 우리 모두가 자기 안에서 발견할 수 있고 정체성의 일부로 받아들여야 하는 속성인 것이다. 크리스테바는 자기 안에서 이방인의 비밀은 무의식적 차원으로 숨겨져 있고, 이를 탐색하는 것은 정신분석학의 과제라고 본다. 그녀는 우리들 자신 속의 이방인에 대해 존경을 표한다. 왜냐하면 그것은 우리들 각자의 고유한 심연과 낯섦을 발견할 기회를 주고, 이방인에 대한 폭력이 아닌 이방인과 함께 살아가는 방법을 고민할 수 있는 구성적

8 자크 데리다, 『환대에 대하여』, 58쪽 참조.

사유로 초대해주기 때문이다.

짐멜, 데리다, 크리스테바의 논의에서 이방인은 단절과 소외의 상징이 아니라, 단일한 집단정체성 내부의 비동일성을 사유하는 일종의 비판적 부호처럼 사용된다는 공통점이 있다. 이를 우리는 가족 안의 이방인에도 적용해볼 수 있다.

많은 집단 가운데 가족은 유독 세상에서 가장 친밀하고 가까운 집단으로 표상된다. 반면 이방인은 내가 속한 집단 외부의 사람, 즉 '우리'라는 공동체에 속할 수 없는 외부인이라는 의미에서 가족과는 동떨어진 존재처럼 여겨진다. 그러나 인류 역사에서 실제 가족의 구성을 들여다보면 가족과 비가족의 경계선을 확실하게 가르기 힘든 경우가 많다.[9]

사회학자 니클라스 루만(Niklas Luhmann 1927~1998)에 따르면 가족은 다른 여타의 사회적 집단들과 달리 전인격적인 소통을 특징으로 한다. 즉 가족은 한 사람의 인격과 관련된 모든 것이 소통되리라는 기대심리가 작동하는 장소라는 것이다. 보통의 사회생활에서 우리는 인격 전체를 나누는 게 아니라, 능력, 직급, 성과, 역할, 외모, 이해타산 등에 따라서 상대방과 부분적인 관계만을 맺는다. 하지만 가족은 나의 삶과 관련된 모든 것(식생활, 의식상태, 애정, 돌봄, 사회화, 교육, 여가, 가치관, 정치적 입장 등)을 들을 권리가

---

9 전통적으로 결혼은 경제적·정치적 이해관계가 다른 이방인을 가족으로 받아들이고 포섭하기 위한 제도였다. 한 가지 예로 고대 그리스의 알렉산드로 대왕은 페르시아를 정복하는 전쟁 당시 동서 융합을 위해 그리스인들과 피정복민들을 결혼시켰다. 민족과 문화의 통합을 위해 언어와 종교가 다른 이방인들이 가족으로 결합한 것이다. 이처럼 가족은 결코 하나일 수 없는 차이와 이질성을 기반으로 성립하는 집단이다. 오은경, 「가족의 구성과 이방인의 문제 = 그리스 비극에서 시작된 갈등과 문제 해결의 시도」, 『인문학논총』, Vol.40, 2016 참조.

있고 말하고 답해야 할 의무도 있다고 여겨진다. 이런 권리와 의무가 기대만큼 충족되지 않을 때 가족에 대한 오해와 불통, 갈등과 폭력이 싹트게 된다. 내 인격을 전부 가족에 짐 지우고 오로지 가족을 통해서 삶의 문제를 해결하려 할 때, 가족기능의 과부하로 우리는 매우 위험한 소통에 노출될 수 있으며, 급기야 가족해체에 이를 수 있다.

이처럼 가족의 전인격적 소통의 기능은 가족을 안정감과 행복을 주는 존재로 만들어 주는 동시에 극단적인 불안정과 불행의 근원지로 만드는 딜레마를 안고 있다. 우리는 가족이 사랑과 인정, 소속과 근원적 존재감을 주는 긍정적 의미도 갖지만, 다른 한편 상처와 트라우마, 갈등과 정체성 위기라는 부정적 의미도 갖는다는 점을 잊어서는 안 된다. 가족을 진정으로 이해하는 것은 가족의 이런 이중 특성을 반성적으로 살피는 것부터 시작해야 한다.

사회학적으로 볼 때 가족 안의 이방인은 가족관계가 조화롭고 통일된 상호작용이 아니라, 내부적으로 낯설고 이질적인 특성을 가짐을 드러낸다. 그는 가족과 동떨어진 외부인이 아니라, 가족과 접촉해 있으면서 익숙한 가족관계의 방식을 새롭게 배치하는 경계인이다. 그는 불가피하게 사건적이고 변화무쌍하며 끊임없이 상호작용하는 가족의 살아있는 삶을 객관적으로 바라본다. 이런 점에서 가족 안의 이방인은 가족과 불통하는 것처럼 보이지만, 오히려 가족 간 질적 관계와 소통의 가능성을 담지하는 가족의 유기적 구성원으로 봐야 한다.

철학적으로 볼 때 가족 안의 이방인은 혈연과 결혼을 전제한 가족의 정상성이 낯설게 다가오는 문제적 상황에 의해 발생한다. 가족이란 무엇인가? 우리는 정말 친밀한가? 가족은 어디까지 간섭할 수 있는가? 가족은 왜, 어디까지 서로를 책임져야 하는가? 결혼은 꼭 해야 하는가? 나는 누구와 어디서 어떻게 살고 싶은가? 이렇게 당혹스럽고 대답하기 어려운 질문들을 통해 가족 안의 이방인은 매번 다른 맥락과 배경에서 탄생할 수 있다. 가족이 어떤 관계인지 근본적인 질문을 던지고 또는 질문을 받는 이방인은, 가족의 의미를 가장 첨예하게 만드는 철학적 존재라 할 수 있다.

정신분석학적으로 볼 때 가족 안의 이방인은 가족정체성의 심연에 무의식적으로 억압된 소란스러운 정동을 폭발하게 한다. 흔히 부부와 자녀로 구성된 가족 형태와 정체성에 위반되는 친밀관계를 우리사회는 비정상, 결손, 일탈로 여긴다.[10] 하지만 우리는 실제 생활에서 가족에 대한 일반적 정의(definition)로 포착되지 않는 이질적인 정서와 이에 대한 고민을 갖기 마련이다. 가족 안의 이방인은 우리로 하여금 가족/비가족, 친숙함/낯설음, 안락함/부담감, 신뢰/불신, 같음/다름과 같은 이분법적 흑백논리로 이해할 수 없는 혼돈스러운 감정과 무엇인가 단절되고 답답한 가족 상황을 직면하게 한다.

하지만 가족 안의 이방인이 될 때 불안정한 삶에 내던져질 거라는 두려움은 억압되거나 타인에게 투사되곤 한다. 소위 '정상'가족을 이루지 않은 1인가구, 동거가족, 동성애가족, 다문화가정 등에 대한 혐오는 이런 억압과 투사의 발로일 것이다.

10 조은주, 『가족과 통치: 인구는 어떻게 정치의 문제가 되었나』, 창비, 2018.

가족은 하나라는 판타지의 해부[11]

우리는 흔히 가족을 안식처, 울타리, 둥지, 집, 나무, 숲, 생명, 심장, 고향, 뿌리, 운명과 같은 단어에 빗대어 은유적으로 표현한다.[12] 이런 은유적 사고방식의 기저에는 가족이 하나로 통일된 유기체라는 무의식적인 판타지가 작동하고 있다. 이 판타지의 핵심은 유기체의 각 부분들이 제 기능을 수행함으로써 전체 생명이 유지되는 유기적 통일성에 있다. 그러니까 가족이 마치 살아있는 생명체 같다는 말은 각각의 구성원을 한 몸으로 가정하고, 누군가의 위기를 가족 전체의 위기와 동일시하는 운명공동체의 의미를 함축한다.

고대로부터 현대에 이르기까지 인류는 국가, 민족, 사회, 계급, 집단, 조직 등과 유기체 사이에 유비적 관계가 있다고 상정하고, 생명 전체를 위해서 신체 기관들이 유기적으로 작동하듯이, 사회 조직의 기능도 사회의 이익을 위해서 조화롭게 작동한다는 동일성의 정치담론을 특정한 역사적 맥락마다 발전시켜 왔다.

가족은 그 어떤 공동체보다 특히 불변하는 자연의 가상을 띤다.[13] 즉 어떤 사람도 가족 없이 존재하지 않고, 모든 사람은 가족에

11 이 부분은 류도향, 「가족하기-되기: 연결의 메타플라즘」, 『철학논총』, Vol.111 No.1, 2023에서 2절 '가족판타지: 유기체와 네트워크'의 일부를 참고하여 서술한 것임.

12 가족을 은유패러다임으로 접근하는 연구는 류도향·김청우·강의혁, 「가족과 커뮤니티에 대한 인문지표 제언」, 『철학·사상·문화』 제35집, 2021 참조.

13 가족은 생식, 섹스, 출산 등 생물학적 재생산과 밀접한 연관을 갖는다는 이유로 '자연적인 것'으로 간주된다. 하지만 가족은 특정한 정치경제적·사회문화적 조건하에서 형성된 사후구성물로서, 자연적인 것을 초과한다. 예를 들어 먹는 행위는

속해 있어야 하며, 가족과 함께 행복하게 사는 것이 가장 자연스러운 삶으로 여겨진다. 한국인은 식민지근대, 한국전쟁과 분단, 가난과 독재와 같은 국가적 위기 속에서 가족을 현실의 모든 불안과 공포를 잠재울 수 있는 보상 영역 또는 훼손된 전체를 재조직화하는 상상적 준거점으로 삼았다. 안전하다고 상상된 가족의 경계를 침범하는 외부 대상은 적으로 규정되고, 가족판타지를 깨뜨리는 내부구성원에게는 위험과 불안의 표식이 붙여진다. 가족이 마치 박테리아의 면역시스템처럼 외/내부의 타자를 강박적으로 제거하는 방어메커니즘을 구축하는 것이다.

이렇듯 방어메커니즘으로 작동하는 가족 표상체계는 한국가족을 생존을 위한 최후의 보루로 절대시하고, 가족구성원에게 자본의 투자와 기대, 위험 회피와 수익 창출, 보험과 상속과 같은 경제적 욕망을 투사하는 심층 원인이 된다. 나아가 가족 표상체계는 한국사회를 가부장적이고 이성애 규범적인 질서에 따라 유기체적으로 배치하는 구심점이기도 하다. 따라서 혈연주의, 가부장주의, 연고주의, 이성애주의, 집단주의, 생존주의, 속물주의 등 한국의 각종 주의들이 뻗어 나오는 가족 표상체계를 비판적으로 해부하면서 가족 안의 이방인을 사유하는 작업이 필요하다.

자연적이지만, 어디서 누구와 함께 무엇을 어떻게 왜 먹느냐는 경제적 물질토대와 사회문화적 동학에 얽힌 매우 복합적인 문제틀인 것처럼, 가족현실을 유기체의 행동방식으로 상상하고 욕망하는 것 또한 특정한 역사적 맥락 속에서 구축된 사회적 각본이자 구성물로 이해되어야 한다. 가족의 자연화에 대한 비판은 미셸 바렛, 메리 맥킨토시, 『반사회적 가족』, 김혜경·배은경 옮김, 나름북스, 2019, 75-85쪽 참조.

가족 안의 이방인에 대한 예술적 재현: 벌레와 하녀

예술은 가족 안의 이방인을 재현하는 효과적인 방법적 매체다. 즉 가족을 건강하고 정상적인 공간으로 이미지화하는 가족판타지가 허구임을 보여주고, 동질화된 가족 내부의 모순과 불화를 통찰하게 한다. 현대 예술작품 중에서 대표적인 예로 카프카의 소설「변신」(1915)과 김기영 감독의 영화「하녀」(1960)를 들 수 있다.

「변신」은 19세기 말에서 20세기 초까지 전개된 서구의 산업화와 대도시화를 배경으로 변화된 가족주의의 현실을 풍자하는 작품이다. 잘 알려진 것처럼 주인공 그레고르가 어느 날 갑자기 흉측한 벌레로 변신한다는 황당한 설정은, 평범한 가족의 일상을 탈구시키고 가족의 정상성과 인습을 낯설게 하는 문학적 장치이다. 변신 전까지 그레고르는 가족의 생계를 책임지던 장남이자 외판원이었다. 그는 근대 시민사회와 자본주의의 조건에서 소시민적 가치관(신성한 자연적 질서에 근거한 혈연공동체, 사랑, 인간애, 희생과 책임, 성공 등)을 따르며 가족을 성실히 부양하였다. 하지만 변신 후 경제력을 상실한 그는 가족과 불화하고 외면을 당하게 된다. 오빠를 가장 사랑했던 여동생 그레테는 '오빠'를 '괴물'로 칭하고, 급기야 '저것'이라고 부르면서 가족임을 가장 강력하게 부정한다. 결국 그레고르는 가족에게 버려져 혼자 처참한 죽음을 맞이하게 된다.

여기서 벌레는 가족 안에서 소외와 고립, 자본주의적이고 기능주의적인 가족 관계의 모순을 알레고리적으로 표현한다. 가족이 처한 조건과 환경이 변화했을 때 오랫동안 익숙했던 가족정체성이 순식간에 와해되는 모습을 통해 우리는 가족 안에 잠재된 차이와 균열을 엿볼 수 있다.

「하녀」는 1960년대 한국사회의 엘리트층에 해당하는 중산층 가족 안에서 신분상승과 경제적 부를 둘러싼 욕망의 쟁투, 그와 함께 표출되는 불안을 '하녀'라는 그로테스크한 상징을 통해 형상화하고 있다. 주인공 동식은 현모양처 아내와 1남 1녀를 둔 가장이자 피아노를 가르치는 음악 선생님이다. 동식은 새집을 짓느라 생활비가 부족한 터에 여공 경희에게 피아노 레슨을 시작하고, 그녀로부터 아내를 대신해 집안일을 맡길 하녀를 소개받게 된다. 그러던 어느 날 그는 하녀와 불륜 관계를 맺고 되고 임신과 낙태, 아들의 죽음이라는 불미스러운 사건의 소용돌이에 빠진다. 결국 동식은 하녀와 함께 자살하기 위해 쥐약을 먹고, 죽어가는 하녀를 뿌리치고 아내의 곁으로 돌아와 숨을 거둔다.

이 영화는 단순히 불륜이라는 무책임한 행동의 끝은 가정파탄이라는 계도적 의미로 해석될 수 없다. 당대의 정치적, 사회·문화적 맥락을 살펴볼 때 이 영화는 1960년대 중산층 가정의 생존과 욕망을 집요하게 그려내며, 그 안에서 생산되는 날카로운 불협화음을 들려준다. 1960년대 중산층은 한국전쟁 이후 절대적 빈곤에서 벗어나기 위한 대안으로 호출된 새로운 계층이었다. 이 새로운 계층은 (영화의 대사를 빌려오면) "신성한 가정"을 이상으로 삼았는데, 이는 절대로 침해될 수 없는 고결하고 거룩한 도덕적 가치를 함축한다. 신성한 가정은 성실하고 가정적인 남편, 헌신적인 아내, 바르고 착한 자녀로 구성되며, 서로를 사랑하고 아끼는 마음으로 끈끈하게 결속되어 있다. 또한 2층 양옥집을 짓고, 그 안에 TV, 피아노 같은 신식 가정용품을 구비한 안락한 가정 환경은 스위트홈의 기준이 된다.

하지만 이처럼 결점이 없어 보이는 중산층 가정에는 근원적 불안과 위태로움이 도사리고 있다. 동식은 양옥집을 짓느라 진 빚을 갚기 위해 쉴 새 없이 경제활동을 하고, 아내는 집안일과 함께 부수입까지 버느라 몸이 쇠약해진다. 두 사람은 먹고사는 문제에 바빠 속 깊은 대화를 나누지 못하고 애정 없이 살아간다. 하녀의 동거로 동식은 동물에 가까운 성적 본능과 부르주아 가장의 도덕관념 사이에서 갈등하다 결국 유혹에 넘어간다. 한쪽 다리가 불구인 딸은 가족을 불완전하게 만드는 병적 문제이며, 낙태와 아들의 죽음은 행복한 2층 양옥집이 잔인한 살해의 정동과 분리될 수 없음을 보여준다.

무결점의 이상적 세계로 표상된 신성한 가정은 하녀라는 외부인이 내부로 들어오면서 산산조각난다. 가족의 경계짓기에 종속되지 않는 불순물 같은 하녀는, 가족 내부의 욕망 투쟁이 극적으로 드러나게 하며 60년대 중산층이 꿈꿨던 희망이 특정한 시대가 만든 집합적 망상임을 보여준다.

타자성에 대한 민감한 포착과 관계의 테크닉

가족이 하나의 공동체라는 이상은 서로에게 투명한 자아들, 상호동일시하는 관계, 사회적 친밀함과 편안함에 대한 욕망을 드러내 보여주는 일종의 허상이자 꿈이다. 우리 시대의 가족 또한 여전히 도시의 각박하고 소외된 삶에 대항할 수 있는 안전한 장소를 약속한다. 하지만 가족의 이상을 그저 낭만적으로 받아들일 수 없는 이유는, 가족에 의해 타자화되는 존재 때문이다.[14]

---

14 Iris Marion Young, "The Ideal of Community and the Politics of Difference", in Linda J. Nicholson, ed., *Feminism/Postmodernism*(New York: Routledge, 1990, 300-323쪽 참조.

우리는 가족과 다른 정체성을 가진 구성원과는 관용을 베푸는 수준에서 대화하곤 한다. 이런 대화는 실질적인 가족문제를 드러내지 못하고 결국 '참으면서 사이좋게 지내자'쯤의 암묵적 합의로 마무리되기 십상이다. 그러나 이런 방식으로 가족의 평화를 끝까지 유지하는 것은 불가능하다. 가족 안에서 타자성이 가족정체성 구축의 과정에 내재하는 끊임없는 동일시, 잘못된 인지의 과정과 소외, 말하자면 복합적인 관계성을 심문하게 하기 때문이다.

가족 안의 이방인은 수수께끼처럼 숨겨져 있고 기묘하고 기이한 감각을 수반하는 불편한 경험일 수 있다. 하지만 이는 동질적이라고 가정된 공동체의 판타지를 깨뜨리고 가족마다의 독특함과 차이를 되찾게 해준다. 또한 우리 자신과 가족 안에 있는 이방인을 있는 그대로 받아들이면서 그와 친구가 된다면, 우리가 잃어버리는 것보다 우리 자신에 대해 더 많은 것을 알 수 있다.

우리는 이방인의 시선으로 가족을 볼 때 서로를 상호배제해 왔던 경향, 즉 차이를 하나의 가치로 긍정하며 공존을 위한 관계의 테크닉을 훈련할 수 있다. 관계의 테크닉은 차이의 극복이나 화해가 아니라 차이가 나는 그대로 다사다난한 과정을 함께 견디는 기술이다. 즉 서로 다른 사람들이 파괴적이지 않게 공생할 수 있는 현실적인 방법은 긴장의 해결이 아니라 그 긴장 상태의 강렬함에 기꺼이 머무르는 태도에 있을 것이다.

참고문헌 및 더 읽을거리

김기영, 「하녀」, 1960.

데리다, 자크, 『환대에 대하여』, 남수인 옮김, 동문선, 2004.

류도향, 「가족하기-되기: 연결의 메타플라즘」, 『철학논총』, Vol.111 No.1, 2023.

류도향·김청우·강의혁, 「가족과 커뮤니티에 대한 인문지표 제언」, 『철학·사상·문화』 제35집, 2021.

바렛, 미셸·맥킨토시, 메리, 『반사회적 가족』, 김혜경·배은경 옮김, 나름북스, 2019.

오은경, 「가족의 구성과 이방인의 문제 = 그리스 비극에서 시작된 갈등과 문제 해결의 시도」, 『인문학논총』, Vol.40, 2016.

짐멜, 게오르그, 『짐멜의 모더니티 읽기』, 김덕영 옮김, 새물결, 2005.

카프카, 프란츠, 『변신』, 이재황 옮김, 문학동네, 2005.

커니, 리처드, 『이방인, 신, 괴물 - 타자성 개념에 대한 도전적 고찰』, 개마고원, 2004.

플라톤, 「소크라테스의 변론」, 『에우티프론, 소크라테스의 변론, 크리톤, 파이돈』, 박종현 옮김, 서광사, 2003.

Kristeva, Julia, 『Fremde sind wir uns selbst』, Suhrkamp: Frankfurt am Main, 1990.

Young, Iris Marion, "The Ideal of Community and the Politics of Difference", in Linda J. Nicholson, ed., *Feminism/Postmodernism*, New York: Routledge, 1990.

갈등葛藤 Conflict

기본적 정의

국립국어원 표준국어대사전에서 갈등은 칡(葛)과 등(藤)나무가 서로 얽히는 것과 같이 개인과 개인, 개인과 집단, 집단과 집단 사이의 목표나 이해관계가 다를 때 혹은 상반된 욕구나 가치가 충돌할 때 발생하는 대립이나 모순을, 그리고 상이한 의견이나 입장이 부딪힐 때 서로 적대시하면서 불화를 일으키는 상태로 정의되고 있다. 이와 유사하게 갈등을 뜻하는 영단어인 'conflict' 또한 "충돌하다, 다투다, 투쟁하다"의 의미를 지닌 라틴어 동사 '콘플리게레(confligere)'로부터 파생된 용어다.[1]

개념의 기원과 발전

갈등을 둘러싼 철학적 성찰은 고대로부터 현대에 이르기까지 다양한 관점과 입장에서 수행되어 왔다. 이를테면 논리학과 인식론의

1 H. Mey, "Konflikt", in: *Historisches Wörterbuch der Philosophie*, Bd. 4, Hrsg. von J. Ritter und K. Gründer, Basel 1971, 947쪽.

영역에서는 '딜레마(dilemma)', '모순(矛盾, contradiction)', '이율배반(antinomy)'이, 윤리학과 법철학의 영역에서는 의무 간 '충돌'이나 '상충'이, 심리학과 사회과학의 영역에서는 '다툼'이나 '투쟁'이 갈등 개념과 범주로 포섭될 수 있다. 이에 관한 복잡다기한 논의의 핵심 내용을 간략하게 정리하자면 다음의 몇 가지 관점과 입장으로 요약될 수 있을 것이다.

우선 아리스토텔레스(Aristoteles, 384~322 B.C.)는 존재와 사유의 근본원리로 정립한 모순율, 즉 "같은 것이 같은 것에 같은 것에 따라 동시에 속하면서 속하지 않을 수는 없다"(존재론적 형식), 누구도 "같은 것이 있으면서 있지 않다고 고수할 수 없다"(인식론적 형식), "모든 것들 가운데 가장 확실한 믿음은 서로 상반되어 놓인 진술들이 동시에 참이지 않다"(논리적 형식)는 세 가지 명제를 참된 존재의 탐구와 진리 인식을 위해 준수해야 할 가장 확실한 원리라고 규정한다.[2] 시간의 흐름이 배제된 형식논리학의 관점에서 본다면 모순은 사고의 기만이자 오류이고, 그로부터 발생하는 갈등은 배제되거나 회피해야만 할 문제가 된다.

칸트(I. Kant, 1724~1804)는 형이상학의 차원에서 발생하는 이율배반의 문제에 철학적 의미를 부여한 최초의 사상가라고 평가받는다.[3] 그에 따르면 순수이성이 이율배반의 덫에 걸려들지 않으려면 다음 세 가지 원칙을 지켜야만 한다. 첫째, 어떤 주장을 할 때는

2 아리스토텔레스의 모순율에 관한 상세한 논의는 이윤철, 「아리스토텔레스의 '인간척도설' 단편 논의」, 『철학사상』 제53집, 철학사상연구소, 2014, 107-117쪽 참조. 인용한 곳은 108, 109쪽.

3 N. Hinske, "Antinomie", in: *Historisches Wörterbuch der Philosophie*, Bd. 1, Hrsg. von J. Ritter, Basel 1971, 393쪽.

반드시 경험의 가능 조건, 즉 주장하는 대상이 공간 속에 주어져야 하고 상상력을 통해 시간 속에서 연속적으로 파악되어야 하며 지성을 통해 개념적으로 파악되어야 한다는 조건을 충족시켜야 한다. 둘째, 경험가능한 영역인 현상계와 경험을 넘어선 영역인 예지계를 구분해야 한다. 셋째, 이성은 무제약자를 인식하기 위한 이념의 잘못된 사용을 경계하면서 자신의 권리 근거에 대해 끊임없는 반성을 요구하는 자기비판적 자율성을 고수해야 한다.

위의 세 가지 원칙이 지켜질 때만 우리는 이율배반의 문제를 해결할 수 있다. 예를 들어 세 가지 원칙에 근거할 때 "인간에게 자유가 없다"(현상계)와 "인간에게 자유가 있다"(예지계)는 상반된 주장이 양립가능하다는 결론에 도달할 수 있다.[4] 만일 세 가지 원칙을 지키지 않는다면, 이성은 자신의 본성으로부터 불가피하게 발생하는 이율배반의 문제에서 벗어날 수 없다. 다시 말해 가상과 오류의 근원인 이성의 월권이나 이념의 오용을 경계할 수 있다면, 이성은 현상계와 예지계, 자연의 인과성과 자유의 원인성 간 불필요한 갈등에 빠지지 않을 수 있다는 것이다. 이 지점에서 칸트가 제시한 선험논리학의 관점은 모순 혹은 이율배반으로부터 발생하는 상충이나 갈등을 이성적 존재의 본성으로 인정한다는 점에서 아리스토텔레스의 모순율을 넘어선다.

헤겔(G.W.F. Hegel, 1770~1831)은 칸트가 분석한 이율배반의 문제로부터 출발해서 모순의 변증법을 발전시킨다. 그의 변증법에서 모순은 논리적, 인식론적 차원에만 한정된 원리가 아니라 자연과

4 강영안, 「칸트 철학을 통해서 본 갈등 문제」, 『칸트연구』 제17집, 한국칸트학회, 2006, 53, 54쪽 참조.

이성, 그리고 스스로 활동하는 생명 일반의 원리, 존재 일반의 운동 원리로 승격된다. 그것은 더 이상 가상과 오류가 아닌 필연적이고 보편적이며 객관적인 법칙으로 정립된다. 이 지점에서 헤겔은 칸트와 갈라선다. 즉 자연적 존재이면서 동시에 이성적 존재로서의 인간은 그 자체로 모순적 존재라는 것이 실재이며 진리다. 인간은 자기 자신과의 관계뿐만 아니라 타자와의 관계 속에서 모순과 그로부터 발생하는 갈등을 안고 버텨내면서 살아가는 존재이며, 바로 그 모순과 갈등이 인간 삶의 활력과 생명의 근원이라는 것이다.[5]

물론 헤겔이 모순과 갈등의 해소불가능성을 주장하는 것이 아니다. 생명을 지닌 모든 존재는 모순과 갈등을 '지양(Aufhebung)'할 수 있다. 다시 말해 갈등과 투쟁을 통해 대립하는 항들의 부정적인 것을 폐기하는 동시에 긍정적인 것을 보존하고 고양함으로써 더 높은 단계의 통일과 화해로 나아갈 수 있다는 것이다. 그것은 갈등과 투쟁의 과정에서 모순의 문제가 첨예화되고 속속들이 드러날수록 통일과 화해가 임박해 있다는 것을 함의하는 것이기도 하다. 이때 통일과 화해는 제3의 매개적 보편자를 전제한다.[6]

헤겔이 발전시킨 모순의 변증법은 그 논리의 전개 과정에 있어서 매우 설득력이 있다. 하지만 그것은 이율배반적 혹은 모순적 상

5 헤겔은 모순에 관해 다음과 같이 주장한다. "모순은 모든 운동과 활력의 근원인 까닭에 그 어떤 것이든 자체 내에 모순을 가지는 한에서만 스스로 운동하며 동시에 충동과 활동성을 지닌다." "어떤 것이든 오직 모순을 자체 내에 포함해야 할 뿐 아니라 더욱이 이 모순을 자체 내에 간직하고 이것을 버텨낼 수 있는 힘을 지닐 경우에만 생명을 가진다." 최소인, 「갈등해소를 위한 철학적 시도들에 대한 비판적 검토」, 『칸트연구』 제20집, 한국칸트학회, 2007, 322쪽에서 재인용.

6 최소인, 「갈등이론에 대한 분석 - 칸트와 헤겔의 갈등이론을 중심으로」, 『칸트연구』 제18집, 한국칸트학회, 2006, 333쪽 참조.

황에서 의도치 않게 한쪽이 또 다른 한쪽에 포섭되기를 강요하는, 즉 양자 간 억지 화해를 통해 사회의 지배적 권력구조를 강화하는 이데올로기가 될 수 있다는 비판을 피하기 어렵다.[7] 절대정신의 자기 전개의 필연성, 달리 말해 긍정의 변증법을 고집하는 한 사정은 더욱 그러하다. 모순이나 갈등의 지양이 절대정신과 같은 제3의 긍정적, 매개적 보편자가 현실적으로 존재할 경우에만 가능하다는 점에서 헤겔의 입장은 다원화되고 다극화된 현대사회에서 관념적이고 이상적이라는 비판을 받을 수 있다.

그렇다면 저 매개적 보편자가 존재하지 않을 때, 모순적 존재인 인간은 갈등에서 벗어날 수 없는 걸까? 이 물음에 대한 한 가지 대안으로 등장한 것이 그와 같은 보편자를 전제하지 않는 실존주의의 입장이다. 일종의 신과 같은 보편자를 전제하지 않는다는 것은 인간을 아무것도 결정된 것이 없는 무(無) 안에 던져진 존재로서 바라본다는 것을 의미한다. 인간은 스스로 결단하고 자신의 삶을 선택하며 자기 자신을 새롭게 만들어 가는 존재라는 것이다. 이것이 바로 키에르케고르(S. Kierkegaard, 1813~1855)나 사르트르(J.-P. Sartre, 1905~1980)와 같은 실존주의 철학자가 선언한 자유로서의 인간 실존이다.[8]

7 이와 연관해서 헤겔의 주인과 노예의 변증법을 현대적으로 재구성한 호네트(A. Honneth, 1949~)의 인정투쟁 이론이 있다. 이 이론에서 '사회적 인정' 개념은 사회적 투쟁을 위한 비판의 규범적 토대이면서 동시에 기존의 사회체제를 강화하기 위한 이데올로기적 지배의 도구가 될 수도 있는 양가적 측면을 지닌다. 이에 관하여 문성훈, 「인정개념의 네 가지 갈등구조와 역동적 사회발전」, 『사회와 철학』 제10호, 한국사회와철학연구회, 2005, 145-168쪽 참조.

8 키에르케고르는 다음과 같이 말한다. "매개를 승인한다면 절대적인 선택을 있을 수 없으며, 이것이 없다면 절대적인 이것이냐 저것이냐도 존재할 수 없게 된다." 최소인, 「갈등해소를 위한 철학적 시도들에 대한 비판적 검토」, 『칸트연구』 제20

자유가 수많은 가능성들 중 하나의 가능성을 선택하는 결단일 수밖에 없는 이유는 유한한 인간의 제한성과 한계성 때문이다. 선택의 보편적 기준은 없다. 오로지 무로부터 삶의 의미와 가치를 부여하거나 만들어 가는 창조의 활동만이 있을 뿐이다. 갈등에 처했을 때도 마찬가지다. 자유로운 인간은 갈등을 단순히 회피하거나 배제하는 대신에, 다양한 가능성 중 하나를 선택한다. 내가 선택하고 결단한 삶에 대한 책임은 스스로 져야 한다. 이것이 인간 실존의 본래적인 상황이다.

일단 개인적 삶의 차원에서 볼 때 갈등에 대한 실존주의적 입장은 설득력 있는 대안이 될 수 있다. 하지만 개인적 삶이 사회적 삶과 무관한 것이 아니라고 한다면, 따라서 한 개인의 결단과 선택이 사회와 국가에 미치는 파급력을 무시할 수 없다면, 이 입장은 사회적 갈등의 관리와 해결을 위한 대안으로 내세우기에는 한계가 있다.

마지막으로 모순과 갈등을 그 자체로 인정하면서 그로부터 긍정적 의미를 도출하려고 시도하는 입장이 있다. 칸트는 감성의 능력과 이념의 능력, 상상력과 이성 사이의 불일치와 충돌로부터 발생하는 숭고의 감정을 분석한다. 그에 따르면 전적으로 이질적인, 따라서 결코 합일될 수 없는 능력들 사이의 대립과 갈등을 통해 숭고의 감정이 생성된다. 이 감정 안에서 서로 합치될 수 없는 차이를 직접적으로 체감함으로써 이질적인 양자는 부정적인 방식으로 매개되고 관계를 맺는다. 여기서 갈등은 "부정적 매개이며 합일 없는 매개"[9]

집, 한국칸트학회, 2007, 329쪽에서 재인용. 실존주의의 입장에 관해서는 같은 논문 326-332쪽 참조.

9 최소인, 위의 논문, 337쪽.

라고 이해될 수 있다.

리오타르(J.-F. Lyotard, 1924~1998)는 '분쟁(différend)'으로서의 갈등 개념을 가지고 숭고에 관한 칸트의 논의를 보다 급진화시킨다. 그는 숭고를 "어떤 것을 인식하는 능력과 현시하는 능력 간의 갈등", "현실과 개념 간의 불가공약성", "능력들 간의 불가공약성"[10]에 근거를 두고 있는 것이라고 강조한다. 그는 제3의 보편적 매개항을 통해 이질적인 것들 사이를 조정하려는 시도의 부당성을 비판하면서 이질성과 차이성 그리고 양자의 불일치를, 달리 말해 모순과 갈등을 그 자체로 긍정한다. 갈등의 중재나 해소는 자칫 한쪽에게만 타당한 규칙 체계에 근거해서 이질적인 것에 부당하게 간섭하는 것이 될 수 있다. 따라서 해소될 수 없는 모순과 극복될 수 없는 갈등은 오히려 장려되어야 하며, 그 자체로 정당하다는 것이다. 차이를 지닌 다양한 것들 또한 그 자체로 긍정되어야 함을 의미한다. 이와 같이 리오타르는 대립지 중 어떤 하나로의 환원이나 선택을 거부하고 이질성과 다양성을 감내하면서 용인하기를 강조하는 포스트모더니즘의 입장을 대변한다.

물론 리오타르는 모순과 갈등을 그냥 내버려 두라고 주장하는 것이 아니다. 그것은 전적으로 이질적인 것들이 모순과 갈등을 겪는 과정에서 "차이에 대한 우리의 감각을 세련[되게 하]고 통약불가능한 것에 대한 관용을 강화"[11]시킴으로써 새로운 관계, 새로운 의미를 끊임없이 창출하려는 의도로 이해될 수 있다. 그럼에도 불구하고

---

10 장프랑수아 리오타르, 『지식인의 종언』, 이현복 옮김, 문예출판사 1999, 32, 36, 102쪽.

11 장프랑수아 리오타르, 『포스트모던적 조건』, 유정완 옮김, 서광사, 2018, 23쪽.

리오타르가 이질성과 다원성이 제약될 수 있는 범위와 방법을 제시하지 못한다면, 그의 입장은 회의주의나 허무주의를 양산할 수 있다는 비판을 모면할 수 없다.[12]

의미와 해석

20세기 전환기 사회적 갈등의 심화

위에서 요약정리한 갈등 개념과 범주로 포섭될 수 있는 사태들을 바라보는 관점과 입장은 개인적 삶뿐만 아니라 사회체계와 사회구조의 유지 및 변동의 원인과 결과에 대해 기술, 분석, 비판, 해석할 수 있는 단초를 제공한다. 19세기 후반 서양의 경우 고도로 산업화된 자본주의 사회에서 삶의 모든 영역이 총체적으로 사회화되고 다원화되기 시작했다. 그에 반해 개인은 점차 원자화되고 고립되면서 개인과 개인, 개인과 사회, 사회와 국가 간 갈등이 심화되었다. 나아가 월러스틴(I. Wallerstein, 1930~2019)의 역사적 분석틀인 '근대세계체제(modern world-system)'가 정점으로 치닫는 상황에서 국가와 국가 간 갈등이 갈수록 첨예해지고 있다.[13]

12 한편으로 주관적 사유의 동일성 원리로 환원되지 않으면서, 다른 한편으로 회의주의나 허무주의에 빠지지 않고 갈등과 생산적 대결을 모색하는 또 하나의 대안이 있다면 아도르노(Th. W. Adorno, 1903~1969)의 부정변증법을 주목할 수 있을 것이다. 이에 관한 논의는 김기성, 「부정과 관조의 합주로서의 철학 - 아도르노 철학의 현재성」, 『시대와 철학』 제25권 4호, 한국철학사상연구회, 2014, 169-208쪽 참조.

13 월러스틴의 자본주의 세계체제에 관한 논의는 임현진·장진호, 「21세기 문명위기와 세계체제론: 이매뉴얼 월러스틴의 비교역사적 전망」, 『아시아리뷰』 제10권

이러한 역사적 변화의 상황은 앞서 살펴본 실존주의적 입장과 포스트모던의 입장이 출현하게 된 배경이기도 하다. 그것은 또한 마르크스(K. Marx, 1818~1883), 베버(M. Weber, 1864~1920), 짐멜(G. Simmel, 1858~1918)이 이율배반 개념과 모순의 변증법을 계급적 대립과 사회적 갈등의 차원에 적용해서 새롭게 의미를 부여하고 재구성하는 작업에 착수하게 된 동인이기도 하다. 이 세 사상가들의 작업은 공통적으로 갈등을 사회와 역사가 변화하는 원인이자 결과이며 또한 과정이라는 관점으로부터 출발하지만, 상이한 입장에서 다른 결론을 도출한다.[14]

마르크스, 베버, 짐멜의 갈등론

마르크스는 헤겔의 관념론적 변증법의 약점을 보완하기 위해 포이에르바흐(L. Feuerbach, 1804~1872)의 유물론을 비판적으로 수용해 변증법적 유물론을 발전시킨다. 이 유물론은 19세기 자본주의 사회의 구조적 모순을 분석하고 극복하기 위한 일종의 방법론이자 이론이다. 마르크스는 생산력과 생산관계 간 구조적 모순으로부터 비롯된 대립과 갈등, 투쟁과 화해가 거듭되면서 물질적인 것의 양적인 변화가 한계에 다다르면 질적인 변화로 이행한다는 논리로 역사의 발전단계를 설명하고 전망한다. 이때 역사와 사회가 발전해가는 원동력은 지배 계급과 피지배 계급 간 불평등과 차별로 인해 발생하는 갈등이다.

제2호, 아시아연구소, 2020, 3-35쪽 참조.

14 마르크스, 베버, 짐멜의 갈등론에 관한 개괄적 비교는 강병노, 「갈등이론에서 갈등에 관한 이론적 비교」, 『분쟁해결연구』 제18집 1권, 분쟁해결연구센터, 2020, 5-34쪽 참조.

계급 간 갈등을 해소하기 위해 마르크스가 제시하는 해결책은 분명하다. 피지배 계급은 우선 계급의식을 자각하여, 불평등과 차별의 원인이 개인적 요인이 아닌 자본주의 사회의 구조적 모순에 있다는 것을 인식하고 행동할 수 있는 '대자적 계급(class for itself)'이 되어야 한다. 피지배자이지만 대자적 계급인 프롤레타리아트가 결속하고 연대해서 부르주아 지배 계급에 맞서 투쟁함으로써 자본주의체제를 종식시켜야 한다는 것이다. 그래야만 계급 간 갈등 없는, 더 정확하게 말하자면 지배자와 피지배자 간 대립적 계급 구분 없는 사회를 완성할 수 있음을 그는 강조한다.

하지만 마르크스와 달리 베버는 계급 간 대립이나 갈등이 필연적이지도 않고, 프롤레타리아트가 사회변혁의 주체라는 것에 대해서도 회의적 입장을 취한다. 그는 경제적 계급만이 아니라, 위신과 명예로 인해 결정되는 사회적 지위, 그리고 삶의 기회와 위신을 결정하는 정치적 권력 또한 불평등과 차별을 심화시키는 요인이며 사회적, 정치적 정당성의 상실이 갈등을 초래하는 원인이라고 진단한다. 그는 세 가지 차원, 즉 마르크스의 이분법적 계급 모델로 파악될 수 없는 '중간계급'이나 '사회계급'에 대한 분석뿐만 아니라, 위신에 따른 사회적 지위집단, 권력에 따른 정치집단과 같은 '사회공동체 내의 불평등한 권력 분배 현상이 초래하는 갈등 문제'를 분석한다. 이것은 계급 간 경제적 평등이 실현된다고 하더라도 다른 차원의 불평등과 그로 인한 갈등이 얼마든지 발생할 수 있다는 것을 함의한다. 그런 까닭에 베버는 갈등의 해결책을 제시하기보다는 그에 관한 분석에 중점을 둔다.

짐멜은 마르크스처럼 실천적 의도를 가지고 사회의 구조적 모순을 역사적으로 접근하지도 않고, 베버처럼 사회구조와 사회체계에 대해 포괄적이고 거시적으로 분석하지도 않는다. 그 대신 그는 사회화의 형식으로서 갈등에 관한 미시적 연구를 수행한다. 그는 갈등이 개인 간 혹은 집단 간 사회적 상호작용을 촉진함으로써 사회의 변화와 발전을 이끄는 중요한 기제라고 본다.

짐멜에 따르면, 갈등은 사회적 관계에 파괴적이고 부정적인 영향을 미칠 수도 있지만, 오히려 대립적이고 적대적인 관계의 긴장을 해소하거나 분열된 관계를 통합하기 위한 동인이 될 수 있다.[15] 그렇다면 갈등이 없다는 것은 대립적 혹은 적대적 관계의 긴장이 없다는 것, 즉 사회구조가 안정적이라고만 볼 수 없다. 갈등은 오히려 사회적 통합과 평등을 산출하면서 한 사회의 구조와 질서를 새롭게 구축하는 데 기여할 수 있는 계기로 이해될 수 있다. 즉 갈등은 개인이 어떤 목적을 달성하기 위한, 혹은 한 집단의 결속과 연대를 강화하기 위한 수단이 될 수 있다.

다른 한편으로 짐멜은 갈등을 통해 사회체계 안에서 집단 간 경계를 설정하고 개인과 집단 간 긴밀한 결합을 강화함으로써 한 집단의 동질성을 형성할 수 있다고 주장한다.[16] 갈등의 긍정적 작용과 기능이 개인이나 집단의 외적인 방어능력을 강화하고 대립적으로 맞서는 상대방에 대해 자신의 내적인 가치체계를 확인하고 증명하는 계기를 갖게 한다는 것이다. 다시 말해 갈등은 상호작용의 다른 형식으로서 그동안 인지하지 못했던 사람이나 집단에 대한 새로운

15 G. Simmel, *Soziologie. Untersuchungen über die Formen der Vergesellschaftung*, Hrsg. von Otthein Rammstedt, Gesamtausgabe Bd. 11, Frankfurt am Main 1992. 284쪽 참조.

16 G. Simmel, 같은 책, 354쪽.

지식을 생산하거나, 대립적 혹은 적대적 관계에서 새로운 규칙과 규범을 산출해 내는 계기가 될 수 있음을 의미한다.[17]

세 사상가의 뒤를 이어 갈등에 관한 이론화 작업은 20세기 중반에 들어서면서 미국 사회학의 구조기능주의에 대한 비판과 대안을 모색하는 과정에서 본격적으로 진행된다. 이때 마르크스, 베버, 짐멜의 사상이 다시금 소환된다. 마르크스의 전통에서 다렌도르프(R. Dahrendorf, 1929~2009)가 변증법적 갈등이론을 발전시킨다면, 짐멜의 전통에서 코저(L. Coser, 1913~2003)는 기능주의적 갈등이론을 전개한다. 이후에 터너(J. Turner, 1942~)는 양자의 입장을 종합해서 갈등에 관한 통합이론을 정립하고 베버의 전통에서 콜린스(R. Collins, 1941~)가 분석적 갈등이론을 주장하는 등 갈등을 둘러싼 다양한 사상적 조류가 등장한다.[18]

갈등의 관리와 해결 방안 그리고 교육프로그램 개발을 위한 실천적 연구의 필요성

21세기 신자유주의의 거센 흐름 속에서 한국 사회는 갈등의 빈도수가 나날이 증가하고, 그것의 복합적 양상 또한 갈수록 심화되고 있다. 최근 한국리서치가 실시한 "2021 제9차 한국인의 공공갈등 의식조사"에 따르면 응답자 10명 중 9명이 우리 사회 집단 간 갈등이 매우 심각하다고 답변하고 있다.[19] 한국 정부 차원에서 행정협의

17 짐멜의 갈등이론에 관한 보다 더 상세한 논의는 이서규, 「Georg Simmel의 갈등개념에 대한 비판적 고찰」, 『통일인문학논총』 제43집, 건국대학교 인문학연구원, 2005, 145-159쪽 참조.

18 다렌도르프, 코저, 터너, 콜린스의 갈등이론에 관해서는 조나단 터너, 『현대 사회학 이론』, 김윤태 외 옮김, 나남신서, 2019, 3부 참조.

19 갈등의 심각한 정도는 정치적 갈등, 빈부격차로 인한 갈등, 노사 간 갈등, 정규직

조정위원회, 중앙분쟁조정위원회, 지방분쟁조정위원회 등의 갈등관리기구를 운영하고 관련 교육을 실시하는 등 갈등의 최소화를 위한 노력을 기울이고 있지만 역부족이다.

한국 학계에서도 가족 내 갈등, 학교 또래 집단 내 갈등, 지역 내 갈등, 정부와 NGO 간 갈등, 다문화 집단 내 갈등, 문화적 충돌, 민족 간 갈등, 국가와 국가 간 분쟁 등을 분석하고 조정하거나 해결하기 위한 대안을 모색하는 연구가 진행되어왔다. 하지만 지난 20년 동안 갈등 연구는 기존 이론의 검증, 정립, 적용에 주로 편향되어 있고, 사례 중심의 방법론이 지배적인 것으로 확인된다.[20]

그에 비해 삶의 현장에서 갈등을 관리하거나 해결하기 위한 실천 및 대안에 관한 탐구와 교육프로그램 개발을 위한 연구는 상대적으로 미흡한 실정이다. 이를 보완하기 위해서는 연구자 당사자가 서 있는 지금-여기에서 발생하는 갈등이 무엇인지 성찰하는 태도로부터 출발해서 시행착오를 겪으면서 함께 궁리하고 대화하는 과정에서 긍정적으로 해소하는 관계의 경험이 축적되어야 할 것이다. 한편으론 이 경험에 기초한 기존 갈등이론의 재구성 작업과 더불어, 다른 한편으론 한 개인의 내적 갈등이나 가족 내 갈등의 구조적 문제 또한 특정 지역 및 사회와 국가, 더 나아가 지구 전체와의 맥락

근로자와 비정규직 근로자 간 갈등, 세대 간 갈등 등의 순으로 집계됐다. 제9차 한국인의 공공갈등 의식조사는 https://www.kadr.or.kr/post/%EC%A0%9C-9%EC%B0%A8-%ED%95%9C%EA%B5%AD%EC%9D%B8%EC%9D%98-%EA%B3%B5%EA%B3%B5%EA%B0%88%EB%93%B1-%EC%9D%98%EC%8B%9D%EC%A1%B0%EC%82%AC 참조.

20 갈등을 둘러싼 기존의 연구 동향을 일별할 수 있는 논문으로는 김예린·임다희·이선우, 「한국의 갈등관련 연구경향 분석: 사회과학분야의 주요 학술지 수록 연구를 중심으로」, 『한국공공관리학보』 제33권 제2호, 한국공공관리학회, 2019, 237-263쪽 참조.

안에서 역사적으로, 정치경제적으로, 사회문화적으로 접근하고 탐구하는 학제 간 연구가 수행되어야 할 것이다. 이 과정에서 갈등의 관리와 해결을 위한 실효성 있는 방안과 교육프로그램이 도출될 수 있을 것이다.

참고문헌 및 더 읽을거리

강병노, 「갈등이론에서 갈등에 관한 이론적 비교」, 『분쟁해결연구』, 제18집 1권, 분쟁해결연구센터, 2020.

강영안, 「칸트 철학을 통해서 본 갈등 문제」, 『칸트연구』 제17집, 한국칸트학회, 2006.

게오르크 짐멜, 『짐멜의 갈등론』, 정헌주 옮김, 간디서원, 2017.

김기성, 「부정과 관조의 합주로서의 철학 - 아도르노 철학의 현재성」, 『시대와 철학』 제25권 4호, 한국철학사상연구회, 2014.

김예린·임다희·이선우, 「한국의 갈등관련 연구경향 분석: 사회과학분야의 주요 학술지 수록 연구를 중심으로」, 『한국공공관리학보』 제33권 제2호, 한국공공관리학회, 2019.

김홍기, 「갈등의 차원에 관한 논의 : '장'(field)이론을 중심으로」, 『분쟁해결연구』 제8권 3호, 분쟁해결연구센터, 2010.

루이스 코저 외, 박영신 편저, 『갈등의 사회학』, 까치, 1984.

문성훈, 「인정개념의 네 가지 갈등구조와 역동적 사회발전」, 『사회와 철학』 제10호, 한국사회와철학연구회, 2005.

이서규, 「Georg Simmel의 갈등개념에 대한 비판적 고찰」, 『통일인문학논총』 제43집, 건국대학교 인문학연구원, 2005.

이윤철, 「아리스토텔레스의 '인간척도설' 단편 논의」, 『철학사상』 제53집, 철학사상연구소, 2014.

임현진·장진호, 「21세기 문명위기와 세계체제론: 이매뉴얼 월러스틴의 비교역사적 전망」, 『아시아리뷰』 제10권 제2호, 아시아연구소, 2020.

장프랑수아 리오타르, 『지식인의 종언』, 이현복 옮김, 문예출판사 1999.

장프랑수아 리오타르, 『포스트모던적 조건』, 유정완 옮김, 서광사, 2018.

조나단 터너, 『현대 사회학 이론』, 김윤태 외 옮김, 나남신서, 2019.

최소인, 「갈등이론에 대한 분석 - 칸트와 헤겔의 갈등이론을 중심으로」, 『칸트연구』 제18집, 한국칸트학회, 2006.

최소인, 「갈등해소를 위한 철학적 시도들에 대한 비판적 검토」, 『칸트연구』 제20집, 한국칸트학회, 2007.

Hinske, N., "Antinomie", in: *Historisches Wörterbuch der Philosophie*, Bd. 1, Hrsg. von J. Ritter, Basel 1971.

Mey, H., "Konflikt", in: *Historisches Worterbuch der Philosophie*, Bd. 4, Hrsg. von J. Ritter und K. Gründer, Basel 1971.

Simmel, G., *Soziologie. Untersuchungen über die Formen der Vergesellschaftung*, Hrsg. von Otthein Rammstedt, Gesamtausgabe Bd. 11, Frankfurt am Main 1992.

난민 Refugees

기본적 정의

난민은 자국으로부터의 보호를 받지 못해, 다른 지역으로 이주하여 생명을 유지하고 자유를 보전하는 망명자이다. 이주의 주요 목적이 경제적인 고려 때문이거나 자발적이라면 그는 난민이 아니다.[1] 난민은 정치적 분쟁, 박해, 재난으로부터 피신하기 위해 이주하는 사람들이기 때문에 국제사회는 인도주의 원칙을 통해 이들에게 관용과 보호를 제공해야 한다.

개념의 기원과 발전

난민을 뜻하는 Refugee의 어원은 프랑스어 réfugié이다. 이 단어는 "종교개혁부터 프랑스 혁명 시기까지 프랑스의 칼뱅파 신도들을 일컫는 말"이었고, "당시 칼뱅파 신도들은 종교적인 이유 때문에 박해를 받고 네덜란드, 영국, 미국 등 다른 나라로 대규모 망명을 떠났

1 유엔난민기구(UNHCR), 『난민 지위의 인정기준 및 절차편람과 지침』, 한글판. 2014, 15쪽.

는데 이것이 바로 오늘날 난민을 뜻하는 말의 시초"가 되었다.[2]

근대 국제사회가 난민 문제에 관심을 가지게 된 것은 20세기 초반부터이다. 제1, 2차 세계대전이 종전된 이후에도 난민 문제가 해결되지 않자, 난민의 법적 지위를 규정할 국제적 기준의 필요성이 대두되었다. 그 결과로 탄생한 것이 1951년 제네바에서 체결된 난민의 지위에 관한 협약(Convention Relating to the Status of Refugees, 이하 난민협약)이다. 이 난민협약은 UN에서 채택한 최초의 국제법이었지만, 유럽에서 발생한 난민들에게만 적용되는 규정이었기 때문에 한계가 많았다. 이후 1967년 난민의 지위에 관한 의정서(Protocol Relating to the Status of Refugees, 이하 난민의정서)가 채택되면서 난민을 규정하는 시기와 지역의 제한이 해제되었고, 이로써 다양한 형태의 폭력에 의해 발생한 강제이주민들에게 난민 지위를 부여할 수 있게 되었다.

난민협약에서 난민은 다음과 같이 정의된다.

> 인종, 종교, 국적 또는 특정 사회집단의 구성원 신분 또는 정치적 의견을 이유로 박해를 받을 것이라는 충분한 근거가 있는 두려움(well-founded fear)으로 인하여, 자신의 국적국 밖에 있는 사람으로서, 국적국의 보호를 받을 수 없거나 또는 그러한 두려움으로 인하여 국적국의 보호를 받기를 원하지 않은 사람, 또는 그러한 사건의 결과로 인하여 종전의 상주국 밖에 있는 무국적자로서 상주국으로 돌아갈 수 없거나 그러한 두려움으로 인하여 상주국으로 돌아가는 것을 원하지 아니하는 사람.

2 김다은, 「난민은 누구여야 하는가」, 『암란의 버스/야스민의 자전거』, 제람 강영훈 외 옮김, 제람씨, 2021, 37쪽.

1951년 난민협약과 1967년의 난민의정서는 인도주의정신에 입각하여 국제사회의 난민 보호를 천명했지만, 당시의 시대적 상황은 미국과 소련 등으로 양분된 냉전체제였다. 이 때문에 난민 발생 사유를 주로 '정치적'·'이데올로기적'·'군사적' 이유에 한정하는 경향이 강했고, 난민을 체제 경쟁에 활용하기도 했다. 최근 강대국 간의 군비 경쟁, 글로벌 거대 자본의 경제적 약탈, 무리한 건설 및 개발에 의한 거주지 파괴, 종족 및 종교 분쟁, 기후변화로 강제로 피난길에 오르는 환경 난민을 포함해, 난민 발생 사유는 점점 다양해지고 있으며 난민의 규모 또한 증가하고 있다. 1951년 난민협약 이후, 다양한 법률문서와 협약이 이루어지면서 난민의 개념이 확장되었고, 난민 인정 사유를 구체화하는 변화들이 지속적으로 이뤄지고 있다.

빈곤과 박탈 때문에 자국을 떠나는 사람과 전통적인 난민과의 엄격한 구별도 모호해지고 있다. 경제적·정치적 이유로 박해를 당하는 난민이 증가하고 있고, 이런 난민들은 '정치경제 복합 난민'이라 불린다. 마이클 새머스(Michael Samers)는 어떤 정부가 '가짜' 망명 신청자로 누군가를 규정할 때, 과연 정치적 박해로 고통 받는 사람들과 심각한 경제적 어려움으로 고통 받는 사람들을 구별할 수 있는지, 그 경제적 고통이 경제선진국의 자원 약탈이나 패권주의 정책에 의해 발생한 결과라면 어떻게 이 둘을 구별할 수 있을지에 대한 질문을 제기한다.[3]

역사적으로 난민은 남성 성인의 경험 틀을 통해 해석되어왔고, 이 때문에 여성이나 아동의 인권은 제대로 보호받지 못했다.[4] 난민

3 마이클 새머스, 『이주(Migration)』, 이영민 외 3인 옮김, 푸른 길, 2013, 14쪽.
4 김현미, 「난민」, 김현미 외 7인, 『이민정책론』, 박영사. 2016.

의 다수가 여성과 아동임에도 불구하고 제대로 보호를 받지 못하는 상황을 해결하기 위해 유엔난민기구(UNHCR)와 민간단체들은 난민 정책의 젠더 무감성과 아동 인권 부재를 지적해왔다. 성폭행을 비롯하여 지참금과 관련된 폭력, 여성 할례, 가족 폭력, 인신매매, 성적지향성 및 성정체성 등 젠더와 관련된 다양한 유형의 폭력은 정신적, 육체적으로 심각한 고통을 수반하는 행위이며 박해의 한 형태이다. 아직 공식적으로 난민 사유에 젠더 박해가 포함되지는 않았지만, 난민 신청인이 겪은 박해나 피해, 그러한 처우를 받게 된 이유와 영향력에서 젠더 박해 요인을 고려하는 추세이다.

국제난민레짐(International Refugee Regime)이란 난민에 대한 국가들의 대응을 규제하는 일련의 원칙, 규범, 규칙 및 의사결정 절차로서, 난민이 국제사회로부터 보호를 보장받을 수 있도록 국가 간 협력을 촉진하는 역할을 하는 것을 의미한다. 각 국가는 국제난민레짐의 일원으로서 난민보호의 규범을 준수할 책임과 의무를 이행해야 한다. 국제난민레짐을 구성하는 주요 규범은 '비호(asylum)'와 '책임분담(burden-sharing)'이다. 비호가 한 국가의 영토 내에 도달한 난민을 보호하는 조치라면 책임분담은 다른 국가의 영토 내 체류하고 있는 난민을 위한 조치로, 책임분담의 대표적인 예로는 재정착(resettlement) 난민 수용과 유엔난민기구(UNHCR) 활동을 위한 재정 지원이 있다.[5] 난민 보호에서 국제적 협력이 가장 필요한 분야는 강제송환 금지와 가족결합 원칙의 준수다. 난민협약 제33조는 "체약국은 어떠한 방식으로도 난민을 인종, 종교, 민족, 특정 사회집단

5 신지원·송영훈·박가영·신예진, 『한국 난민정책의 방향성과 정책의제 연구』, IOM 이민정책연구원, 2012.

의 구성원 신분 또는 정치적 의견을 이유로 그 생명 혹은 자유가 위협받을 우려가 있는 영역으로 추방당하거나 송환하여서는 안 된다"라는 강제송환금지의 원칙을 명시하고 있다. 강제송환금지의 원칙은 난민의 국제 보호에 있어 체약국이 지니는 가장 기본적인 의무이자 난민의 중요한 권리로 난민 인정자 뿐만 아니라 난민 인정 여부를 심사 중인 당사자에게도 적용된다. 강제송환금지의 원칙은 국제 관습법 일부로 인정되고 있고 난민협약 미체약국도 반드시 준수해야 하는 강행 규범(jus cogent)이다.

난민은 사회적으로 많은 것을 박탈당한 존재지만, 이 때문에 비호 받을 권리를 운반하며 국경을 넘는 존재들이다. 난민의 삶의 질과 역량 발휘는 그들이 체류하는 사회의 민주주의의 수준에 달려있다. 난민의 사회적 통합은 모든 집단의 상호존중을 증진하기 위해 난민과 국민이 공적 영역에서 접촉하고, 상호작용을 촉진하는 것을 장려해야 한다. 이를 통해 '잘 알지 못하는 존재'인 난민에 대해서 알아가고, 그 앎을 통해 서로의 현존을 인정하는 공동체적 형식을 구성해내는 것을 목표로 한다.

대한민국은 1992년 12월 3일 난민협약과 난민의정서에 가입하고, 1993년 12월 10일 출입국관리법과 1994년 6월 30일 출입국관리법시행령에 난민인정조항을 신설하여 1994년 7월부터 난민지위인정신청을 접수받기 시작하였다. 또한 대한민국은 2013년 아시아 최초로 독립적인 난민법을 제정했다.

의미와 해석

난민 '문제'

최근 유럽과 미국 같은 경제선진국들이 인도주의 관점에서부터 벗어나 난민 수용 반대를 표명하면서 난민 '문제'가 발생하고 있다. 이들 국가의 난민 정책이 구금, 추방, 분산의 원칙을 택함으로써 난민들의 유입을 통제하기 시작한 데는 우파 정치인들의 등장, 근본주의 테러리즘에 대한 공포, 복지 부담 등으로 난민에 대한 '정서'가 나빠졌기 때문이다. 난민 신청자뿐만 아니라 정착 난민에 대한 인종차별주의가 퍼지고 있다. 대중적 이미지와는 달리 실제 압도적으로 많은 수의 난민들은 유럽이나 미국이 아닌, 난민 발생의 요인이 된 국가의 주변국인 아프리카, 아시아, 중동, 중남미에 머무르고 있다. 이는 경제선진국이 난민 보호와 수용에 있어 가장 소극적인 태도를 보이고 있음을 방증한다.

경제선진국들은 모든 사회적 문제를 '시장'을 통해 해결하는 신자유주의적 질서를 수용하면서 복지혜택을 줄였고, 이는 불안정한 일자리와 실업 증가의 주된 원인이 되었다. 자본주의 축적 체제에 의한 '탈취'로 저임금과 위험한 일자리가 늘어났고, 복지를 포함한 사회적 안전망은 줄어들었다. 더 많은 총생산과 잉여를 위해 노동자의 희생만을 강요하는 신자유주의 축적 체제는 모든 이의 삶을 불안하게 만들었다. 그러나 계급 불평등이라는 구조적 문제는 가려지고, '우리의 자원을 빼앗고, 복지 부담을 가중하는' 이주민이나 비국민, 무슬림이 문제의 원인으로 지목되면서 인종주의가 부상했다.

존 글레드힐(John Gledhill)은 프랑스의 마린 르 펜 정권, 유럽의 이슬람화에 반대하는 독일의 애국적 유럽인 운동 페지다(Pegida), 미국의 트럼프 정권이 그 예라고 말한다.[6] 빈곤 계층뿐 아니라 중산층도 그나마 남아 있는 사회적 안전망을 이주민과 난민에게 빼앗기지 않겠다는 생각으로 인종주의 혐오 정치에 참여한다. 아이러니하게도 이런 극우적인 인종주의야말로 초국적 자본주의의 통치를 더욱 심화시키는 토양이 된다. 왜냐하면, 약탈적 자본주의에 대항하는 사회구성원의 광범위한 연대를 방해하기 때문이다. 북미, 유럽, 호주 등 전통적인 난민 보호국은 여전히 많은 수의 난민을 받아들이고 있지만, 난민 이슈는 선거철마다 국민을 감정적으로 분열시킨다. 난민은 다른 이주자들에 비해 그 수가 매우 적음에도 불구하고, 국민을 정치적으로 편 가르는 데에 쉽게 동원된다. 왜냐하면 대부분의 국민은 난민에 대해 잘 알지 못하며, 보수 정치인들은 난민을 밀입국하는 범죄자로 재현하면서 방어심리를 조직해내고 내국인을 단합시키는 데 사용해왔기 때문이다. 마찬가지로 2018년 예멘 난민 사태로 불거진 우리나라의 반 난민 정서 또한 국민특권주의의 물적 토대가 무너진다고 느끼면서 오는 불안감이 이주민과 난민에게 투사된 것이다.[7]

난민화와 공거의 윤리

자국의 보호를 받지 못해 다른 나라로 이주하는 난민처럼 국가 안에서도 난민과 같은 상태를 경험하는 사람들이 증가하고 있다. 신

---

6 Gledhill, John, "Capitalism, the politics of hate, and everyday cosmopolitanisms," *Critique of Anthropology* 39(3), Sage Publications, 310-328쪽, 2019.

7 김현미, 「난민 포비아와 한국 정치적 정동의 시간성」, 『황해문화』, 통권 제101호, 새얼문화재단, 2018, 212쪽.

자유주의 자본주의가 확산함에 따라 점점 더 많은 사람이 '국가 없음'의 감정을 느낀다. '국가 없음'이란 국가가 국민의 인간다운 삶을 보장하기 위해 수행해야 할 국가의 역할을 하지 않는 상태를 의미한다.[8]

신자유주의 경제하에서 국가는 자본의 세계적 유통을 위한 관리자 역할만을 수행하고, 국민의 인간다운 삶을 보장하기 위해 요구되는 재분배, 인권, 정의의 문제에 관심을 두지 않는다. 난민화는 난민을 특정 존재로 정의하는 것에서부터 벗어나 많은 사람을 난민으로 만드는 권력 메커니즘을 분석하기 위한 개념이다. 난민은 "획득해야 할 '자격'인 동시에 사회적 '낙인'을 짊어지게 되는 이중성을 지닌 자리이자, 그 자리를 회복하려는 사람들이 절박하고 불안한 마음으로 강화되고 지탱하는 자리이다. 이러한 자리에서 겪게 되는 '국가-없음'의 '상태' 혹은 '사태'를 '난민화'라고 할 수 있다.[9]

많은 사람이 국가 폭력, 경제적 박탈과 재난을 경험하고 희생당하지만 그들의 죽음을 애도할 시간을 부여받지 못한다. 또한 일부 국민은 '잉여적 존재'로 취급되면서 국가의 보호 대상에서 배제된다. 이런 관점에서 양심적 병역거부자, 자신의 삶터와 일터에서 폭력적으로 추방당하는 도시 빈민들, 죽게 내버려 두면서 생명을 위협하는 일터에 내몰린 청년, 여성과 이주자들 모두 난민화되고 있다고 말할 수 있다. 다시 말해 난민은 '어려움에 부닥친 사람이자, 그 어

---

8 주디스 버틀러·가야트리 스피박, 『누가 민족국가를 노래하는가』, 주해연 옮김, 산책자, 2008, 87쪽.

9 심아정, 「'국민화'의 폭력을 거절하는 마음: '난민화'이 메커니즘을 비추는 병역거부와 이행을 다시 생각하며」, 신지영 외, 『난민, 난민화되는 삶』, 갈무리, 2020, 140쪽.

려움을 말하지 못하거나 말했지만 묵살당한 사람으로" 이해될 수 있다. 실질적 난민과 난민화되는 국민은 "자신의 상황과 처지가 어떻든 자신을 드러낼 수 있고 그런 자신을 존중받을 수 있는 안전한 공간이라는 공통감각"을 추구한다는 점에서 연결성을 찾아가고 있다.[10]

국민과 비국민의 이분법에 의존한 배제와 혐오 정치는 기본적으로 인간이 상호 도움을 주는 존재이며 공동체적 평등을 지향하는 존재라는 점을 탈각시킴으로써 민주주의를 후퇴시킨다. 그런 점에서 국민의 이름으로 국민을 동원하여, 비국민에 대한 적대를 부추기는 감정 정치는 실질적인 '탈정치화'를 이끈다. 선거제도, 정당 정치, 참여적 민주주의, 인권과 기본권의 확장을 위한 숙의 민주주의 절차보다 감정적인 분노나 무지로 이주민이나 난민 문제를 사유하도록 부추기기 때문이다. 사실 난민은 생존과 위엄을 지키기 위해 과감하게 국경을 넘은 용기 있는 사람들이며 그만큼 삶에 대한 의지가 강한 사람들이다. 난민 보호는 인류가 '위험에 빠진 다른 인류'에게 새로운 삶을 이루어갈 수 있도록 일시적 호의를 베푸는 행위를 의미한다. 난민에게 시혜를 베푼다는 전형적 위계질서 안에서 이들과 관계를 맺기보다는 상호관여의 윤리가 중요하다는 의미다. 이를 위해서는 난민과 선주민이 함께 일하고, 거주하고, 상호 교류하면서 서서히 생겨나는 함께 살기, 즉, 공거의 가능성들에 대해 개방적이어야 한다.[11] 우리 모두 언제, 어떠한 방식으로도 난민이 될 수 있기 때문이다.

---

10 제람 강영훈 외 5인, 『암란의 버스/야스민의 자전거』, 제람씨, 2021, 6쪽.

11 김현미, 「난민 포비아와 한국 정치적 정동의 시간성」, 227쪽.

참고문헌 및 더 읽을거리

김현미, 「난민 포비아와 한국 정치적 정동의 시간성」, 『황해문화』, 통권 제101호, 새얼문화재단, 2018.

김현미 외 7인, 『이민정책론』, 박영사. 2016.

말랄라 유사프자이·리즈 웰지, 『우리는 난민입니다: 나의 여정, 그리고 세계 곳곳 여성 청소년 난민의 목소리』, 박찬원 옮김, 문학동네. 2020.

박순용 외, 『대한민국에서 난민으로 살아가기: 의미 탐색과 정책 과제』, 집문당, 2020.

신지영 외, 『난민, 난민화되는 삶』, 갈무리, 2020.

염운옥, 『낙인찍힌 몸: 흑인부터 난민까지, 인종화된 몸의 역사』, 돌베개, 2019.

앨런 그라츠, 『난민, 세 아이 이야기』, 공민희 옮김, 밝은미래, 2019.

주디스 버틀러·가야트리 스피박, 『누가 민족국가를 노래하는가』, 주해연 옮김, 산책자, 2008.

제람 강영훈 외 5인, 『암란의 버스/야스민의 자전거』, 제람씨, 2021.

Gledhill, John, "Capitalism, the politics of hate, and everyday cosmopolitanisms", *Critique of Anthropology* 39(3), Sage Publications, 2019.

노인 Senior

기본적 정의

노인은 대개 '늙은이, 고령자(高齡者), 시니어, 실버' 등으로 명명되기도 하며, 유럽의 경우 연장자 또는 연금수령자로 지칭하기도 한다.[1] 최근에는 노인에 대한 부정적 이미지를 미화시켜 소비적 측면을 강조한 의미에서 '실버세대'라는 용어를 사용하기도 하며[2], 일부 학자들은 이 실버세대 중 베이비붐세대를 '뉴 실버(New Silber)'라 명명하기도 한다. 2010년 이후 이들은 '스마트 실버세대'라고 불리고 있다.[3]

---

1 위키피디아 https://ko.wikipedia.org/wiki/%EB%85%B8%EC%9D%B8 참조.

2 고봉만 외, 『노년에 관한 인문학적 성찰』. 충북대학교 출판부. 2016, 71쪽 참조.

3 김연순, 『실버세대의 어제와 오늘』, 충북대학교 출판부, 2016. 74쪽 참조. 김경란, 「독일 TV광고에 재현된 노년 및 노인이미지」. 『독어교육』 제73집. 2018, 206쪽 참조. 베이비붐 세대들은 1955년부터 1963년에 태어난 세대들로 이 중 오늘날 소비의 주체세력으로 떠오르고 있는 60세 이상의 노인들은 2차 세계대전을 경험하고 근검절약이 몸에 베인 부모아래 성장한 세대이다.

개념의 기원과 발전[4]

오늘날 노인 또는 노년에 대한 개념은 사회문화적 상황, 그리고 개인적 상황에 따라 다양하게 정의되고 있다. 대개 노인이란 신체적 노화과정에 있는 사람을 말하며, 구체적으로 '생물학적, 심리적, 사회적 노화'를 포함하는 개념으로 정의되고 있다. 생물학적 관점에서 노화란 신체적, 생리적 기능저하를 말하며, 심리적 노화란 인지적 감퇴, 그리고 사회적 노화란 사회경제적 역할상실과 변화를 의미한다.[5]

노인을 어떻게 규정해야 하는가는 나라별 규범 및 관습에 따라 다르며, 각 개인의 신체상태 및 나이, 개인의 자각정도 등에 따라서도 차이를 보인다. 세계적으로 보통 65세 이상을 노인으로 규정하고 있다. 이런 규정은 1889년 독일 비스마르크황제가 65세를 노령연금을 받을 수 있는 나이로 책정한 데서 비롯되었다. 그러나 최근 100세가 넘은 전 세계 노인인구가 57만 명을 넘어서고(2020년 기준) 평균수명 100세 시대가 예견되면서, 노인을 규정하는 연령도 높아지는 추세다.[6] 한국에서도 고령인구의 증가로 인해 일부 문화재 무료혜택 기준을 70세 이상으로 올리는 움직임이 확대되고 있는 등 점

---

4 본 원고의 저자는 독일문학 및 문화 전공자로서 이 글에서 다룬 노인담론은 독일에 한한다. 한국보다 먼저 심각한 고령화를 겪었던 독일의 사례를 살펴보자. 독일은 2015년에 65세 이상 인구가 21%를 차지하면서 초고령사회에 접어들었고, 오늘날까지 노인의 사회적 문제에 지속적으로 관심을 갖고 다양한 분야에서의 노년담론들을 융합하고 통섭하는 등 노인에 대한 문제를 끊임없이 탐색해 왔다. 따라서 우리보다 먼저 고령화를 경험한 독일의 사례는 현재 초고령 사회를 목전에 둔 한국에 많은 시사점을 제공할 수 있을 것이라 생각된다.

5 조경섭·석중건, 「실버시장의 광고 커뮤니케이션 수용 특성에 관한 연구」. 『스피치와 커뮤니케이션』 제8호, 2007. 42쪽 참조.

6 https://de.statista.com/infografik/18799/zahl-der-ueber-100-jaehrigen-weltweit/

차 노인연령을 상향하는 방안이 공론화되고 있다.

노인 및 노년사를 살펴보면 고대부터 오늘날까지 노인은 긍정과 부정이라는 양면적 이미지로 해석되어왔다. 노인은 한편으론 존경받아야 하는 대상으로 규정되어 명석함, 통찰력, 풍부한 경험, 그리고 지혜로움이라는 용어와 함께 지칭되었다. 특히 노인은 고대부터 중세에 이르기까지 긍정적으로 평가되었는데, 이는 기독교적 세계관의 영향에 따른 것이었다. 당시 사회에서 우대받는 존재는 정치가, 성직자, 훌륭한 지도자로서 경험이 풍부한 노인이었던 것이다.

다른 한편으로 노인은 죽어가는 존재로 대상화되면서 정신력 퇴보 및 신체적 쇠약함으로 특징지어졌다. 특히 중세가 막을 내리고 18세기에 본격적인 산업 사회가 등장하면서 노인에 대한 부정적 인식과 평가가 두드러졌다. 18세기 말에 이르러 노인의 기대수명이 높아지고 노인 계층도 확대되면서 노인 문제가 본격적으로 공론화되기 시작했다. 문학, 예술, 종교, 각종 매체에서 노인의 경제적·정신적 자립도, 산업화에 따른 가족관계 및 가치관의 변화, 그로 인한 노인들의 소외 및 고립, 신체적 노화 등의 담론들이 적극적으로 쏟아지기 시작한 것이다.

19세기에는 노인계층의 소외 현상이 심화된다. 1848년 혁명의 실패와 급속도로 진행된 산업화로 인하여 부르주아 자산계급 및 경제시민계층이 새롭게 부상하게 된 반면, 상대적으로 생산력이 약한 노인계층은 사회적으로 더욱 고립되었다. 과거 전통사회에서 부양의 책임을 지고 있던 노인의 사회적 지위가 퇴색해가고, 생산성이 우수한 젊은 세대가 사회에서 중심적 역할을 맡게 된 것이다. 이 시기에 가장 많이 담론화되었던 문제 중 하나가 노인 세대의 생산적 노화 및 경제적 빈곤 문제였다.

20세기 초 세계대전 및 산업화 현상이 가중되면서 노인의 정체성 위기가 더욱 두드러지게 표면화되었다. 경쟁주의, 성과주의가 팽배한 사회에서 노인은 무가치하고 무기력한 존재로 전락하고 만다. 특히 고령화 사회로 접어들면서 생산인력과 비생산인력, 활동인력과 비활동 인력으로 구분되면서 청년층과 노년층의 양분화 현상이 더욱 심화되었다.

그런데 20세기 중엽 이후 노인의 경제적, 사회적 지위가 눈에 띄게 높아진다. 첨단산업화는 노령인구도 노동하도록 노동 기간을 연장시켰으며, 노인을 장기적인 경제활동인구로 만들었다. 이는 노인들의 사회적 역할 확대 및 사회참여에 대한 긍정적인 인식확산을 가져오는 계기를 마련하게 된다.

21세기 초고령화 시대를 앞두면서 노인의 경제활동 및 사회참여, 건강한 노후복지에 대한 담론이 그 어느 때보다도 활발히 전개되고 있다. 이제는 노인들의 근로 능력에 대한 제고뿐만이 아니라, 자발적 사회참여 및 경제활동, 자기개발의 기회가 더욱 확대되고 있다. 무엇보다도 노인의 경력을 적극 활용하는 일자리 지원 사업을 통해 노인을 사회적 관계망으로 포섭하려는 시도가 증가했다는 점은 매우 주목할 만하다.

특히 21세기 독일의 시니어정책은 세계적인 이목을 끌고 있다. 대표적인 예를 들자면, 독일은 TV드라마, 광고, 영화 등의 매체를 통해 노인과 노화에 대한 부정적인 인식 및 차별적 태도를 비판하고, 노인을 적극적인 삶의 주체자로 묘사하는 등 초고령화 사회에 대한 부정적 인식에 적극 대응하고 있다. 무엇보다도 경제력을 갖춘 노인들이 증가함에 따라 노인층은 문화소비를 주도하는 새로운 소비핵심계층으로 부상하였으며, 이에 맞물려 노년을 소재로 한 영화 및 TV드라마가 대거 쏟아져 나온다. 2000년도 이후 독일에서 제작되고 소개된 노년을 다룬 영화만 해도 100여 편이 넘는다.[7] 영화는 주로 노년기의 건강 및 질병, 사랑과 죽음, 가족관계, 외로움, 소통의 의지 등을 주제로 삼아 세대 간 소통과 공감의 장을 마련하고 있다. 아울러 스포츠광고, 쇼핑, 게임, 자동차광고 등에서도 노인을 적극적으로 소비하고 문화생활을 즐기는 건강한 세대로 표현함으로써 노인에 대한 사회적 인식변화를 긍정적인 방향으로 이끌 것으로 예상된다.[8]

이제 노인은 건강 및 경제적 능력을 갖춘 액티브시니어(Active Senior)로 지칭된다. 이는 노인의 사회적 위상이 크게 달라지고 있음을 시사한다. 오늘날 노인 담론은 세대 간의 소통 및 공감, 자발적이고 능동적인 활동 참여, 노년기의 사랑과 '웰다잉'이라는 죽음에 대한 질에 대한 문제들로 공론화되고 있다.

의미와 해석

한국사회에서 노인의 타자화

최근 한국은 고령화가 급속도로 진행됨에 따라 노인 및 노년에

7 https://www.programm-altersbilder.de

8 김경란, 「독일 TV광고에 재현된 노년 및 노인이미지」. 『독어교육』 제73집. 2018, 202쪽 참조.

대한 인식의 지각변동을 겪고 있다. 2017년에 65세 이상 인구가 14%가 넘어 이미 고령사회로 접어들었으며, 2021년에는 65세 이상이 약 850만 명으로 17.14%에 달하였고, 5년 후에는 초고령 사회가 예상된다. 이렇게 너무 빠르게 가속화되고 있는 인구구조의 변화는 기대수명의 연장을 긍정적으로 받아들이기보다 노인을 '늙고 쓸모없는', '부양의 부담을 안고 있는' 존재로 치부하게 만든다.

또한 한국은 보건복지부 통계에 따르면 65세 이상의 58.6%가 빈곤층으로 OECD국가 중 1위(2020년 기준), 노인의 자살률은 세계 1위라는 불명예를 안고 있다.[9] 빈곤한 노인들의 소득 보장을 위해 2014년에 기초연금이 도입되고 노인 빈곤율이 조금씩 감소하고는 있으나, 노인의 기초연금수령자는 노령인구의 33%에 이른다.[10]

오늘날 한국사회는 '평균수명의 연장, 핵가족화', '노인을 부양할 자녀 수 감소' 등으로 노인의 부양개념이 달라졌다. 현재 우리나라가 당면한 노인문제는 '고독, 질병, 무위, 빈곤이라는 4苦'로 요약되고 있는 실정이다.[11] 최근에 급속히 증가하고 있는 요양원 수를 보면 이제는 부모부양에 대한 인식이 변화하였으며, 더 이상 가족구성원이 노인을 수발하는 기능을 맡지 않게 되었음을 시사한다. 노인의 부양문제를 국가 및 지역사회가 떠맡게 됨에 따라 노인들의 요양시설입소가 당연시되는 현상이 초래되었다. 이러한 상황에서 노인은 일상과의 격리, 이웃과의 관계소원 및 상실감뿐만이 아니라, 불안

9 성영태, 「한국 노인빈곤의 원인과 과제에 관한 제언」. 『기독교사상』 9월호, 2022, 24-36쪽 참조.

10 http://www.mohw.go.kr/react/search/search.jsp

11 김세영, 「노인요양시설에 대한 한국노인의 인식」. 조선대학교대학원. 2014, 8쪽 참조.

및 우울감과 같은 고통을 감수하고 있다. 이외에도 무상급식, 무상 교통 등의 노인복지는 청년층의 경제 부담을 증가시키게 한다는 우려의 목소리를 높이며, 노인에 대한 혐오 및 차별적 시선은 노인을 더욱 타자화하고 있다. 더욱이 COVID 19 팬데믹 상황에서 높은 집단감염 및 사망률, 높은 의료의존도, 사회적 거리두기로 인한 고립감 등은 노인을 더욱 주변화, 타자화하며, 노인에 대한 편견 및 차별을 심화시키는 계기가 된다.

다양한 관점을 통해서 본 노인담론

노인에 대한 개념은 개인적, 사회문화적인 측면에서 다양하게 정의되어왔다. 오늘날 노인 문제는 주로 생물학적, 사회학적 및 심리학적인 관점에서 설명되고 있다. 더 나아가 개인 문제를 개인과 사회구조 및 사회제도와의 상호작용으로 보는 관점도 많아지고 있으며, 근래에는 정치경제학적 관점에서 바라보는 필요성도 제기되고 있다.

이 중에서 사회학적 및 심리학적 이론을 대표하는 마샬(Alfred Marshall)의 사회구성주의 이론, 에릭슨(Erik Homburger Erikson)의 발달단계이론, 기든스(Anthony Giddens)의 현대성이론, 헤비거스트(Robert J. Havighurst) 및 펙(Robert F. Peck)의 발달과업이론, 그리고 퀴퍼스(Joseph A. Kuypers)와 벵슨(Vern L. Bengtson)의 사회와해이론 등 노년에 대한 다양한 관점들은 노년을 본질적으로 분석할 수 있는 틀을 제시하고 있다.

우선 노년에 대한 심리학적 분석은 노인의 노화적응에 대한 본질적 이해에 주목하며, 노화를 신체적, 감성적, 인지적 능력이 지속적으로 상실되어가는 과정으로 보기도 하지만, 노년기를 새로운 기회와 가능성을 모색할 수 있는 시기로 봄으로써 노인의 숙련된 인력 활용 및 삶의 질에 대한 문제를 제기한다. 에릭슨의 발달단계이론은 이러한 양면성을 가장 잘 설명하고 있다. 노년의 정체성은 대인관계 및 생의 발달단계에 따라 긍정적 또는 부정적인 성격특성이 크게 작용한다. 인생의 제8단계에 접어든 노년기에 개인은 자아통합과 성숙을 이루거나, 그렇지 않으면 원망과 절망감에 빠져 살아가게 된다. 이와 비슷하게 헤비거스트는 생의 발달주기를 6단계로 구분하고 노년기를 지혜로 통합을 이루는 시기로 해석하고 있다. 반면에 펙은 만족스러운 노년기를 보내기 위해서는 노년기의 심리적 적응이 매우 중요하다고 주장한다. 즉, 신체적 변화에 대한 적응, 퇴직 및 경제적 감소에 대한 적응, 죽음에 대한 긍정적인 수용 등을 강조하고 있다.[12]

다음으로 노년의 사회학적인 관점은 사회제도에 따라 노인의 역할 및 지위가 어떻게 변화하는가에 초점을 두고 노인 문제에 접근한다. 이 관점은 노인의 실업, 건강, 소외, 고독, 빈곤 등을 개인문제로 보지 않고 사회적 문제로 인식하면서 노인 문제를 분석한다. 대표적으로 마샬의 사회구성주의 이론은 생산자원적인 일에 참여하고 활동하면서 만족과 행복을 찾는 노인에 초점을 두고 있다. 그는 노인의 행동이 사회적 환경에 따라 결정되므로 노년기에는 상실된

12 퀴퍼스와 뱅슨의 사회와해이론은 심리적, 정서적 측면에서 노인을 들여다보려는 시도이다. 인간은 타인과의 상호작용으로 자아가 형성되며 행동에도 결정적인 영향을 끼친다는 것이다. 사회심리적 문제가 있는 노인의 경우 그에 대한 부정적 인식은 노인의 사회적 관계 및 활동을 위축시키며, 노인의 사회적 결속을 와해시킨다는 것이다. 황종대, 「노년학이론에 관한 평화학적 고찰」. 『평화학논총』 3권 1호, 2013, 174-176쪽 참조.

역할을 대체할 수 있는 대안적인 활동을 찾는 일이 중요하다고 강조한다.

마지막으로 오늘날 노년을 해석하고 이해하는데 있어서 기든스의 현대성이론이 가장 많이 적용되고 있다. 그는 노인의 사회적 지위 및 역할이 사회가 현대화되면 될수록 약화된다는 해석을 제시한다. 현대화는 노인인구의 증가를 초래함과 동시에 시대착오적인 지식 및 기술을 가지고 있는 노인의 경제적 지위를 더욱 하락시키며, 노인의 사회적 불안을 낳는다는 것이다.

이러한 다양한 노년담론들은 노인문제를 공론화하는데 지속적으로 큰 공헌을 해왔다. 한국에서도 21세기에 들어서 고령화 사회가 가속화되면서 노인 문제를 노인 개인의 기능적, 심리적 관점 이외에도 사회·문화·경제적 배경을 아우르는 통합적 관점으로 접근해야 한다는 목소리가 높다. 이제 노인문제 해결을 위해서는 노인 개인의 다양성을 존중해주는 개인적, 심리학적 관점과 함께 사회구조적인 관점을 덧붙여 노인문제를 다각적으로, 또한 총체적으로 접근하려는 적극적인 자세가 필요하다.

새롭게 창조되는 노인의 정체성

노인들은 자신의 신체적, 경제적 노화에도 기존의 자기 존재의 동질성과 연속성을 유지하려고 노력하면서 새로운 정체성을 만들어나간다.[13] 노인의 정체성을 결정하는 요인으로는 개인의 이데올로기, 사회와의 관계, 사회에 대한 요구, 세대 간 소통 등, 사회문화

13 한경숙, 「고령화 사회의 노인의 정체성에 관한 연구」. 『문화교류연구』 Vol.1 No.2, 2012, 155쪽 참조.

적 요소 이외에도 타인의 평가, 신체적 변화 등이 있다. 그렇다면 노인들은 자신의 정체성을 어떻게 찾고 있는가?

첫째, 노인들은 자신의 과거의 삶과 차별화함으로써, 또는 노인이라는 독특성을 자각함으로써 새로운 정체성을 형성해 나간다. 노년기에는 가정의 지위 및 역할의 축소, 은퇴와 같은 사회적 단절을 경험하며, 노년기에 접어든 자신들의 모습을 인지하면서 정체성 위기를 겪기도 한다.[14] 그러나 대개 노년기 정체성은 노화현상을 받아들이는 노인 개인의 태도에 따라 다르며, 노화를 자신의 '현실로 받아들이는 데에 무거운 심리적 저항'을 보이기도 하지만, 노화를 긍정적으로 받아들이고 삶의 의미를 찾으려는 노력을 하기도 한다.[15]

둘째, 노년기에는 노인들끼리 서로 정서적 유대감을 얼마나 공유하는지, 기존의 생활환경을 얼마나 연속 유지하는지, 다른 세대와 사회문화적 교류를 얼마나 갖는지에 따라 노년기 정체성 형성에 긍정적 또는 부정적 영향을 미친다.[16] 특히 노인의 주거환경은 신체적 정서적 안정을 도모하며 노인의 삶의 질을 결정한다. 오늘날 독일은 노인의 외로움과 사회적 고립을 예방하기 위한 대안책으로 노인공동주거시설 '시니어 코하우징'(Senior Cohousing)과 본게마인샤프트(Wohngemeinschaft)의 활성화에 힘쓰고 있다.[17] 노인들은 또래 집단,

---

14 김경란, 「노년의 영화적 재현: 노년담론과 노인의 정체성」. 『독어교육』 제76집. 2019, 255쪽 참조.

15 한경숙, 「고령화 사회의 노인의 정체성에 관한 연구」. 『문화교류연구』 Vol.1 No.2, 2012, 165쪽 참조.

16 김경란, 「노년의 영화적 재현: 노년담론과 노인의 정체성」. 『독어교육』 제76집. 2019. 259쪽 참조.

17 '시니어 코하우징'은 거주자가 개인의 주택과 서로 공용으로 사용할 수 있는 시설로 구성된 주거단지를 말한다. 개인의 사유재산은 그대로 보장되고 이웃과 공동의 목표를 가지며, 공동으로 계획되고 관리되는 시스템이다. 1960년 덴마크에서

또는 반대로 자신과 다른 연령집단과의 연대적 소통으로 상대적 박탈감 및 소외문제를 극복해 나가며, 자신의 사회적 가치를 회복해 나간다.

셋째, 질환을 갖고 있는 노인에 대한 존엄한 돌봄, 그리고 존엄 및 품위를 지키는 죽음에 대한 제고는 노년기 정체성을 재확립하게 한다. 반면에 노년기의 신체기능저하로 인한 심리적 위축은 자존감 저하 및 정체성 위기를 초래하기도 한다.

그 외에도 노인은 경제력, 사회참여의 정도 등에 따라 자신을 다르게 인식하며, 대개 과거의 부정적인 노인 이미지와의 구별짓기를 통해 자신의 노년기를 보다 성숙한 모습으로 발전시키고자 한다. 최근에는 노년기를 새로운 도전과 가능성의 시기로 보고, 스스로 새로운 삶을 창조하며 능동적인 활동에 도전하는 노인상을 더욱 강조하고 있다.

참고문헌 및 더 읽을거리

강소영, 「노인광고 콘텐츠의 의미 변화 분석: TV 광고를 중심으로」, 『인문콘텐츠』 38호, 2015.

고봉만 외, 『노년에 관한 인문학적 성찰』, 충북대학교 출판부, 2016.

김경란, 「독일 TV광고에 재현된 노년 및 노인이미지」, 『독어교육』 제73집, 2018.

김경란, 「노년의 영화적 재현: 노년담론과 노인의 정체성」, 『독어교육』 제76집, 2019.

시작되어 오늘날 전 유럽에 활성화 되어있다. '본게마인샤프트'는 공동주거공간을 말한다. 김경란, 「노년의 영화적 재현: 노년담론과 노인의 정체성」. 『독어교육』 제76집. 2019. 262쪽 참조.

김성희, 『한국 문학에 나타난 노인이미지: 1960년대 이후 한국 단편소설을 중심으로』, 세계문학비교학회, 2009.

김세영, 「노인요양시설에 대한 한국노인의 인식」, 조선대학교대학원, 2014.

김수영 외, 『노년사회학』, 학지사, 2009.

김연순, 『실버세대의 어제와 오늘』, 충북대학교 출판부, 2016.

김태현, 『노년학』, 교문사, 2007.

김한곤 외, 『노인의 문화적 정체성』, 영남대출판부, 2003.

마거릿 크룩생크, 『나이듦을 배우다: 젠더, 문화, 노화』, 이경미 옮김, 동녘, 2016.

미누아, 조르주, 『노년의 역사: 고대에서 르네상스까지 서양 역사에 나타난 노년』, 박규현·김소라 옮김, 아모르문디, 2010.

보부아르, 시몬느 드, 『노년』, 홍상의·박혜영 옮김, 책세상, 1994.

성영태, 「한국 노인빈곤의 원인과 과제에 관한 제언」, 『기독교사상』 9월호, 2022.

숄라퍼, 한네로네, 『노년의 미학』, 김선형 옮김, 경남대출판부, 2005.

조경섭·석중건, 「실버시장의 광고 커뮤니케이션 수용 특성에 관한 연구」, 『스피치와 커뮤니케이션』 제8호, 2007.

투르니에, 폴, 『노년의 의미』, 강주헌 옮김, 포이에마, 2015.

팻 테인 외, 『노년의 역사: 고정관념과 편견을 걷어낸 노년의 초상』, 안병직 옮김, 글항아리, 2012.

키케로, 마르쿠스 툴리우스, 『노년에 관하여』, 오흥식 옮김, 궁리, 2005.

한경숙, 「고령화 사회의 노인의 정체성에 관한 연구」, 『문화교류연구』 Vol.1 No.2, 2012.

한상열, 『노년기의 의미와 즐거움』, 학지사, 2000.

황종대, 「노년학이론에 관한 평화학적 고찰」, 『평화학논총』 3권 1호, 2013.

홍숙자, 『노년학개론』, 하우, 2010.

Hermann-Otto, Elisabeth(Hrsg.), *Die Kultur des Alterns von der Antike bis zur Gegenwart*, St. Ingbert. 2004.

Motel-Klingebiel, Andreas, *Altern im Wandel*. Stuttgart, 2010.

사회적 배제와 포용 Social Exclusion and Inclusion

기본적 정의

사회적 배제는 개인 또는 그룹이 한 사회의 고용, 건강, 교육, 사회적·정치적 활동 등에서 배제되는 것을 말하며, 사회적 역동 과정에 배태되어 있다. 기본적으로 사회적 배제는 하나의 관점에서 설명되기 보다는 다양한 관점에 접근을 통해서 복합적·역동적으로 설명되어야 한다. 예컨대 고용이나 경제적 가난과 같은 하나의 사회문제 지표를 통해 사회적 배제를 설명하기 보다는, 직업적 자원에 대한 접근 제한이 경제적 가난, 거주지의 문화적 빈곤, 건강 문제, 가족 가치 상실과 같은 다양한 문제들과 얽혀 있으며, 더 나아가 인식적 차별이나 편견의 유통 및 재생산과도 긴밀하게 연결되어 있음에 주의해야 한다. 사회적 포용은 사회적 배제로 인해 발생하는 다양한 문제들을 진단 및 해결함으로써 사회적으로 배제된 개인이나 그룹이 다양한 경제적·정치적·문화적 자원에 접근하여 이를 이용할 수 있게 만드는 것을 의미한다.

개념의 기원과 발전

'사회적 배제' 개념은 최근에 유럽을 중심으로 발전되어 왔으며 20세기 후반에 이르러 세계화, 신자유주의, 시민권과 같은 이슈들의 부상과 더불어 주요 사회 문제로 떠오른 실업, 경제적 불평등, 사회적 편견 등에 대처하기 위해 그 중요성이 부각되었다. 독일 사회학자이자 정치경제학자인 막스 베버(Max Weber)로 거슬러 올라가는 '사회적 배제' 개념은 가난, 범죄, 경제적 불평등, 사회정의와 같은 문제들은 특히 개발도상국에서 중요한 화두로 등장하였으며, 초기 발전 단계에서 '사회적 배제' 개념은 특권 그룹이 자신의 지위를 유지하기 위해 다른 그룹을 배제하려는 시도로 읽혀지기도 하였다.[1]

1970년대에 들어와서 '사회적 배제'는 사회 보장 제도와 같은 사회 안전망에서 제외된 이들을 가리키는 의미로 사용되기 시작하였다. 장애인, 한부모 가정, 미혼모, 비정규직 노동자, 실업 인구를 비롯한 다양한 그룹들이 조명받으면서, 사회의 안전망에서 제외됨으로써 다양한 경제적·사회적 참여(participation)의 기회가 주어지지 않는 이들이 사회적으로 배제되는 과정과 역동에 대한 연구가 진행되었다.

1980년대는 '사회적 배제' 개념이 공공정책에서 중요한 틀로 자리잡게 되었으며, 이런 개념의 일반화와 함께 다양한 정책연구가 수행되고 유럽의 the European Community Programme to Foster Economic and Social Integration of the Least Privileged Groups와 같은 기관이 설립되기도 하였으며, 이후 영국의 the Social Exclusion Unit

1 John Hills, Julian Le Grand, & David Piachaud. (Eds) *Understanding Social Exclusion*. Oxford: Oxford University Press, 2002.

이나 유럽연합(EU)의 the European Observatory on Policies to Combat Social Exclusion과 같은 단체의 설립으로 이어지면서 사회적 배제는 가장 중요한 정책 이슈로 부상하였다.

2000년대를 넘어서면서 사회적 배제에 대한 인식이 광범위하게 퍼졌으며 성, 인종, 계급, 섹슈얼리티, 민족성(ethnicity)과 같은 다양한 차별 문제와 결합하기도 하면서 다양한 국가에서 각각의 맥락과 사회적 역동에 따라 다양한 실천으로 분화되었다.

대체로 사회학 분야에서 '사회적 배제와 포용' 개념이 발전하였으며 정책적인 차원에서 이 개념이 적극적으로 고려되고 있는 것이 사실이지만, 최근에는 철학과 이론분야에서도 '사회적 배제'의 개념이 적극적으로 수용되고 있는 추세이다. 예컨대, 랑시에르(Jacques Rancière)는 정치를 "몫 없는 이들의 몫"으로 정의하는데, 비록 랑시에르가 '사회적 배제'라는 개념을 원용해서 사용하고 있지는 않지만 그의 "몫 없는 이들"이 의미하는 것은 바로 사회정치적 분배에서 배제된 그룹, 이름만 '시민'이되 실제로는 정치·경제적 자원의 사용에서 배제된 사람들이기 때문이다.[2] 바디우(Alain Badiou) 역시 '사회적 배제'를 정치적 사고가 출발하는 지점으로 간주한다. 바디우의 집합이론(set theory)는 공동체에 관한 이론이라고 할 수 있는데, 그는 여기에서 국가(state)가 다양하고 단수적인(singular) 구성원들을 여러 가지 방식으로 재현함으로써 이들을 포함(inclusion)하게 되지만, 이러한 재현에 포함되지 않고 배제되는 이들이 반드시 생겨날 수밖에 없다고 단언한다. 바디우에게 정치는 이런 배제적 틀에 대한 비판을 토대로 모든 이들이 포용될 수 있는 집단적 보편성을 향해 나아가

2 Jacques Ranciere, *Disagreement*. Minneapolis: University of Minnesota Press, 1999.

는 사고를 의미한다.[3]

랑시에르와 바디우 이외에도 아감벤(Giorgio Agamben), 에스포지토(Roberto Esposito), 네그리(Antonio Negri) 등을 위시한 현대의 많은 사상가들은 '배제'가 국가를 비롯한 다양한 근대 공동체에서 구조적으로 발생함을 지적한다. 아감벤의 '호모 사케르(*Homo Sacer*)'는 이 중 가장 널리 알려진 배제 개념인데, 그는 예외상태(state of exception)를 선포하는 주권권력(sovereign power)과 정상상태(normal state)에서 작동하는 사법권력(juridical power)이 역설적으로 서로를 뒷받침하고 있음을 지적하면서, 특히 나치의 수용소가 단적으로 증명하듯 생명을 좌지우지하는 주권권력의 영향력 안에 놓여 있으면서도 실제로 시민의 주권은 박탈되어 버리는 호모 사케르와 같은 존재들이 현대사회에서 양산되고 있다고 주장한다.[4]

의미와 해석

'사회적 배제' 개념은 배제가 진행되는 과정에 대한 통합적 분석을 통해 사회를 진단할 수 있도록 해준다. 사회적 배제가 다수의 대상을 타겟으로 진행되는 경우도 많으며 다양한 차원의 배제가 서로 결합하여 특정 그룹에 집중되는 경우도 많기 때문에 사회적 배제를 연구·분석하는 일은 그 사회의 다양한 구조적·역사적 문제를 통합적으로 검토하고 이를 직시하는 것을 의미한다.

위에서 잠깐 언급하였지만 사회학에서 '사회적 배제와 포용'의

3 Alain Badiou, *Being and Event*, New York: Continuum, 2005.

4 Giorgio Agamben, *Homo Sacer*, Stanford: Stanford UP, 1998.

문제를 다루는 방식과 철학·이론 분야에서 이를 다루는 방식은 크게 다르다. 사회학 분야에서 '사회적 배제'의 문제를 다루는 목적이 궁극적으로는 좋은 정책을 개발하여 배제된 이들을 '포용'하는 것, 즉, 지금의 사회를 개선하는 데에 그 함의가 담겨 있다면, 철학과 이론 분야에서의 '사회적 배제'는 현대 사회의 구조적 문제를 발본적으로 사유하는 것, 더 나아가 지금의 사회와는 다른 구조와 공동체를 상상력을 통해 직조해내는 것이 그 본령이라고 할 수 있다. 이런 두 가지의 방식 중 어느 것이 더 낫다고 할 수는 없겠지만 사회학적 '개선'이 오히려 기존 사회체제와 권력의 구도를 오히려 '유지'하게 되는 위험성이 있는 것만큼이나 철학·이론적 접근은 당장에 필요한 조치들에 대해서 과소평가를 하게 될 위험이 있다고 보는 것이 타당할 것이다. 오히려 이 두 접근방식 중 어느 한 쪽이 맞고 다른 한 쪽이 틀리다고 보는 것 보다는 이 두 접근의 장단점을 정확하게 알고, 언제나 역사적 특수성을 지닐 수밖에 없는 사회적 배제의 맥락을 궁구하면서 그 해결책을 찾아 나아가는 것이 바람직할 것이다.

'사회적 배제'의 맥락은 현존하는 사회의 수만큼이나 다양하다고 할 수 있으며, 사회적 배제를 판단하는 방식도 그만큼 다양하다. 수입을 기준으로 수직적(vertical)으로 파악하는 방식, 정체성을 판단의 기준으로 하는 방식, 물질적·문화적 생산에 참여 가능성 여부를 중심으로 파악하는 방식, 소비를 기준으로 하는 방식, 정치와 권력의 구조를 중심으로 파악하는 방식 등 다양한 지표들이 공존한다. 중요한 점은 '사회적 배제'에 있어서 이를 명시적으로 보여줄 수 있는 물질적 조건에 대한 분석만큼이나 편견, 스테레오 타입, 낙인

(stigma)을 비롯한 비가시적이고 문화적인 조건에 대한 분석이 같이 이루어져야 하며, 더 나아가 '사회적 배제'가 하나의 일시적 현상이라기보다는 역사적으로 결정된 것이라는 인식을 공유할 필요가 있다는 것이다. 경제적, 문화적, 역사적, 공간적 요인들의 중층결정(over-determination)으로 사회적 배제를 바라볼 때 사회적 포용의 가능성을 만들어 낼 수 있으며, 사회적 배제가 생겨난 사회의 특수성을 십분 고려할 때만이 효과적인 포용의 전략과 전술을 개발할 수 있다.

또한 '사회적 배제'의 메커니즘을 파악하기 위해서는 제도적, 관계적, 인식적 측면들을 골고루 살필 필요가 있다. 궁극적으로 사회적 배제가 드러나는 양상은 다양한 사회·문화적 자원이 분배(distribution)되고 접근(access)되는 방식에서 관찰될 수 있으며, 특히 '우리'와 '그들'을 나누는 이분법적 인식이 각종 사회 네트워크는 물론 생활 습관이나 사회 구조에 의해서 제도화되면서 드러나게 된다. 많은 경우, 이 때 '배제'는 배제된 이들의 실재 특성과 무관하게 사회적으로 '주어지게(given)'되는 경우가 많으며, 따라서 '사회적 배제'는 어느 개인의 노력에 의해서 변화되기 보다는 집단적인 동의와 노력이 필수적으로 요청된다고 하겠다.

사회적 배제는 고대의 카스트 제도나 근대의 노예제도에서 쉽게 볼 수 있듯 지극히 오랜 역사를 가지고 있다. 현대에 와서 사회적 배제의 문제가 가장 중요한 문제로 떠오른 이유는 오히려 지금의 민주주의를 이루는 법적 시스템이 '최소한'의 형식적 요건만 충족할 뿐 실질적인 평등과 공평한 참여가 이루어지지 않는다는 깨달음에 기인한다고 할 수 있다. 미국이나 호주의 원주민 배제, 아프리카의 다양한 민족 배제, 세계화와 신자유주의로 인한 빈익빈 부익부 현상, 사회의 파편화와 가족 가치 붕괴로 인한 청소년 탈선, 빗장공동체의 증가와 맞물려 발생하는 전지구적 슬럼화, 전쟁과 재난으로 인한 여성과 청소년 취약성의 증가, 각종 내전으로 인한 난민 증가, 인종 청소와 같은 예들은 모두 지금 발생하고 있는 '사회적 배제'라고 하겠다.

마지막으로 '사회적 포용'은 다양한 긍정적 가치를 내포하고 있지만, 그에 상응하는 위험도 주의할 필요도 있다. '사회적 포용'의 개념은 공공 지원이나 공동체적 동의를 통해서 우리 사회의 핵심적 사안을 다루며, 많은 경우 지엽적이며 지역적이며 소수의 문제로 드러나는 '배제'가 오히려 사회의 구조와 유지에 핵심적임을 알려준다. 그러나 '사회적 포용'은 특정한 그룹을 오히려 낙인찍는 효과로 이어질 수도 있으며, 하나의 그룹을 포용할 때 다른 그룹들이 상대적으로 간과되는 결과를 낳을 수도 있다. 또한 '사회적 포용'을 공공정책에만 의존할 때, 개인 윤리와 참여에 영향을 미치지 못하거나, 최근 여성주의에 대한 백래쉬(back-lash)에서 보듯 오히려 반발로 이어질 우려도 있다.

참고문헌 및 더 읽을거리

Alain Badiou, *Being and Event*, New York: Continuum, 2005.

Aminkeng A. Alemanji, Clara M. Meijer, Martins Kwazema, Francis E. K. Benyah, (eds) *Contemporary Discourses in Social Exclusion*. Cham, Switzerland: Palgrave Macmillan, 2022.

Amartya Kumar Sen, *Social Exclusion: Concept, Application, and Scrutiny*. Asian Development Bank, 2000.

Antonio Negri, *Insurgencies: Constituent Power and the Modern State*. Minneapolis: University of Minnesota Press, 1999.

Erving Goffman, *Stigma: Notes on the Management of Spoiled Identity*, New York: Simon & Schuster Inc., 1963.

Giorgio Agamben, *Homo Sacer*, Stanford: Stanford UP, 1998.

Jacques Ranciere, *Disagreement*. Minneapolis: University of Minnesota Press, 1999.

John Hills, Julian Le Grand, & David Piachaud. (eds) *Understanding Social Exclusion*. Oxford: Oxford University Press, 2002.

Katherine Dufy, *Social Exclusion and Human Dignity in Europe*, Council of Europe, 2005.

Mike Davis, *Planet of Slums*, New York: Verso, 2006.

Peter Somerville, *Social Relations and Social Exclusion*, New York: Routledge, 2000.

Roberto Esposito, *Communitas: The Origin and Destiny of Community*, Stanford: Stanford University Press, 2009.

William Julius Wilson, *The Truly Disadvantaged: The Inner City, the Underclass and Public Policy*, Chicago: Chicago University Press, 2012.

소수자-되기 Becoming-minor/monirity (Devenir-minoritaire)

기본적 정의

소수자-되기(devenir-minoritaire)는 〈소수〉와 〈되기〉라는 두 개념이 결합된 개념이다. 다수(majeur), 다수자(majoritaire)는 표준과 상수에 관련하고 다수적 사실은 표준적 인물(Personne)로부터 나오는 분석적 사실인 반면, 소수(mineur), 소수자(minoritaire)는 표준으로부터 일탈하는 모든 되기(devenir)를 가리키기 때문에 자연스럽게 잠재적으로 되기가 된다. 되기에서 항상 강조되는 것은 그것이 결코 재생산이나 모방이 아니라는 점이다. 그러므로 다수자-되기는 없다.

개념의 기원과 발전

소수/소수자

〈소수〉라는 개념은 애초에 들뢰즈와 가타리가 1975년 카프카에 관한 저서를 집필하면서 형식화한 〈소수 문학(littérature mineure)〉 개념으로 등장했다. 다수와 소수의 개념은 그래서 우선적으로는 언어와 관계한다. 마튜 뒤플레이(Mathieu Duplay)에 따르면 이 개념은 1975년 이후 들뢰즈와 가타리에게 더 이상 등장하지 않지만 이것은 그 개념이 사라졌다기보다는 〈문학〉이나 〈글쓰기〉의 개념들과 뒤섞이게 되었다고 보아야 한다. 더 나아가 그는 이 개념이 문학만이 아니라 특히 1980년 『천개의 고원』에서 배치와 강도의 개념과 더불어 더 일반적인 사유와의 관계에 중점을 두게 되었다고 평가한다.[1] 〈소수자-되기〉는 『천개의 고원』에서 소수 개념이 소수문학으로부터 좀 더 일반적인 사유의 영역으로 그 쓰임새가 이동한 지점에서 등장한다. 소수는 그러므로 우선은 소수문학의 두드러진 특징을 간직하고 있다는 점을 기억할 필요가 있다. 뒤플레이는 이를 세 가지로 정리한 바 있다. 첫째 소수문학은 언어에 대한 모든 할당과 통제의 사용법으로부터의 도주 혹은 탈영토화에 기반한다. 둘째 다수문학은 정치-사회적 관계를 개인으로부터 분리된 배경으로 보는 데 반해, 소수문학은 언제나 정치-사회적 관계에 대한 개인의 예속과 권력의 문제를 다룬다. 셋째 그러므로 소수문학은 집단으로부터 분리된 개별발화라는 것은 없으며 개인은 언제나 집단적인 발화의 조건을 갖는다고 본다. 즉, 소수문학은 민중의 것이다.[2]

되기와 소수자의 개념적 일치 :

언어가 다수와 소수에 연결된다고 하면 우리는 즉시 이를 표준

---

1 Robert Sasso, Arnaud Villani(sous la direction de), *Vocabulaire de Gilles Deleuze*, Nice, CNRS; 로베르 싸소, 아르노 빌라니 편집, 신지영 옮김, 『들뢰즈 개념어 사전』, 갈무리, 2012, 255-257쪽. 뒤플레이는 이 책에서 〈소수문학〉 항목 집필자로 릴3대학의 미국 문학 전임강사임.

2 로베르 싸소, 아르노 빌라니, 같은 책, 253, 254쪽.

어와 비표준어(이를테면 방언, 사투리 등)에 연결하기 쉽다.[사실 방언과 사투리는 그 자체로 이미 재영토화된 것들이다.[3]] 그러나 들뢰즈와 가타리는 이러한 두 종류의 언어를 일컫기 위해 소수와 다수 개념을 사용한 것이 아니라는 점을 자주 언급한다. 다수와 소수는 두 가지 언어를 가리키는 것이 아니라 "언어의 두 가지 사용 또는 두 가지 기능을 규정하는 방식"[4]이다. 즉, 그것은 언어의 표준적-상수적 사용과 그로부터 일탈하는 사용 및 도주적 기능을 일컫는 개념이며, 언어의 기표적이고 의미작용적인 사용과 강도적인 사용을 대비시키는 개념이다.[5] 이 개념은 점차 그 영역을 확장하여 일반화되며, "음악, 문학, 언어학을 참조할 뿐 아니라 법률, 정치도 참조한다. 상수 또는 표준을 이성애자-유럽인-표준어 사용자-도시 거주자-성인-남성-백인이라고 상정해보자 … 성인 남자 인간(l'homme)은 모기, 아이, 여자, 흑인, 농부, 동성애자 등보다 수적으로 적더라도 다수(majorité)이다"[6] 이런 식으로 소수와 다수가 일반적인 개념으로 더욱 확장되면 소수문학에서 개진된 특징들이 그 본질을 더 잘 드러낼 수 있다. 소수자라는 것은 그 개념이 이미 되기이다. 즉, 소수자는 실체화될 수 없는 잠재적 과정으로만 존재한다는 뜻이다. 왜냐하면 다수자는 표준이고 소수자는 표준에서의 일탈 과정 그 자체이기 때문이다. 소수자가 된다는 것은 소수문학의 특징 세 가지에

3 G. Deleuze, F. Guattari, *Mille Plateaux*, Paris, Minuit, 1980, 202쪽; 『천 개의 고원』, 김재인 옮김, 새물결, 2001.

4 G. Deleuze, F. Guattari, 같은 책, 200쪽.

5 G. Deleuze, F. Guattari, *Kafka, pour une littérateur mineure*, Paris, Minuit, 1975, 35쪽; 『카프카』, 이진경 옮김, 동문선, 2001.

6 G. Deleuze, F. Guattari, 같은 책, 203쪽.

서 언급했던 것처럼, 표준화된 할당과 통제로부터 벗어나기, 정치-사회적인 발화의 조건으로부터 결코 분리될 수 없는 개인의 발화조건 인지하기, 사적이고 소소한 일상을 조건 짓고 있는 집단발화의 조건 마주하기, 매 순간 개인의 권력에의 예속 대면하기 등의 활동 또는 과정 그 자체이다.

되기 :

그러므로 소수자-되기는 어떤 남자가 성전환에 의하여 여자가 된다든지, 어떤 사람이 특정 동물을 흉내 낸다든지, 도시 비대화에 대항하여 지역주의를 도입한다든지 하는 어떤 실체적으로 확인되는 소수를 재생산하거나 그 소수를 모방하는 것이 아니다. 스테판 르끌레르끄와 아르노 빌라니는 되기의 본질적 성질을 다섯 가지로 구분해두었다. 첫째, 되기는 실체의 운동이 아니라, 운동 그 자체이다. 둘째, 되기는 하나의 실체가 다른 실체로 되는 것이 아니고, "선, 소리, 모래의 색, 추상적인 선이 되는 조건 하에 동물-되기"[7]로서 항상 블록(bloc)으로 취해진다; 되기의 블록 devenir un bloc. "이는 절차를 생략한 직접적인 교섭이며, 코드의 포획으로서 이 안에서 각자는 탈영토화된다."[8] 셋째, 되기는 위상학적 개념이다.(아래에서 다시 설명) 넷째, 모든 되기는 분자-되기를 거친다.[9] 다섯째, 그것은

---

7 G. Deleuze, *Dialogue*, Paris, Flammarion, 1977, 92쪽; 『디알로그』, 허희정·전승화 옮김, 동문선, 2005.

8 G. Deleuze, 같은 책, 55쪽.

9 F. Guattari, *La révolution moléculaire*, Paris, Éd. Recherches, coll. 〈cnere〉, 1977, 19, 171쪽; 『분자혁명』, 윤수종 옮김, 푸른숲, 1998. G. Deleuze, F. Guattari, Mille Plateaux, 10장.

들뢰즈 가타리의 말을 빌자면 "포획, 소유, 잉여이지, 결코 재생산이나 모방이 아니다."[10] 이 다섯 가지 성질을 한 번에 이해해볼 수 있는 다음 예시를 보자; "알베르틴이 항상 꽃을 흉내 낼 수는 있다. 하지만 그녀의 아름다움과 피부의 입자가 그녀를 분자적 식물의 영역에 가져다 놓는 휴식과 운동의 관계 속에 들어가는 것은 그녀가 잠들 때, 그리고 그녀가 졸음이라는 입자들로 구성될 때이다."[11] 그녀의 졸음, 잠듦, 피부의 입자들, 꽃의 선, 꽃의 정지와 움직임, 강도들은 소위 분자적으로, 하나의 되기의 블록을 이루면서 절차를 생략한 채 서로의 포획 속으로 직접 들어간다. 그러므로 되기는 잠재적인 수준에서 이루어지는 것이며, 하나의 과정이고, 부분들의 직접적인 만남과 생성이다.

의미와 해석

일반적인 오해

되기는 실체적 존재들이 서로를 흉내 내거나 닮는 것과는 상관이 없다는 것을 저자들이 여러 차례 언급하는데도 불구하고 이 개념은 저자들이 우려하는 바로 그런 식으로 쉽사리 오해, 왜곡된다. 그들이 되기와 함께 언급하는 여러 개념들, 이를테면 여성-되기, 동물-되기, 분자-되기 등의 개념들은 모두 소수자-되기로 이해될 수 있다. 그런데 되기 앞에 붙는 여성, 동물, 분자 등의 개념을 실체적

10 G. Deleuze, F. Guattari, *Kafka*, 25쪽.

11 G. Deleuze, F. Guattari, *Mille Plateaux*, 337쪽.

인 존재로, 명사로 받아들이는 것과 같은 오해는 불식하는 것이 불가능할 정도로 널리 퍼져있고, 뒤이어 다른 많은 오해를 불러일으킨다. 중심과 표준, 할당과 통제를 벗어난다는 명목 하에 방언과 같은 소수어 사용 운동, 게토나 지역주의를 부활시키거나 활성화하는 운동[12], 생물학적 여성만을 여성으로 인정하는 거꾸로 된 파시즘, 동물권에 대한 무조건적인 지지 등이 그러한 왜곡의 전형들이다. 지역주의는 또 하나의 중심을 만드는 것일 뿐이며, 생물학적 여성에 대한 맹목적인 지지는 또 다른 얼굴의 성차별이고, 종차별을 극복하겠다는 동물권에 대한 강조는 새로운 종차별을 낳을 뿐이다. 소수자-되기는 그 어떤 표준화도, 통제에 의한 의미의 할당으로부터도 섬세하게 도주하는 과정으로서, 이 과정이 다시 파시즘이 되는 것은 아마도 소수자-되기에 대한 최악의 오해의 결과일 것이다. 들뢰즈 가타리는 "오히려 수많은 소수적 요소들을 이용하고 연결접속시키고 결합함으로서 … 자율적이고 돌발적인 특수한 생성을 발명"[13]하는 것에 관심을 두었다.

가족과 소수자-되기 사용법

소수와 다수를 설명하면서 나오는 〈사용〉이라는 개념은 들뢰즈와 가타리가 따로 부각시키지는 않았지만 우리는 이 단어에 주목할 필요가 있다. 〈사용〉은 〈의미/해석〉에 대한 들뢰즈의 마지막 관심이 사라진 후 의미/해석을 대체할 개념으로 등장한다. 다른 곳에서는 의미/해석을 대체하는 개념으로 주로 기계/생산이 부각되지만

12 G. Deleuze, F. Guattari, 같은 책, 205쪽.

13 G. Deleuze, F. Guattari, 같은 책, 205쪽.

〈사용〉 역시 주목해야 할 개념이다. 소수/다수 개념은 도구, 장치, 배치, 기계 등을 그 자체 소수/다수로 의미 규정하는 그런 개념이 아니고, 이러한 것들의 사용 혹은 기능을 규정하는 방식을 이르는 것이기 때문이다. 이는 들뢰즈와 가타리의 실체적 사유에 대한 철저한 결별을 보여주는 것이기도 하다.

가족은 인류에게 가장 근본적이고 가장 내밀한 요소이고 사유의 대상이다. 가족을 어떻게 규정하느냐, 어떻게 이해하느냐 하는 것은 우리의 삶의 양상을 결정하는 중요한 근거가 된다. 가장 보수적이고 권위적인 규정은 생물학적인 아버지와 어머니 그리고 그들의 자녀로 구성된 단위일 것인데, 이러한 폐쇄적인 규정은 오랫동안 우리의 일상에서 많은 상처와 고통의 근원이 되었다. 그렇다고 가족을 해체한다는 극단적인 아이디어도 역시 우리에게 잘 와 닿지 않는 것인바, 우리는 이 소수자-되기라는 개념과 더불어 가족의 의미와 규정을 다시 생각해볼 수 있으리라고 본다. 가족은 중앙에서 결정하는 표준과 의미의 할당으로 규정될 단위가 아니며, 항상 그로부터 일탈하는 어떤 잠재적인 과정이어야 한다고 말이다. 우리가 짚어놓은 오해를 가져온다면, 그렇다고 해서 표준으로부터 가장 먼 가족만이 선하다는 등의 새로운 가족의 기준을 설정하는 것 역시 파시즘이기 때문에, 우리는 표준과 극단적인 일탈 사이에서 긴장을 유지하면서 항상 어떠한 통제로부터도 도주하는 〈과정〉으로서 가족을 이해하는 섬세한 태도가 필요하지 않을까 생각한다. 가족을 과정으로 사유하는 이러한 방식은 아래 소수자-되기의 위상학적 성질을 고려할 때 가장 정확히 이해될 수 있다.

위상학

되기 개념이 위상학적이며 지리적 분포와 관련이 있다는 것은[14] 언뜻 이해하기 어려울 수 있다. 되기는 도주선(ligne de fuite), 평면, 주름, 잠재적인 것과 관련이 있는데 이 개념들은 들뢰즈의 새로운 공간론을 구성하는 것들이며, 이것은 물리적인-외연적인 공간이 아니라 강도적인 순수공간(spatium)이다. 이 순수공간과 관련할 때 되기를, 그리고 소수마저도 가장 적합하게 이해할 수 있다. 표준적인 할당과 통제로부터의 일탈로서의 소수와 되기는 그 가장 정확한 의미에서 "하나도 아니고 둘도 아니며, … 둘-사이, 경계 혹은 도주선"[15]이기 때문이다. 프루스트의 알베르틴이 잠이 드는 순간 그녀의 피부와 졸음의 분자적 운동이 꽃잎을 이루는 색상과 질감의 강도에게로 데려가 절차를 생략한 채 서로 포획되고, 서로 탈영토화되는 과정. 이 과정이 이루어지는 공간이 바로 순수공간이며, 그 관계들이 바로 위상학적 관계들인 것이다.

참고문헌 및 더 읽을거리

신지영, 『들뢰즈의 정치 - 사회철학, 통제사회에 던지는 질문』, 그린비, 2023.

아르준 아파두라이, 『소수에 대한 두려움 - 분노의 지리학』, 장희권 옮김, 에코 리브르, 2011.

---

14 르끌레르끄와 빌라니는 이것이 『디알로그』의 핵심적인 명제라고 본다. 로베르 싸소, 아르노 빌라니, 『들뢰즈 개념어사전』, 111쪽.

15 G. Deleuze, F. Guattari, *Mille Plateaux*, 360쪽.

이와사부로 코소, 『죽음의 도시 생명의 거리』, 서울리다리티 옮김, 갈무리, 2013.

G. Deleuze, *Proust et les signes*, Paris, Puf, 1964; 『프루스트와 기호들』, 서동욱 옮김, 민음사, 2004.

G. Deleuze *Différence et répétition*, Paris, Puf, 1968; 『차이와 반복』, 김상환 옮김, 민음사, 2004.

G. Deleuze, *Dialogue*, Paris, Flammarion, 1977; 『디알로그』, 허희정·전승화 옮김, 동문선, 2005.

G. Deleuze, F. Guattari, *Kafka*, pour une littérateur mineure, Paris, Minuit, 1975; 『카프카』, 이진경 옮김, 동문선, 2001.

G. Deleuze, *Mille Plateaux*, Paris, Minuit, 1980; 『천 개의 고원』, 김재인 옮김, 새물결, 2001.

F. Guattari, *La révolution moléculaire*, Paris, Éd. Recherches, coll. 〈cnere〉, 1977; 『분자혁명』, 윤수종 옮김, 푸른숲, 1998.

Robert Sasso, Arnaud Villani(sous la direction de), *Vocabulaire de Gilles Deleuze*, Nice, CNRS; 로베르 싸소, 아르노 빌라니 편집, 『들뢰즈 개념어 사전』, 신지영 옮김, 갈무리, 2012.

이민족 異民族 Other ethnic group, Other people

기본적 정의

국립국어원 표준국어대사전에 따르면, '이민족'이란 "언어·풍습 따위가 다른 민족"을 의미한다. 여기에서 말하는 '민족'은 "일정한 지역에서 오랜 세월 동안 공동생활을 하면서 언어와 문화상의 공통성에 기초하여 역사적으로 형성된 사회 집단"을 뜻한다. 따라서 이민족은 언어와 문화 등 민족적 요소를 달리하는 종족이나 집단을 가리킨다고 할 수 있다. 즉, '이민족'은 '민족'이라는 동일자적 인식을 갖는 종족이나 집단의 입장에서 자기들과 다른 요소를 지닌 민족을 상대적으로 지칭하는 용어이다. 이에 이민족은 민족이 전제되어야 설명 가능한 개념인 셈이다.

개념의 기원과 발전

우리 역사에서 '이민족'이라는 용례는 찾을 수 없다. 이민족의 대칭어인 '민족' 또한 사용되지 않았다. 근대 이후 민족이라는 영어 단어를 일본이나 중국에서 번역하면서 사용되기 시작하였으며, 그

반대 개념으로 '이민족'이 등장하였기 때문이다. 현재 민족을 뜻하는 영어 단어는 people, nation, ethnic group, nationality 등인데, 이 가운데 'nation'을 번역하여 '민족(民族)'으로 표기하였다. 이와 달리 이민족은 그 자체를 뜻하는 영어 단어가 없다. 다만 'foreign tribes', 'other ethnic group', 'other people' 등의 합성어로 표현하고 있다.

이민족이라는 개념이 한국사에서 사용된 것은 겨우 100년 정도밖에 되지 않기 때문에, 먼저 이민족에 근접한 개념을 찾아 변화 추이를 검토할 필요가 있다. 우리 역사에서 이민족에 가장 가까운 용례는 '이류(異類)'이다. 『삼국유사』(권5, 감통, 김현감호)에 원성왕대 낭군 김현(金現)과 호랑이가 변신한 처녀와의 대화에서 '이류'라는 표현이 처음으로 등장한다. 여기에서 말하는 '이류'는 '같은 무리가 아니다'는 뜻인데, 사람과 동물의 차이를 말한다. "어떤 '무리[類]'가 서로 다르다"는 개념으로 사용된 '이류'의 대상이 사람과 동물이었다는 것은 토테미즘의 영향과 관련이 있거나 동물에 대한 의인화가 서사의 한 형태를 이룬 시기의 산물로 이해된다.

이후 『고려사』(권84, 지38, 형법1, 살상)에는 시중 서눌(徐訥)이 여진(女眞)을 '이류'라고 인식하는 대목이 등장한다. 이는 고려와 여진이 다른 종족임을 뜻한다. 이때 '이류'의 반대 개념은 '동류(同類)'로 나타난다. 『고려사』에는 타종족의 내투(來投) 관련 용어가 자주 등장한다. 고려는 발해와는 '동류' 의식을 갖고 있었다. 이와 달리 거란이나 여진, 일본 출신에 대해서는 출사에 제한을 두었는데, 이들의 경우는 고려와는 다른 '이류'라는 인식이 강했기 때문이었다. 고려시대 '귀화'라는 용어를 사용하지 않은 까닭은 중국의 전통적인 화이사상 때문으로 보인다. 즉, 내투란 이민족의 단순한 지리적 이동 이상에서의 고려 국적에 편호되는 절차 전반에 이르는 행위로 귀화의 고려적 표현이라 할 수 있다. 그리고 내투의 대상들에 대해서 '이류'라고 표현한 것으로 보인다.

한편 중국 당률(唐律)의 해석서인 『당률소의(唐律疏議)』에서는 국적이 같으면 '동류', 다르면 '이류'라고 판단하였다. 이에 따르면 투화인의 범죄는 가해자와 피해자의 국적의 동일 여부를 구분하여 동일 국적이면 그들의 모국법에 의거하여 처벌하고, 다른 국적이면 당률을 적용하여 처벌하였다. 고려시대에는 투화외인의 범죄자는 고려방식으로 처벌하였다. 당률에서 범죄인의 국적을 먼저 파악하여 가해자와 피해자의 국적 관계를 분류하여 처벌한 것은, 당시 중국이 이민족과 접해 있었고 동서교섭이 활발하여 귀화인이 많았던 까닭으로 이해된다. 이들 외국인들은 중국과는 다른 이질적인 법문화권에서 출생·성장하고 윤리·도덕이 달랐기 때문에 동일 국적의 외국인 간에 발생한 범죄 행위에 대하여는 그들의 원래 국법에 의거하여 처벌하였다. 이와 같이 고려율과 당률에서 투화인의 범죄행위에 대한 처벌 법규를 따로 둔 것은 그만큼 자국 내에 '이류'가 많았으며, 이를 별 문제없이 해결할 필요가 있었기 때문이다.

조선시대에 들어와서 『세조실록』(7권, 세조 3년 5월 22일)에는 여러 고을의 수령들이 왜인(倭人)과 야인(野人)을 '이류'라고 생각한다는 기록이 나온다. 『세종실록』(세종 23년 4월 19일)에 따르면 명나라에서 보내온 칙서에서도 '여진과 야인은 (조선과) 이류이다'는 내용이 들어 있다. 조선시대에는 이처럼 여진, 왜인, 야인에 대해서 '이류'라고 표현한 기록이 많다. 조선 종족이 중국 종족과 다른 정체성을 가진 종족이라는 의식은 조선 초기부터 분명히 있었음을 알 수 있다. 성종 때 양성지(梁誠之)는 "우리는 중국과 언어와 습속이 다르다"고 주장하면서 '족류(族類)가 다르다'는 인식을 드러내었는데, 오늘날 '이민족'과 비슷한 개념으로 이해된다. 성종 때 조정에서는 귀화한 여진인 김단다무(金丹多茂) 등을 내지에 옮겨 살게 하는 것이 적당한가를 놓고 논의하였다. 이때 이극배(李克培)는 "오랑캐는 우리 족류가 아니므로 그 마음이 반드시 다를 것입니다. 더욱 삼가고 엄하게 해야 마땅할 것인데 어찌 내지로 불러들여서 우리 백성[吾民]과 함께 살게 하겠습니까"라고 반대하였다(『성종실록』 성종 18년 11월 21일). 세종 때 도승지 안숭선(安崇善)도 "(여진인들이) 우리 족류가 아니라서 그 마음이 반드시 다른 점이 있을 것이니 어찌 그 귀순하는 마음만을 믿고 출입의 단속을 엄히 하지 않겠는가"라고 말하였다(『세종실록』 세종 16년 1월 12일). 여기서 "우리 족류가 아니므로 그 마음이 반드시 다를 것이다(非我族類 其必心異)"는 말은 조선시대 전기 야인들을 구별할 때 상투적으로 쓰는 표현이었다.

조선시대 같은 족류가 아닌 대상에는 야인[여진] 이외에 왜인도 포함되어 있었다. 세종 때 박은(朴訔) 등이 올린 계문에서, "왜인들은 우리의 족류가 아니므로 서울이나 경상, 전라도에 많이 두는 것은 마땅하지 않으니, 청컨대 나누어서 깊고 궁벽진 곳에 두소서"라고 하였다(『세종실록』 세종 1년 7월 6일). 세조 때 사헌부 장령 권충(權衝) 등은 상소에서 삼포의 왜노(倭奴)는 "우리의 족류가 아니니 그들이 사는 곳까지 순수할 필요는 없다"고 말하였다(『세조실록』 세조 3년 7월 13일). 중종 때 유구(琉球) 사람들에 대해서도 역시 "우리 족류가 아니다"고 구분하였다(『중종실록』 중종 39년 3월 29

일). 이처럼 조선 초기부터 '족류'는 야인과 왜인 등과 조선 사람을 구분할 때 사용되는 용어였으며, 구체적으로는 '이류'로 표현하였다. 이로써 조선시대 족류는 타 종족[이류]과의 경계짓기를 통하여 자기 종족의 정체성으로 확인하기 시작하는 모습을 보여주는 단어라고 할 수 있겠다.

이후 갑오개혁기에 신기선(申箕善)은 일본을 '이류'라고 적시하였다. 1919년 2·8독립선언사건이 발발하자 도쿄제국대학(東京帝國大學) 길야작조(吉野作造: 요시노 사꾸조) 교수는 "내 개인의 견해로서는 이민족(異民族) 통치의 이상(理想)은 그 민족으로서의 독립을 존중하고 아울러서 그 독립의 완성으로 결국에는 정치적인 자치를 부여함을 방침으로 삼아야 한다고 말하고 싶다."라고 주장했다. 이때 '민족'의 대칭어로서 '이민족'이라는 단어가 등장한다. 1919년 2월 조선청년독립단 대표가 발표한 〈민족대회소집청원서〉에서 "우리 조선 민족은 오랜 전통과 역사적 민족적 자존과 위엄을 희생하면서 이민족의 지배를 받는다는 것은 결코 생각할 수 없는 일입니다."라고 주장했다. 곧이어 3·1운동 선언문에 "우리가 낡은 시대의 유물인 침략주의와 강권주의의 희생물이 되어, 역사가 시작된 지 수천년 만에 처음으로 이민족의 압제를 받는 뼈아픈 괴로움을 맛본 지 이미 10년이나 지났다."는 내용이 나온다. 여기에서도 일본의 식민통치를 '이민족의 압제'로 표현하고 있다. 요시노 사꾸조 교수가 언급한 이민족과 같은 개념이다. 그리고 1919년 3월 1일 조선민족대표 33인인 일본 내각 총리대신 하라 다카시에게 보낸 '조선민족대표가 일본정부에 보낸 글'에서 "오천년 동안 이어진 오랜 역사를 가진 국가가 영원히 멸망하고, 이천만 명이나 되는 문화 민족이 이민족에게 완전히 동화된 사례는 인류 역사에서 한 번도 찾아 볼 수 없지 않습니까?"라면서 일본의 동화정책에 정면으로 비판했다. 일본의 동화정책을 '이민족에게 동화된다'고 본 것이다. 일제강점기에는 주로 일본인의 침략에 맞서면서 '이민족'에 대한 강력한 반발의식을 드러내었다.

현대에 들어와서 민족이 민족주의로 확장되어 사용되면서, "타민족의 간섭을 받지 않는 주의"로 자리 잡아갔다. 이와 함께 민족주의와 상대적 개념이라 할 수 있는 제국주의는 "영토와 국권을 확장하는 주의"로 이해하였다. 이때부터는 다른 민족을 상대하여 '이민족'이라고 부르는 사례는 거의 사라졌다. 다른 민족이나 나라를 표현하고자 할 때에는 '이민족'보다는 '이국(異國)'이라는 용어를 사용하였다. 즉, 우리 역사에서 '이민족'은 '민족'에 대립적인 표현으로 일제강점기에 일본을 비롯한 제국주의 세력을 지칭하는 용어로 제한적으로 사용되었던 것이다.

의미와 해석

'이민족'에 대한 전통적 표현이 '이류(異類)'였다는 점에서, 전통적인 '천하관(天下觀)'과 '화이관(華夷觀)'을 이해해야 한다. 중국은 자신을 중심으로 설정하고 주변을 구이(九夷)로 구별하였다. 그 구별의 기준은 애초 공간의 차이에서 출발하였지만, 점차 주체와 타자를 구별하는 정체성의 차이로 변질되면서 확장되었다. 공자와 맹자는 '구이'라는 표현을 통해 자신이 거처하는 중심 공간을 위협하는 존재를 아홉 개의 오랑캐로 상정하였다. 여기에서 '이(夷)'는 지역적 차별과 문화윤리적 차별을 동시에 내포하고 있다. 이후 중국에서는 중심을 '중화(中華)'로 표현하였다. 여기에서 '천하관'과 '화이관'이 만들어졌다. 이는 본말(本末), 내외(內外), 양음(陽陰) 등으로 구분하여 표현되기도 했다.

이러한 천하관과 화이관은 한반도에도 영향을 끼쳐 고려시대 이후 동아시아 국제질서의 원칙으로 자리잡게 되었다. 조선 정종 때 박석명(朴錫明)은 "『춘추』에서 삼가 중화와 이적을 분변(分辨)한 것은 같은 족류가 아니면 그 마음이 반드시 달라서 화하를 어지럽히는 계제가 싹트기 때문입니다"라고 하였다. 조선시대에는 화이관에 따르면서도 소중화(小中華)를 자처하였다. 이에 따라 중국에 대해서는 교화의 은혜를 입은 사대의 예를 갖추었으며, '동문(同文)'으로 여겼다. 이와 달리 여진과 왜에 대해서는 '이류'로 칭하면서 여러 가지 측면에서 차별하였다. 그런데 동아시아를 차등 공간으로 사유했던 화이관은 19세기 중후반 이후 체험한 서양 문명의 물리적 파괴력과 문명 대 야만이라는 새로운 대립 개념 앞에서 무기력해졌다. 화이관의 해체는 중화(中華)를 중심으로 하고 나머지는 오랑캐로 인식하는 천하관의 해체이기도 하다. 고려시대 독자적인 천하관이든 조선시대 소중화주의에 입각하든 '동류'와 '이류'의 차이와 차별이 존재했다. 때문에 화이관의 해체는 동류와 이류의 구분을 새로운 방식으로 대체해야 했다. 동류와 이류는 민족과 이민족으로 대체되었으며, 중화와 구이는 문명과 야만으로 바뀌었다.

이류와 동류의식을 구분하는 또 다른 요소 중의 하나가 역사계승의식이다. 즉, 역사계승의식을 갖고 있는 대상은 '동류'이며, 그렇지 않으면 '이류'로 여겼다는 뜻이다. 고구려, 백제, 신라가 동일한 역사계승의식을 갖고 있었다는 증거는 없다. 다만 신라가 삼국을 통일한 이후 '삼한일가(三韓一家)'라는 의식이 등장하였는데, 이는 정복전쟁을 통한 삼국의 통일 이후 민심을 수습하기 위한 신라정부의 통치전략으로 보인다. 그런데 당시 레토릭에 불과했던 '삼한' 인식은 후삼국 통일과정에 '삼한일통(三韓一統)' 의식으로 다시 등장한다. 즉, 왕건의 후삼국 통일과 고려왕조 건국의 명분으로 작동한 것이다. 왕건은 건국 과정에서 신라왕조의 정통성과 고구려 계승의식을 모두 활용하였다. 전자는 건국의 정당성과 왕씨 가문의 신성화 작업을 위해서, 후자는 지덕론에 입각한 자신의 세력 강화를 위한 명분으로 활용하였다. 특히 외침이 있거나 강력한 북진정책을 추진할 때에는 고구려계승의식이 작동하였다. 성종 때 거란의 소손녕에 맞선 서희의 외교전략은 그 단적인 사례에 해당한다. 서희는 고구려의 후예를 자처하는 소손녕에 맞서 고려의 땅이 고구려의 옛 땅이며, 수도가 평양이라는 주장을 펼쳐 소손녕으로부터 강동 6주를 획득하는 쾌거를 이루었다. 고려는 발해에 대해서 동류의식을 갖고 있었고, 때문에 발해를 멸망시킨 거란에 대해서는 적대적인 인식이 잠재되어 있었다.

한편 조선시대 역사계승의식에 있어서는 삼국을 고구려 중심으로 보느냐, 신라를 중심으로 보느냐와 관련되는 문제가 있었다. 신라를 중심으로 하는 기존의 견해에 비해 고구려 중심의 견해는 조선후기의 새로운 현상이다. 고구려시대 민족의 강고함에 대해 주목했기 때문이다. 개별 왕조에 대한 인식은 단군·고구려가 강조되는 한편, 기자조선에 대한 관심도 깊었으며, 발해를 우리 역사에 편입시키려는 견해가 나타났고, 고려에 대하여는 대외항쟁이 주목되었다.

조선후기 실학자 중심의 역사학의 특징의 하나는 사론으로서의 정통론(正統論)의 등장이다. 정통론 사론은 특히 이익(李瀷)과 안정복(安鼎福)으로 계통지어진 남인계의 학풍에서 뚜렷이 나타났다. 이익이 마한정통론(馬韓正統論)을 제시한 이래 남인계를 중심으로 정통론사학이 한때 풍미했다. 정통론사학은 특히 한국의 고대사를 체계화함에, 종전에 단군조선→기자조선→위만조선으로 계통화하고 삼한을 위만조선에 부설해 왔던 고대사 인식체계에 변화를 가하여, 단군조선→기자조선→삼한으로 정통을 삼고 위만조선을 삼한에 대한 참위(僭僞)의 국가로 정리해 버렸다. 정통론자들은 삼한을 역사적인 정통국가로 설정하고 위만조선을 참위로 규정하는 데서 보이는 바와 같이, 역사는 정통과 참위를 준별하는 뚜렷한 역사의식을 가져야 한다는 주자 강목의 필법을 추종했던 것이다. 이때에는 정통과 참위가 '동문'과 '이류'의 기준이 되었다.

이후 정통론 사학을 가능하게 했던 화이관에 변화가 오고 북벌론(北伐論)이 북학론(北學論)으로 바뀌는 추세 속에서, 새로운 역사연구의 분위기가 조성되었다. 유득공(柳得恭)의 『발해고(渤海考)』를 비롯하여 한치윤(韓致奫)의 『해동역사(海東繹史)』, 이긍익(李肯翊)의 『연려실기술(燃藜室記述)』이 나타나는 것은 이런 역사의식의 변화와 관련이 깊다고 할 것이다. 이 같은 역사의식은 정통론 사학에서는 볼 수 없는, 한국사 연구의 새로운 면모를 보여주는 것이었다. 에를 들어 발해사 연구가 한국사의 범주에서 논의되었을 뿐만 아니라, 이종휘(李種徽)의 『동사(東史)』에서는 한국고대사의 체계가 단군의 주류가 부여·고구려로 계승된다는 새로운 주장까지 나오게 되었다. 더 나아가 근대 역사학의 수용 이후 단재 신채호는 우리

나라를 구성한 종족은 선비족, 부여족, 지나족, 말갈족, 여진족, 사족 등 모두 여섯 종족이며, 그 가운데 다른 다섯 종족을 정복하고 흡수하여 우리 민족의 주인이 된 종족은 부여족이라고 했다. 즉, 4천년 우리 역사는 부여족의 흥망성쇠의 역사라고 했다. 단재는 이같이 나라의 역사는 '주인이 된 종족'을 중심으로 서술되어야 하며, 우리나라 역사는 부여족을 중심으로 서술되어야 한다고 했다.

일제강점기에는 민족주의 사학이 등장하면서 일본의 식민사학에 대항하는 학풍이 진작되었다. 특히 민족사의 서술은 고대사로부터 시작되었으며, 우리 역사의 뿌리에 대한 논의가 중심을 이루었다. 특히 '일선동조론(日鮮同祖論)'이나 '내선일체론(內鮮一體論)'과 같은 식민사학에 대항하는 차원에서 고대사에 대한 연구가 집중되었으며, 우리의 독자적인 민족계통을 찾으려는 노력으로 이어졌다.

참고문헌 및 더 읽을거리

김한규, 「'四夷' 槪念을 통해서 본 中國古代人의 世界觀」, 『釜山女大論文集』 10, 1981.

김현숙, 「한말 '민족'의 탄생과 민족주의 담론의 창출: 민족주의 역사서술을 중심으로」, 『동양정치사상』 5권 1호, 2005.

박경안, 「고려전기 外來人의 문화적 특성과 정착과정 - 왕조의 인식과 대응을 중심으로」, 『한국중세사연구』 42, 2015.

박용운, 「고려시기 사람들의 고려의 고구려계승의식」, 『북방사논총』 2, 2011.

박종기, 「고려 전기 주민 구성과 국가체제 - 來投 문제를 중심으로」, 『동북아역사논총』 23, 2009.

박찬승, 「한국에서의 '민족' 개념의 형성」, 『개념과 소통』 창간호, 2008.

박찬승, 『민족·민족주의』, 도서출판 소화, 2016.

이경구, 「화이관과 문명·야만관의 사유 접점의 비판적 성찰」, 『유교사상연구』 35, 2009.

이바른, 『고려시대 외국인 이주연구』, 고려대학교 민족문화연구원, 2022.

채웅석, 「고려시대 민족체 인식이 있었다」, 『역사비평』 58, 2002.

추명엽, 「고려의 다원적 종족 구성과 '我國·我東方' 의식의 추이」, 『역사와경계』 109, 2018.

한성주, 「조선시대 이민족에 대한 죄와 벌 - 여진인 莽哈을 중심으로」, 『전북사학』 59, 2020.

인정투쟁 Recognition Struggle

기본적 정의

개인의 정체성이 타인과의 상호적인 인정관계를 통해 형성된다는 관점에 근거해서 개인의 행동을 지배하는 가장 기본적인 원리를 타인으로부터 인정받기 위한 투쟁으로 설명하는 용어이다. 이러한 투쟁은 상호주관적인 인정관계를 목표로 삼는다. 또한 모든 사회적인 투쟁을 타인으로부터 인정을 획득하기 위한 도덕적인 투쟁으로 이해하는 것을 의미한다.

개념의 기원과 발전

인정투쟁에서 '인정'개념은 자신이 인정하는 타인들로부터 자신도 동일하게 인정받고자 하는 상호주관적인 도덕적 요구로부터 출발한다. 이 개념은 독일의 관념론자인 피히테(J.G. Fichte)에 의해 개인들의 법적 권리를 정당화하는 방식으로 처음 제시되었다.[1] 헤겔

1 J.G. Fichte, *Grundlage des Naturrechts nach Prinzipien der Wissenschaftslehre*, F. Medicus. ed. Felix Meiner Verlag, Hamburg, 1979.

(G.W.F. Hegel)은 피히테의 이러한 상호인정모델을 수용하고 발전시켜, 인정투쟁을 개인들의 행위를 규정하고 사회적 규범들을 창출하는 근본적인 원리로 삼는다.

헤겔에 따르면 인정투쟁은 자유로운 개인들이 자신과 동일한 자유로운 타인들을 만나면서 "나는 나"라는 자신의 추상적인 자유를 극복하고 상호적으로 인정하고 인정받는 "우리인 나와, 나인 우리"[2] 라는 보편적인 인정관계를 정립하는 과정이다. 이러한 상호적인 인정관계를 통해 개인들은 궁극적으로 진정한 자유를 획득 할 수 있다. 따라서 헤겔에게 있어서 인정투쟁은 타인과의 관계성을 통해 개인들이 자유를 획득하는 과정이자 동시에 보편적인 인정관계에 근거한 정치사회의 원리로서 사회적 규범이 가능할 수 있는 궁극적 토대이다.

현대 독일의 철학자인 호네트(A. Honneth)는 자신의 대표적인 저서인『인정투쟁』에서 헤겔의 인정투쟁모델에 미드(G.H. Mead)의 사회심리학을 접목시킴으로써, 상호주관적 개인에 기반한 도덕적인 투쟁이론을 발전시킨다.[3] 그는 특히 헤겔의 인정투쟁으로부터 형이상학적인 전제들을 배제함으로써 인정투쟁에 근거한 헤겔의 사유모델을 경험과학적인 방식으로 재구성한다.

이를 위해 호네트는 미드의 사회심리학적 관점을 수용한다. 여기서 미드의 사회심리학적 관점이란, 주격 '나'는 타인이 나에 대해 지니게 되는 목적격 '나'에 대한 상을 인지하고 내면화하며, 개인의

2 G.W.F. Hegel, *Phänomenologie des Geistes, Werke in zwanzig Bänden. Bd. 3*, Suhrkamp Verlag, Frankfurt a. M., 1970, 145쪽.

3 A. Honneth, *Kampf um Anerkennung*, Suhrkamp Verlag, Frankfurt a. M., 1992.

정체성은 '주격 나'와 이러한 '주격 나'가 '목적격 나'를 내면화하는 과정 속에서 야기되는 긴장관계를 통해 비로소 형성된다는 것이다. 호네트는 '주격 나'와 '목적격 나' 사이에 야기되는 긴장관계를 인정투쟁 과정으로 이해하며, 인정투쟁을 개인의 정체성의 형성과정으로, 나아가 사회적 투쟁을 설명하는 모델로 제시한다. 그에 따르면 나와 타인들과의 관계는 상호주관적인 인정을 받고자 하는 도덕적 욕구에 의해 지배되며, 이러한 도덕적 욕구가 훼손될 때 사회적 투쟁이 야기된다. 따라서 그는 모든 사회적 투쟁을 인정을 획득하기 위한 개인들의 인정투쟁으로 이해하며, 개인들의 이상적인 관계를 상호주관적인 인정관계를 통해 설명함으로써 인정관계를 사회적인 규범의 궁극적인 원리로 제시한다.

호네트는 경험과학적으로 재구성된 인쟁투쟁이 상호주관적인 인정을 목표로 한다고 말한다. 이와 함께 그는 일상적인 언어에서 당연하게 사용되는 인간의 존엄성이 이러한 인정에 근거해 있다고 주장한다. 그에 따르면 '무시'나 '모욕', 그리고 이에 대한 저항의 의미로 표현되는 '분노'와 '투쟁'은 각각 인정의 훼손과 인정을 획득하려는 욕망과 연관되며, 나아가 인간으로서 기본적인 존엄성의 훼손과 이러한 존엄성을 회복하려는 노력이라 할 수 있다. 특히 '무시'나 '모욕'에 의한 인정의 훼손은 "인격체 전체의 자기 정체성을 무너뜨릴 수 있는 파괴의 위험"을 동반하기 때문에 개인적으로 혹은 사회적으로 심각한 투쟁을 초래하게 된다.[4]

이러한 인정투쟁모델은 현대의 사회철학적 논의에서 다양한 방식으로 차용된다. 벤저민(J. Benjamin)은 인정투쟁에 여성주의와 정

4 A. Honneth, 같은 책, 212쪽.

신분석학을 접목시킴으로써 유아의 정체성 형성과정이 부모와의 인정관계에 의해, 그리고 점차로 주변인들로 확대된 인정관계에 의해 결정적으로 영향을 받게 된다는 사실을 밝혀낸다.[5] 이와 함께 그녀는 사회에서 작동되는 성의 비대칭적 인정관계가 여아와 남아의 정체성 형성에 부정적인 영향을 미치게 될 수 있음을 비판적으로 분석한다. 인정투쟁모델은 여성주의 논의뿐만 아니라 노동운동과 연관된 논의들, 그리고 성적 소수자나 사회적 약자에 관한 담론에 규범적 토대를 마련해주며, 현실의 다양한 사회적 투쟁을 이해할 수 있는 새로운 도덕적 관점을 제공해준다.

의미와 해석

인정투쟁의 원형 : 정치사회 형성의 원리로서 인정투쟁

인정투쟁을 처음 철학적으로 개념화시킨 헤겔은 서양의 근대 사회에 지배적인 개인주의적 관점을 벗어나 인간을 타인과의 관계 속에서 이해한 독일의 근대 철학자이다. 그는 국가의 기원을 계약론적 관점에서 설명하는 홉즈(T. Hobbes)를 위시한 근대의 자연법론자들과 달리 인정투쟁 속에서 찾으며, 상호적인 인정이 법과 정치사회의 토대를 이루고 있는 것으로 이해한다.

헤겔은 인정투쟁을 『인륜성의 체계』라는 소고에서 처음 사용한다. 그는 『인륜성의 체계』에서 소유권을 침해하는 범죄에 의해 야기되는 투쟁을 인정투쟁으로 묘사한다.[6] 그러나 소고에서는 인정투

5 J. Benjamin, *Die Fesseln der Liebe*, Stroemfeld Verlag, Frankfurt a.M., 2004, 참조.

쟁의 상세한 과정에 대한 서술이 생략된다. 이후 헤겔은 자신의 대표적인 저서인 『정신현상학』의 '자기의식'장에서 인정투쟁에 관한 논의를 구체적으로 발전시킨다. 그는 "나는 사유한다, 고로 존재한다."라는 데카르트(R. Descartes)의 명제 속에 표현된, 자기 자신만을 확신하는, 사유하는 고독한 주체라는 근대적 자기의식의 추상성을 비판한다. 이와 함께 그는 자기 자신에 대한 확실성의 의식인 자기의식이 궁극적으로 다른 자기의식의 인정에 의해 매개되어 있음을 밝혀내고자 한다. 그에 따르면 자기의식은 불변의 실체적 의식이 아니라 타인을 포함한 외부 대상과의 관계 속에서 변화해나가는 의식이다. 헤겔은 자기의식의 이러한 변화 과정을 추적함으로써 자기의식의 확실성이 타인과의 상호적인 인정관계에 의해 비로소 가능하다는 사실을 드러내 보이며, 이러한 인정관계를 통해 인륜적 세계로서의 정치사회를 정초하고자 한다.

헤겔에 따르면 자기의식은 맨 먼저 생명에 의해 매개된 욕구로서 등장한다. 욕구로서 자기의식은 자신의 생명을 보존하기 위해 외부의 모든 대상에 대해 배타적이며 부정적으로 관계한다. "나는 나"라는 절대적인 자기확실성을 지닌 욕구하는 자기의식은 대상에 대한 그의 부정적인 관계를 통해 지양되지 않는 대상, 즉 욕구하는 존재인 다른 자기의식을 마주하게 된다. 욕구를 통해 매개된 두 자기의식은 자신의 욕구 충족을 위해 서로에 대해 부정적인 관계를 맺게 되며, 결국 이들 사이에 "생사를 건 투쟁"이 발생한다. 그러나 생사를 건 이러한 투쟁은 한 자기의식의 죽음에 의해 종결되지 않고, 순수하게 인정받는 자인 주인과 순수하게 인정하는 자인 노예라는

6 G.W.F. Hegel, *System der Sittlichkeit*, Felix Meiner Verlag, Hamburg, 1967.

두 자기의식의 비대칭적인 인정관계로 귀결된다.[7]

헤겔이 투쟁의 결과로 제시한 비대칭적인 인정관계의 형성은 두 가지 의미를 함축하고 있다. 첫째, 자신의 확실성을 상대에게 관철시키는 방법은 상대의 죽음이 아니라 상대가 자신의 존재를 철저하게 인정하는 것이다. 둘째, 한 존재의 죽음은 "만인의 만인에 대한 투쟁"[8]이라는 홉즈적인 자연상태의 지속을 초래하지만, 주인과 노예라는 비대칭적인 인정관계는 규범에 근거한 정치사회의 형성으로 귀착될 수 있다는 것이다. 자기의식은 다른 자기의식의 죽음을 통해서가 아닌, 자신의 존재를 인정받는 것을 통해 자기 존재의 확실성을 획득할 수 있기 때문이다. 결국 생사를 건 투쟁은 다른 자기의식으로부터 자신의 존재를 인정받기 위한 인정투쟁이며, 이러한 인정투쟁은 정치사회를 가능하게 하는 근본적인 원리로 작동한다. 따라서 자연적 상태가 아닌, 사회적 규범에 근거한 정치사회에서의 인간의 삶은 바로 인간에 내재해 있는 인정 욕구와 인정 능력에 의존해 있다고 할 수 있다.

물론 헤겔에게 있어서 주인과 노예라는 비대칭적인 인정관계는 자기 자신을 확신하는 자기의식의 마지막 단계는 아니다. 노예는 주인이 자신과 동일한 존재로 인정하는 존재가 아닌, "부정적인 성격을 지닌 물적 존재"[9]이기 때문에 노예의 주인에 대한 인정은 진정한 의미에 있어서 인정이라 할 수 없다. 헤겔에 있어서 인정의 고유한 의미는 "주인의 타자에 대해 행하는 것을 자기자신에게도 행하며,

7 G.W.F. Hegel, *Phänomenologie des Geistes*, 145쪽 이하 참조.

8 T. Hobbes, *Leviathan*, Suhrkamp Verlag, Frankfurt a. M., 1984, 96쪽.

9 G.W.F. Hegel, *Phänomenologie des Geistes*, 148쪽.

노예가 자기자신에 대해 행하는 것을 타자에 대해서도 마찬가지로 행한다"[10]는 데에 있다. 헤겔에 있어서 인정은 나와 동등하다고 인정한 타인으로부터 인정받는 상호주관적 요소를 함축하고 있기 때문이다. 헤겔은 대칭적이고 상호주관적인 인정관계가 더 이상 인정투쟁이 아닌, 자연성의 극복, 노동, 자연에 대한 지식의 확장, 죽음에의 선취 등과 같은 다양한 계기를 통해 가능한 것으로 설명한다. 헤겔은 '자기의식'장의 인정투쟁에 대한 서술을 통해 개인의 자립과 자유, 그리고 자기 자신에 대한 확실성이 타인에 의해 매개된 상호주관적인 인정관계에 의해서만 가능하다는 사실을, 그리고 이러한 인정관계가 정치사회의 근원적인 원리이자 규범임을 나타내 보이고자 한다.

개인의 정체성 형성과 인정투쟁 : 인정투쟁과 사회 심리학

미드는 인간의 사회적 행위의 의미에 대한 의식이 생겨나는 메커니즘을 해명하려는 사회심리학을 상호주관적인 관점에서 접근한다.[11] 그는 인정투쟁을 사회심리학 이론의 기본적인 토대로 삼으며, 이를 통해 개인 정체성의 형성과정과 사회의 도덕적 발전을 해명한다. 즉 그에 따르면 개인의 정체성은 오직 타인과의 관계성 속에서, 즉 타인에 대한 경험을 통해서 비로소 형성된다.

이를 설명하기 위해 미드는 '주격 나'와 '목적격 나'를 구분하는데, '주격 나'는 자발적 활동으로서 개인 행위의 원천이며, '목적격

10 G.W.F. Hegel, 같은 책, 152쪽.

11 G.H. Mead, *Geist, Identität und Gesellschaft*, Suhrkamp Verlag, Frankfurt a. M., 1973, 참조.

나'는 타인이 가지고 있는 나에 대한 상이다. '주격 나'가 행위를 하게 되면, '주격 나'는 타인이 나의 행위에 대해 갖는 상인 '목적격 나'를 인지하게 되는데, 이러한 과정에서 '주격 나'는 '목적격 나'를 순수하게 내면화하기도 하고 때로는 그와 충돌하기도 한다. 이를 통해 비로소 개인의 정체성과, 사회적 규범을 내면화하는 사회적 자아가 형성되며, 타인과의 갈등과 사회적 투쟁이 야기되기도 한다. 개인이 행위를 통해 타인들과 맺게 되는 관계는 점차 확장되며, "일반화된 타자"로서 사회적 규범이 개인의 실천적 행위에 침투하기 때문이다.[12]

또한 '주격 나'의 행위는 자발적이며, 창의적 성격을 지니고 있어 "일반화된 타자"인 사회적 규범과 충돌하며, 이러한 과정에서 야기되는 사회적 투쟁은 동시에 도덕의 발전을 가능하게 한다. 나와 타인과의 관계에서 야기되는 과정들, 즉 '주격인 나'의 행위, 나의 행위에 대한 타인의 반응, 타인의 반응을 인지하는 '목적격 나', '목적격 나'를 해석함으로써 '목적격 나'에 의해 인지된 타인의 반응을 수용하기도 하고 거부하며 충돌하는 '주격 나'의 행위들, 이 모든 과정이 나와 타인의 인정투쟁 과정이라 할 수 있다. 미드는 나와 타인과의 관계 속에서 야기되는 인정투쟁을 통해 자아의 심리적 메커니즘과 함께 사회의 규범적인 토대를, 그리고 도덕의 발전 근거를 해명한다.

인정의 유형들과 인정의 훼손 : 사랑, 권리, 연대와 인정투쟁

호네트는 헤겔이 정치사회의 원리로 발전시킨 인정투쟁을 경험적인 방식으로 재구성한다. 헤겔이 자연상태에서 정치사회로 전환

12 G.H. Mead, 같은 책, 196쪽.

되는 과정을 인정투쟁을 통해 설명하고자 했다면, 호네트는 미드의 사회심리학을 받아들임으로써 인정투쟁을 개인의 정체성 형성의, 그리고 다양한 사회적 투쟁의 근원적인 동력으로 이해한다. 특히 그는 헤겔과 미드의 인정모델을 토대로 세 가지 인정유형과 이러한 인정관계를 훼손하는 '무시'의 세 가지 형태들을 구분하며, 이러한 인정유형들과 인정의 훼손을 경험적인 검증 방식을 통해 인간의 실천적 자기 관계를 설명한다.[13] 이와 함께 그는 헤겔과 미드가 해명하지 못한 문제, 즉 현실 속에서 인정투쟁이 등장하게 되는 사회적 경험들을 밝혀낸다.

호네트는 헤겔에게 있어서 인륜적 세계가 가능할 수 있는 원초적 감정인 '사랑'을 인정의 첫 번째 유형으로 규정한다. 헤겔은 사랑을 "타자 안에서 자기 자신으로 존재함"[14]으로 정의함으로써 자신을 상실하지 않으면서, 타자와 일체감을 느끼는 순수한 감정으로 이해한다. 그에 따르면 사랑은 인륜적 세계의 원형인 가족을 구성하는 원리이다. 호네트는 서로 다른 개인들의 일체감을 가능하게 하는 사랑 속에서 상호인정모델의 전형을 발견한다. 특히 그는 유아들의 사회화 조건을 해명하기 위해 어머니와 유아의 관계를 분석하는 위니콧(D.W. Winnicott)의 경험과학적인 시도를 받아들임으로써 어머니와 유아의 사랑 속에 나타나는 일체감과 자립화 과정을 인정투쟁의 과정으로 이해한다. 그에 따르면 사랑은 "자립성과 구속성 사이의 불안정한 균형과 관련"되어 있으며, "일체감을 위한 자기 포기와 개

---

13 A. Honneth, *Kampf um Anerkennung*, 148쪽 이하 참조.

14 G.W.F. Hegel, *Grundlinien der Philosophie des Rechts, Werke in zwanzig Bänden Bd. 7*, Suhrkamp Verlag, Frankfurt a. M., 1970, § 7 Zu.

인적인 자기주장 사이의 긴장"이라는 상호주관적인 인정투쟁을 함축하고 있다.[15] 그러나 타자와의 일체감 속에서 기본적인 자기 자신에 대한 믿음을 가능하게 하는 사랑의 감정은 원초적인 무시의 경험인 신체적 학대에 의해 파괴된다. 호네트는 신체적 학대를 "사랑을 통해 배운, 자신의 몸에 대한 자주적인 능력에 대한 믿음을 지속적으로 훼손하는 무시"[16]의 전형적인 형태로 이해한다.

두 번째의 인정유형은 헤겔이 법 개념에서, 그리고 미드가 "일반화된 타자"라는 개념을 통해 제시했던 '권리'에 대한 인정이다. 법과 권리는 독일어로 Recht라는 동일한 단어로 표현되며, 권리는 사회적 규범인 법을 통해 보호받는다는 것을 의미한다. 유럽은 근대 이후 모든 개인들이 동등할 권리를 지닌다는 사실을 사회적 규범인 법의 출발점으로 삼고 있으며, 각각의 개인들이 자신을 법적 주체, 즉 권리의 주체로 이해하는 것은 동시에 타인의 권리를 자신의 권리와 동일하게 인정한다는 것을 함축하고 있다. 또한 권리의 주체로서 상호적인 인정은 필연적으로 개인들이 서로를 독립적인 인격체인 주체로 인정하는 것을 의미한다. 호네트는 권리에 대한 상호적인 인정을 위해서는 우선적으로 독립적인 자기존중이 선행해야 함을 강조한다. 그러나 다른 모든 공동체의 구성원들과 동등하게 자기 자신이 권리를 행사할 수 있다고 여기는 자기존중은 마찬가지로 타인들의 인정에 의존해있다. 따라서 권리는 바로 상호주관적인 인정관계를 필연적으로 함축하게 된다. 호네트는 권리 주체의 근거가 되는 자기존중의 무시형태를 "한 개인의 자기존중을 훼손하는 굴욕에 대한

15 A. Honneth, *Kampf um Anerkennung*, 154쪽.

16 A. Honneth, 같은 책, 214쪽.

경험"[17]에서 찾는다. 굴욕은 인격적 주체로 인정받으려는 상호주관적 기대를 훼손함으로써 모든 사회 구성원과 동등한 권리를 지닌 자기 자신과 긍정적으로 관계할 수 있는 능력을 상실하게 한다.

호네트는 정서적인 사랑과 법적인 권리 인정과 함께 세 번째의 인정유형으로 '사회적 가치 부여'를 제시한다. 모든 인간이 동등하다는 보편적 속성에 의존해있는 권리에 대한 인정과 달리 사회적 가치 부여는 모든 인간은 서로 다르다는 인간의 특수한 속성에 의존해있다. 즉 한 개인이 자신을 가치 있는 존재로 느낄 수 있는 것은 타인들과 구별된 자신만의 특수한 능력이 타인으로부터 인정되고 있다는 사실을 알게 될 때이다. 호네트에 따르면 '자부심'이라는 일상적 용어 속에 표현된 실천적 자기 관계는 자기 가치 부여이며, 자기 가치 부여는 사회 구성원들의 인정에 의존해 있다. 호네트는 인정의 무시로서 사회적 가치 부여의 훼손이 모욕을 통해 표출되며, 모욕이 개인의 존엄성과 명예를 손상하는 것으로 이해한다. 또한 자기 가치 부여는 동일한 가치를 추구하는 타인들과 가치공동체를 형성하는 것을 가능하게 하며, 이러한 가치가 훼손될 때 연대를 통해 공동의 가치를 보호하고자 하는 사회적 투쟁을 가능하게 한다.

호네트는 타인들과의 상호주관적인 인정관계에 의존해 있는 세 가지 인정유형인 사랑과 권리, 그리고 사회적 가치 부여를 통해 인간이 자기 자신과 맺는 실천적 자기관계를 경험적으로 밝혀낸다. 그에 따르면 세 가지 인정유형 속에 표현되는 상호인정이라는 규범적 형태는 사회적 생활세계 내에서 개인들의 자기실현 기회를 가능하게 한다. 또한 인정관계가 훼손되는 무시의 사회적 경험은 투쟁의

17 A. Honneth, 같은 책, 215쪽.

동기를 제공함으로써 인정을 획득하고자 하는 도덕적 욕구와 함께 사회적 투쟁을 촉발할 가능성을 함축하고 있다. 호네트는 인정투쟁에 대한 경험적 분석을 통해 개인의 정체성 형성과 사회적 투쟁에 대한 해석의 지평을 확장시킨다. 또한 그는 상호주관적인 인정을 중요한 도덕적 규범으로 정초하며, 동시에 인정투쟁을 도덕의 발전을 가능하게 하는 궁극적인 동력으로 이해한다.

참고문헌 및 더 읽을거리

김준수, 『승인이론』, 용의 숲, 2015.

정미라, 『이성과 자유』, 21세기북스, 2006.

Benjamin, J., *Die Fesseln der Liebe*, Stroemfeld Verlag, Frankfurt a.M., 2004.

Fichte, J.G., *Grundlage des Naturrechts nach Prinzipien der Wissenschaftslehre*, F. Medicus. ed. Felix Meiner Verlag, Hamburg, 1979.

Hegel, G.W.F., *Phänomenologie des Geistes, Werke in zwanzig Bänden. Bd. 3*, Suhrkamp Verlag, Frankfurt a. M., 1970.

Hegel, G.W.F., *Grundlinien der Philosophie des Rechts, Werke in zwanzig Bänden Bd. 7*, Suhrkamp Verlag, Frankfurt a. M., 1970.

Hegel, G.W.F., *System der Sittlichkeit*, Felix Meiner Verlag, Hamburg, 1967.

Hobbes, T., *Leviathan*, Suhrkamp Verlag, Frankfurt a. M., 1984.

Honneth, A., *Kampf um Anerkennung*, Suhrkamp Verlag, Frankfurt a. M., 1992.

Mead, G.H., *Geist, Identität und Gesellschaft*, Suhrkamp Verlag, Frankfurt a. M., 1973.

Siep, L., *Anerkennung als Prinzip der praktischen Philosophie*, Karl Alber Verlag, Freiburg/München, 1979.

자기방어 Self-defense

기본적 정의

철학적 개념어인 자기방어는 우리가 일반적으로 사용하는 사법적 개념인 정당방위와 구분된다. 정당방위는 부당한 침해로부터 자기 또는 타인의 법익을 방위하는 것을 보장하는 것이다. 그런데 사법적 정당방위는 합법의 범위 안에서 인정되는 것이기 때문에 한 사회에서 지배적으로 통용되는 규범에 따르는 사회적 다수자들에게 주로 허용되는 권리이다.

이와 달리 자기방어는 사회적 소수자들, 즉 단순히 수적으로 적은 이들이 아니라 한 사회에서 비주류적이며 은밀하고 복잡한 차별화 과정에 놓인 이들을 위한 저항의 기술이다. 자기방어는 심리적, 물리적 폭력 앞에서 자기 자신을 방어할 수 있는 개념적, 실천적 자원을 역사적으로 빼앗겨온 소수자들에게 폭력 활용의 문제를 적극적으로 고찰하게 만드는 대항 개념이다.

저항의 기술로서 자기방어는 자신의 몸과 새롭게 관계 맺고 새로운 신체 도식을 스스로 설계해내는 기획행위로 구체화된다. 소수자들은 사회에서 생존하기 위해서 착한 패배자로서의 몸, 즉 예속적 몸, 순응적 몸, 자기 자신에 대한 방어력을 상실한 몸을 체화한다. 소수자가 자기를 방어한다는 것은 근육의 차원에까지 침투한 지배의 체제를 끊어내고 자신의 근육을 어떻게 활용하고, 자신의 온몸을 어떻게 내뻗을 것인지, 다수자들의 폭압에 어떻게 대항할 것인지에 대해 사유하고 실천하는 것이다.

이것은 다수자들에 대한 대항전술로서만 기능하는 것이 아니라, 새로운 자기실천의 창조행위라 할 수 있다. 왜냐하면 자기방어는 아주 미세한 몸 근육의 움직임으로부터 출발하는 내밀한 신체적 변화이면서 동시에 가장 강렬한 정치적 의식화의 과정을 수반하기 때문이다. 자기방어는 그 어떠한 위임이나 대리행위 없이 스스로가 자신의 몸을 직접적으로 정치화하는 계기이다. 다시 말해, 자기방어는 이 세계에서 살아가는 법, 존재하는 법을 새로이 제창해내는 것이다.

개념의 기원과 발전

자기방어 개념은 사회계약론에 철학적 기원을 두고 있다. 홉스(Thomas Hobbes)에 의하면 자기방어의 경향성은 인간이라면 누구나 가진 것으로 정의된다. 자기 보존을 위한 자연법은 몇몇 사람들만 누리는 특권적 권리가 아니라, 모든 이들에게 실행되는 보편적 경향성이기 때문이다. 홉스에게 있어 자기방어란 자기 자신과의 관계에 대한 가장 단순한 표현방식 중 하나이다. 여기에서 자기 자신과의 관계란 생의 도약과 신체적 움직임에 내재적인 것이라 할 수 있다. 그러하기에 홉스에게 있어 자기방어란 합법성의 문제 너머에 있는 것이다.

그런데 로크(John Locke)에 의하면 자기방어는 정당방위의 권리로 축소되고 만다. 로크에게 있어 자기방어는 어떤 주체가 자기 자신을 방어하기에 합법적이며, 또 어떤 주체가 그렇지 아니한가를 아는 것이 매우 중요한 문제이기 때문이다. 그는 오직 권리의 주체, 자유로운 주체만이 자기 자신을 방어할 수 있는 권리를 가진다고 본다. 로크 철학에서 내가 나 자신을 지킨다는 의미는 나의 자산과 나의 사유물을 지킨다는 뜻이다. 그리하여 자기 보존을 위한 주체는 권리들의 담지자들로 한정되고 만다.

한편 우리나라 형법 제21조 제1항에 의하면 정당방위란 "자기 또는 타인의 법익에 대한 현재의 위법한 침해를 방위하기 위한 상당한 이유 있는 행위"에 해당한다. 그런데 한국 사회에서 아내폭력을 당한 여성이 견디다 못해 폭력 남편에게 상해를 입히거나 살해를 한 경우 정당방위로 인정된 적이 없었다.[1]

이처럼 정당방위 개념은 소수자들에게 실질적으로 적용되기 힘든 것이다. 왜냐하면 정당방위는 16세기 유럽에서 스스로는 물론 사유재산을 지키기 위해 무기를 들고 다니며 자신을 방어할 수 있는 귀족적 권리 중 하나에서 출발했기 때문이다.[2] 또한 이 개념에 의하여, 프랑스 식민지배 시대 속 노예란 스스로를 지킬 수 없는 자, 스스로를 방어할 모든 의무와 권리를 박탈당한 자[3]로서 주인계급과 구분되어왔다.

---

1 김다슬, "맞는 아내 넘쳐나도 한번도 인정 못 받은 '정당방위'", 한겨레 21 제1393호, 2021년 12월 18일 기사.

2 Elsa Dorlin, *Se défendre: une philosophie de la violence*, La Découverte. 2017, 22쪽.

3 Elsa Dorlin, *Se défendre: une philosophie de la violence*, 26쪽.

자기방어라는 대항실천의 역사는 다양한 소수자들의 역사를 면면히 관통하고 있다. 자기 방어 기술은 식민지배 상황 속 노예들의 봉기부터 참정권 획득을 위한 서프레제트의 주짓수 실행, 홀로코스트가 일어나는 게토 내 유대인들의 무장봉기, 흑인해방을 위한 블랙팬서의 자기방어 운동, 퀴어들의 자기방어 정찰대, 일상의 여성포식 구조 속 포식자 집단들에 대한 여성의 반격 실천 등에서 구체적으로 실행된다.

의미와 해석

폭력이란 무엇인가?

우리는 폭력을 그저 나쁜 것, 결코 일어나서는 안 되는 것이라고 배워왔다. 이렇게 폭력을 단선적으로 사고하는 것은 폭력을 그저 나쁜 것으로 매도하고 비난의 대상으로만 축소시키게 만든다. 이런 방식의 폭력 이해는 고도로 세련된 상징적이며 제도화된 객관적 폭력의 형식에 관해서는 제대로 인식할 수 없게 만든다. 폭력을 결코 생각조차 해서는 안 되는 것으로 만들수록, 즉 이에 대한 철저한 질문과 사유의 가능성마저 금지할수록, 폭력은 그저 비이성적인 폭발이자 "악마적 개인들" 또는 "광신적 군중"[4]이 행하는 괴물적 행동으로 축소된다.

이처럼 비이성적인 개별 행위자의 감정적이고 즉각적이며 물리

4 Slavoj, Zizek, *Violence: Six Sideways Reflections*, Picador, 2008, 11쪽.

적인 행동으로 한정된 폭력이 주관적 폭력이다. 마치 모든 폭력을 비이성적 감정 폭발이라는 주관적 폭력으로만 한정하게 될 때, 사회적 관습과 정상성의 체제에 의해 정교화된 객관적 폭력은 폭력의 상태로조차 아예 인지되지 않는 결과를 낳는다.

이뿐 아니라, 폭력에 대한 사유를 금기시하는 것은 객관적, 제도적 폭력의 메커니즘에 대한 보다 손쉬운 굴종과 예속의 효과를 낳는다. 이처럼 정상성의 규범 안에 내재해있는 객관적 폭력은 "시스템적인 것이며 익명적"[5]으로 작동하는 것이기 때문이다. 객관적 폭력은 우리의 일상 자체를 지탱하는 원리이자 존재론적 위계를 만들어내는 논리이며 이 사회의 의미질서와 가치체계를 직조하는 바탕이 된다. 슬라보예 지젝(Slavoj Žižek)은 이러한 폭력을 객관적 폭력이자 상징적 폭력으로 정의 내린다.

이러한 객관적 폭력은 제도적, 구조적 폭력으로서 "무엇이 폭력이며 폭력이 아닌가?"를 결정함으로써 폭력을 효과적으로 작동하게 만든다. 나아가 객관적 폭력은 언어를 통해 구현되는 상징적 폭력을 양산한다. 언어는 참말과 거짓말, 정상과 비정상, 우월함과 열등함, 좋음과 나쁨, 옳고 그름 등의 이원론적인 가치들을 실어 나르는 것이기 때문이다. 이는 사물은 물론 사람들과 생명체 등에게 위계적 서열을 부과함으로써 보다 효율적인 분류와 통제, 지배가 가능한 세계를 구축해내는 객관적 폭력을 구사한다.

바로 이러한 관점에서, 폭력은 가장 철학적인 문제의식 중 하나이자 존재론, 가치론, 인식론을 새롭게 조정하기 위한 사유의 기폭제라 할 수 있다. 자기방어 개념은 폭력을 근본적으로 재성찰하도록

5 Slavoj, Zizek, *Violence: Six Sideways Reflections*, 13쪽.

이끌며, 소수자가 폭력 개념을 재전유하도록 만든다는 점에서 중요하다고 말할 수 있다.

부정적 돌봄 윤리에 대한 비판

페미니스트 철학자 엘자 도를랑(Elsa Dorlin)은 자기방어라는 개념을 소수자의 역사적 쟁투 안에서 재발굴해 내었다. 이와 함께 그는 페미니즘에 너무도 빠르게 부과되어버린 비폭력적 페미니스트 윤리라는 주류적 흐름에 대한 비판적 문제제기를 전개한다.

그는 돌봄 윤리라는 페미니스트 윤리학의 주류적 경향성이 누락하고 있는 어두운 이면, "부정적인 케어"(care négatif)[6]의 측면에 주목한다. 지배받는 자가 지배하는 자와 지배하는 자에게 귀속된 이들에 대한 돌봄과 염려를 지속적으로 수행하는 것은 자연스런 애착과 관심으로만 설명될 수 없는 의식적, 무의식적 강제성을 띠는 것이기 때문이다. 즉 자신을 지배하는 타인에 대한 끊임없는 돌봄과 염려, 배려의 행위란 지배적인 다수자가 나의 몸에 가할 수 있는 폭압으로부터 스스로를 보호하기 위한 생존술의 일환이다.

타인에 대한 지속적 염려 행위는 결국 자기 자신이 느끼는 바와 자신에 대한 관심을 고갈시킴으로써 비로소 가능하다는 점에서, 자기소진적 행위일 수 있다. 타인에 대한 돌봄과 염려가 여성의 유일한 본성이자 우월한 가치로 덕목화될 때에, 정작 여성 자신의 관점과 여성 자신의 세계는 자신을 지배하는 타자의 세계 뒤로 밀려나기 십상이다. 타인에 대한 돌봄과 배려는 여성의 본성적 탁월성에서

6 Elsa Dorlin, *Se défendre: une philosophie de la violence*, 171쪽.

기인한 것이 아니라, 가부장제의 성별 노동분업의 결과이며 타인에 대한 몸에 밴 돌봄과 배려의 의식적, 무의식적 습속화는 소수자로서 살아남는 법이기도 하다.

다수자의 아주 작은 발걸음 소리, 눈빛, 어조, 동선의 변화 등을 아주 기민하게 읽어내고 예측해내는 것, 다수자의 관점을 철저히 내면화하여 그들이 취할 폭력의 동선을 미리 내다보기 위해 가해자처럼 생각하는 방식을 익혀나가는 것, 바로 이러한 것들은 타인들에 대한 이타적 배려와 도덕적 고양의 징표가 아니다.

그것은 소수자가 일상의 숱한 폭력으로부터 스스로를 지켜내기 위한 생존의 전술이며, 배려하는 것 외에는 생존을 위한 다른 기반이 존재하지 않음을 방증한다. "배려와 관심은 항시 피지배자의 몫이며 이러한 관심은 타인의 의도성을 향해 자기 자신을 투신하는 것일 뿐만 아니라, 타인의 욕망들과 의지들을 미리 알아내는 것, 그리하여 지배하는 자들에 대한 앎의 양식을 구축하는 것"[7]에 다름 아니기 때문이다.

엘자 도를랑은 타자에 대한 배려의 주체이자 타자에 대한 앎의 주체를 인식론적 구조의 역설을 통해 설명해 내고자 한다. 전통적 인식론에서는 통상적으로 인식 주체가 능동적인 위치이며 인식 대상이 인식 주체에 의해 포획되는 수동적 위치로 상정된다. 그런데 돌봄 상황에서는 오히려 배려, 돌봄의 주체가 자신이 돌봐야 하고 더 잘 알아야만 하는 앎의 대상에 종속된 상태에 놓이는 아이러니가 발생하게 된다. 왜냐하면 배려의 대상과 앎의 대상에 놓인 이가 이러한 앎을 축적해야만 살아남을 수 있는 앎의 주체를 오히려 예

7 Elsa Dorlin, *Se défendre: une philosophie de la violence*, 178쪽.

속하는 권력 구조의 비대칭성이 전제되어 있기 때문이다. 다시 말해, 여성에게 특화되어있는 타자에 대한 앎의 양식으로부터 다음과 같은 인식론적 아이러니가 발생한다. "왕이 된 앎의 대상(objet-roi)"[8]은 주로 사회적 다수자이자 지배자들이며 이들은 끊임없는 배려와 고려의 대상이 됨은 물론, 이 세계의 객관성과 실재성을 담보하는 판단과 가치의 준거점이 된다.

이에 반해, 지배하는 자에 대한 앎의 능력을 끝없이 확장해야만 하는 소수자들은 자기 자신의 관점과 자기 자신의 고유한 삶의 궤적을 스스로 지워버리게 될 뿐 아니라 자신의 관점을 가장 덜 객관적이고 가장 편파적인 것, 현실성과 실재성을 결여한 것으로 여기게 된다. 그리하여 자기 자신에 대한 간과와 "자기 망각"(oubli de soi)[9]에까지 이르고 마는 것이다. 이것은 자신의 관점과 현실감각, 자신이 느끼는 바의 중요성을 탈각하고 부인함으로써 부조리한 세계를 그나마 살아갈 만한 세계로 전환하기 위한 안간힘 어린 생존 전술에 해당한다.

나아가 부정적인 케어-돌봄 윤리가 가진 어두운 측면은 "여성들에게 폭력을 지배자의 행위능력의 일환이자 지배자의 속성으로 자연화해 버림으로써, 폭력이 어떻게 페미니스트로서의 정치적 선택일 수 있는가를 지워버리고"[10]만다는 점이다. 이러한 관점에서, 엘자 도를랑은 "돌봄의 윤리를 무기력의 윤리"(éthique de l'impuissance)[11]라고 비판한다. 엘자 도를랑은 폭력에 관한 페미니즘 사상 지류의

8 Elsa Dorlin, *Se défendre: une philosophie de la violence*, 176쪽.

9 Elsa Dorlin, *Se défendre: une philosophie de la violence*, 176쪽.

10 Elsa Dorlin, *Se défendre: une philosophie de la violence*, 164쪽.

11 Elsa Dorlin, *Se défendre: une philosophie de la violence*, 177쪽.

세 가지 논리 계열을 명확히 파악해낸 후, 이에 대한 강력한 비판을 촉구한다.

첫 번째로 여성과 평화, 여성과 인내, 여성과 공존, 여성과 비폭력을 접합시킨 후, 이를 여성적인 가치이자 여성적인 본성으로 자연화, 본질화하는 논리가 있다. 이 논리는 여성에 의한 폭력 활용을 여성성의 괴물화, 훼손, 변질로 규정한다. 이를 통해, 이 사회에서 여성이 폭력을 활용한다는 것은 상상조차 하지 못하도록 금지된다. 그런데 우리는 이러한 사회적 터부의 설립이 과연 누구에게 유용한 것인가를 철저히 되물어야 할 것이다.

두 번째로 여성의 폭력 활용은 남성 지배자의 흉내 내기에 불과하며 오히려 가부장제를 강화한다는 모방 논리가 있다. 이 논리는 가부장제의 작동이 남성에 의한 폭력의 독점으로부터 출발한다는 기본적 원리조차 인식하지 못하고 있다. 가부장제는 남성에 의한 폭력의 독점이 남성의 여성에 대한 권력의 증거이자 원인으로 여겨짐으로써 발생한 것이기 때문이다. 또한 이 논리는 여성에 의한 폭력의 활용방식인 자기방어가 남성폭력의 구조에 대항하는 지점이 될 수 있음을 전혀 고려하지 않는다는 한계를 지닌다. 이 논리는 어떻게 소수자인 여성이 폭력의 활용을 통해, 그저 당하는 몸에서 행동하는 몸, 남성공포에 절여진 마비된 몸에서 자신의 근육을 점차 뻗어나가는 새로운 몸의 감각 전개자로서 세계를 재구성해내는가를 전혀 다루고 있지 않다.

세 번째는 보복 논리에 관한 것이다. 이 논리에 따르면, 여성이 남성에게 감히 맞서는 것은 남성으로부터 더 큰 폭력행위를 유발시켜 여성의 생존을 불리하게 이끄는 것으로 여겨진다. 이 논리는 폭력 전문가로 남성을, 서툰 초보자로 여성을 상정한 후, 강자이자 숙련가인 남성의 심기를 건드리는 일은 약자의 생존전술에 있어 결코 효율적인 것이 아니라고 본다. 나아가 약자의 자기방어를 위한 행위가 사회적 다수자의 약자에 대한 폭력의 정당화로 이어질 수 있음을 경고한다. 다시 말해, 사회적 다수자의 기분을 먼저 헤아리는 것이 그나마 사회적 소수자가 살아남을 수 있는 현실적 방법으로 상정되고 권고되는 것이다.

이는 소수자에 의한 폭력 활용은 결코 성공할 수 없다는 패배주의의 일환이자, 소수자의 모든 저항 기술에 대한 허용치는 결국 다수자, 강자들의 손에 달린 것임을 각인시키는 보수주의적 논리라 할 수 있다. 착한 패배자로서의 소수자의 위상에 만족할 때에는 다수자로부터 호혜적 도움 정도는 받을 수 있지만, 일방적으로 주어진 제자리에서 더 이상 가만히 있지 않고 이탈하는 소수자들에게는 강자의 철퇴가 내려지는 것이 당연하다는 이와 같은 논리에는 단지 공포와 순응의 감각만이 메아리칠 뿐이다.

돌봄의 윤리를 선한 윤리-그저 착한 약자로 남아 모두를 돌보는 것을 이 사회에서 가장 좋은 것이자 가치 있는 것으로 보는 관점은 무엇을 간과하는 것인가? 돌봄의 윤리는 선과 악, 도덕과 부도덕 등이라는 이분법적 가치 체계 없이는 성립 불가능하다. 그런데 바로 선과 악, 도덕과 부도덕을 결정하는 문제는 사회적 다수자에게 주로 달렸다는 점을 간과해서는 안 된다. 사회적 소수자는 결코 기존 가치 체계의 임계점 자체를 폭로해서는 안 되며 바로 그 체계로부터 승인받고 안전을 얻고자 하는 욕구만을 가질 때에 이 사회로부터 도덕적이며 선하다는 칭송을 받기 때문이다. 이에 반해, "호전적, 전투적 윤리"(éthique martiale de soi)[12]는 폭력의 근간을 재사유하는 철저한 용기를 통해 소수자에 의해 재구축되는 가치와 의미의 장을 새롭게 열어나가는 길을 모색한다.

쟁투의 철학

자기방어는 전투적 실천이자 쟁투의 철학이다. 자기방어의 문제는 소수자의 분노를 어떻게 정치화할 것이며, 이 분노를 쟁투의 계기들로 어떻게 지속화할 것인가, 나아가 소수자들에게 단 한 번도 허용되어오지 않은 폭력 안에서, 그리고 폭력과 더불어 소수자는 과연 무엇을 할 수 있는가를 철저히 탐구하게 만드는 개념이다.

자기방어라는 개념은 소수자에 의한 폭력 활용을 통해 소수자 자신의 관점과 감각들, 느끼는 바, 판단하는 바가 더 이상 부인과 부정의 대상이 되지 않는 법을 배우도록 해준다. 즉 이는 포식자가 아닌 자신의 관점에서 세계를 재구축하고 전적으로 새롭게 도래하는 자신의 존재를 경험하게 만든다. 이 경험 속에서 소수자는 지금껏 간과되고 무시되어왔던 자신의 견해와 관점이 현실 속에서 밀도와 두께를 가지게 됨을 확인하게 된다.

자기방어는 지금까지 존재조차 망각하고 살았던 자신의 근육의 움직임에 대한 자각에서, 또한 여태껏 자기 자신을 의심하고 부정해왔던 것을 멈추는 것으로부터 시작된다. 자기방어는 강자의 먹잇감이 되었던 순응적인 일상으로부터의 이탈을 의미한다. 우리는 자기방어를 통해 자신이 느끼는 바, 자신의 말과 판단을 충분히 고려하

12 Elsa Dorlin, *Se défendre: une philosophie de la violence*, 15쪽.

는 법을 배워나간다. 나아가 우리는 이를 통하여 약자에게 일방적으로 부과되어온 규칙들을 위반하고 스스로 새로운 규칙을 만들고자 시도하게 된다. 왜냐하면 자기방어란 정당방위의 범주에 귀속될 수 없는 자들의 생존기술이자 저항 기술이며 호전적이고 전투적인 자기 윤리를 새롭게 구축하는 길이기 때문이다.

자기방어는 비폭력 전술을 거부하지는 않는다. 다만 자기방어는 비폭력 전술이 소수자의 죽음을 촉진하는 한계에 다다랐을 때에 그 임계점을 박차고 나가게 만든다는 점에서 그보다 더 나아간 것이라 할 수 있다. 비폭력은 소수자들의 저항을 위한 결집과 새로운 주체화 양태를 배태해내기 위한 정치적, 윤리적 내부 원리로 이해되고 한정되어왔다. 그러나 자기방어는 비폭력을 유일한 행동강령으로 여기지는 않는다. 오히려 비폭력의 전술은 자기방어를 위한 하나의 통과 지점일 뿐이다.

이처럼 자기방어 개념은 주류적 페미니스트 윤리학은 물론, 폭력에 대한 통념과도 대적하게 만든다. 이 개념은 우리가 여태껏 미뤄두며 직면하고 싶지 않았던 문제들을 우리 앞에 들이민다. 이로써 우리가 그것을 향해 나아가도록, 또한 나아갈 길이 아직 한참 멀었음을 철저히 깨닫게 하는 경험으로 우리를 이끈다.

참고문헌 및 더 읽을거리

김다슬, 「맞는 아내 넘쳐나도 한번도 인정 못 받은 '정당방위'」, 한겨레 21 제1393호, 2021년 12월 18일 기사.

도를랑, 엘자, 『자신을 방어하기』, 윤지영 옮김, 그린비, 2020.

로버츠, 데이비드, 『서프러제트 - 세상을 바꾼 여성 참정권 운동가들』, 신인수 옮김, 대교북스주니어, 2021.

지젝, 슬라보예, 『폭력이란 무엇인가 - 폭력에 대한 6가지 삐딱한 성찰』, 정일권·김희진·이현우 옮김, 난장이, 2011.

Dorlin, Elsa, *Se défendre: une philosophie de la violence*, La Découverte. 2017.

Hobbes, Thomas, *Leviathan*, ed. by Ian Shapiro, Yale University Press, 2010.

Pankhurst, Emmeline, *Suffragette : My Own Story*, Hesperus Press Ltd, 2016.

Pankhurst, Estelle Sylvia, *The Suffragette - The History of the Women's Militant Suffrage Movement - 1905-1910*, Rimbault Press, 2010.

Strain, Christopher, *Pure fire, Self-defense as activism in the civil rights era*, University of Georgia Press, 2005.

Zizek, Slavoj, *Violence: Six Sideways Reflections*, Picador, 2008.

젠더 Gender

기본적 정의

생물학적 범주로 간주되는 섹스(sex)와 달리, 젠더(gender)는 문화적으로 형성된 여자다움(womanhood) 및 남자다움(manhood)과 연결된다. 동시에 젠더는 서로 다른 몸을 가진 사람을 다른 성 범주에 속하게 하는 사회적 조직화의 기제이자 담론으로서 섹스 개념과 연동된다.

개념의 기원과 발전

서양 근대 철학에서 주체의 탄생은 몸과 정신의 분리와 밀접하게 연결된다. 이성적이고 합리적인 주체는 '육체'가 아닌, 생각하는 '정신', 즉 백인, 유럽, 중산층, 남성을 중심으로 한 응시하는 주체와 결부된다. 응시되는 대상으로서 여성은 본래적으로(naturally) 자연을 따르는 육체적 존재로 여겨진다. 여성이라면 임신과 출산을 반복하고 월경의 주기성을 따르는 것이 자연스럽다. 따라서 여성은 남성과 같이 능동적이고 합리적인 이성의 존재이기 보다는 자연의 순환을 따르는 무력하고 수동적인 존재로 간주되었다. 재생산 기관 및 성적 기관의 차이로 여성은 남성에 비해 쉽사리 광기, 비합리성, 유아적 성질, 성적 방탕에 빠질 수 있다고 여겨지기도 했다.[1]

여성이 '여성스럽고' 남성이 '남자다운' 것, 남녀의 기질, 역할, 인성 차이는 생물학적 차이의 결과이며, 신체 구조에 의한 것이므로, 자연적인 것이고, 바뀔 수 없다. 이러한 통념은 과거에 비해 약화되었으나 특정한 육체에는 자연스럽고 본질적인 특성이 존재한다고 보는 시각은 여전히 남아 있다. 예를 들어 에리히 프롬은 각 개인에게는 두 성격이 혼합되어있다고 명시하면서도, 남성적 성격을 침투, 지도, 활동, 훈련, 모험이라는 성질을 가진 것으로 정의하며, 여성적 성격은 생산적인 수용성, 보호, 현실주의, 인내력, 어머니다움으로 정의한다.[2] 젠더 개념은 1960년대 이후로 생물학적 차이를 나타내는 섹스와 구별되어, 육체적 차이에 본질주의적 특성을 부여하는 방식을 문제 삼으며 발전해왔다.

수잔 스트라이커(Susan Stryker)에 의하면, 북아메리카 선주민 문화를 포함한 몇몇 문화권에는 서너 개의 사회적 젠더가 있다. 어떤 문화는 사람들이 살고 있는 몸이 아니라 하고 있는 일에 따라 사회적 젠더를 부여하며, 다른 문화에서는 수술용 메스로 젠더를 바꿀 수 있다.[3] 대부분의 남아메리카 국가들은 출생 시 성별은 남성이지만

---

1 아이리스 마리온 영. 『차이의 정치와 정의』. 김도균·조국 공역. 모티브북. 2017, 285쪽 참조. 흑인, 유태인, 동성애자도 마찬가지로 육체적 특수성으로 인해 여성과 유사한 성질을 가졌다고 여겨졌다.

2 에리히 프롬. 『사랑의 기술』. 황문수 옮김. 문예출판사. 2022. 60쪽.

3 수잔 스트라이커. 『트랜스젠더의 역사: 현대 미국 트랜스젠더 운동의 이론, 역사, 정치』. 제이·루인 공역. 이매진. 2016, 33쪽 참조.

다양한 방식을 통해 여성적 젠더로 자신을 표현하는 사람을 '트라베스티'(Travesti)라 부른다. 하와이에는 여성성과 남성성을 모두 드러내는 사람을 '마후'(Māhū)라고 지칭한다. 오스트레일리아 원주민 사회의 트랜스젠더는 '시스터걸'(Sistergirl)과 '브라더보이'(Brotherboy)로 불린다. 인도네시아 부기스 사회는 인간을 다섯 개의 젠더, 즉 남성(oroané), 여성(makkunrai), 트랜스젠더 여성(calalai), 트랜스젠더 남성(calabai), 모든 젠더적 특성을 가졌거나 가지지 않은 이(bissu)로 분류한다.[4] 이와 같이 젠더는 특정한 시간과 공간에 따라 다를 수 있는 역사적이며 사회적인 범주이다.

시몬 드 보부아르(Simone de Beauvoir)는 "인간은 여자로 태어나는 것이 아니라 여자가 되는 것"[5]이라고 말함으로써, 특정한 사회·역사·문화적 조건 속에서 여성으로 인정받는 '여성'은 지속적으로 만들어지는 '과정 중에 있는 주체'(subject-in-process)임을 암시한다. 해러웨이(Donna Haraway)는 젠더를 "복수의 투쟁 무대에서 성차(sexual difference)가 자연스러운 것으로 당연시되는 데에 대해 논쟁하도록 발달된 개념"이라고 정의한다.[6] 식민적·인종차별적·성적 억압의 근대사 속에서 성차의 구분이 차별과 불평등을 생산하는 기제가 되어왔음을 지적하는 것이다.

---

4 아이리스 고틀립. 『뷰티풀 젠더』. 노지양 옮김. 까치. 2020, 74, 75쪽 참조.

5 시몬 드 보부아르. 『제2의 성』. 이정순 옮김. 을유문화사. 2021, 389쪽.

6 도나 해러웨이. 「마르크시즘 사전 속의 '젠더'」. 『유인원, 사이보그, 그리고 여자』. 민경숙 옮김. 동문선. 2002, 233쪽 참조.

의미와 해석

"여성이 태어나는 것이 아니라 만들어진다"면, 남성 또한 만들어져야 한다. 남성과 여성은 미리 결정된 상태가 아니라 언제나 되어가는 중(becoming)에 있다. 이러한 의미에서 젠더 정체성(gender identity)은 발달 측면에서 종종 논의된다. 초창기 젠더 연구는 '사회화 모델'로 요약될 수 있으며, 성역할 고정관념이 유아의 발달에 부정적인 영향을 끼칠 수 있다고 설명했다. 남아와 여아로 구분된 갓난아기들은 각각 파란색과 분홍색 옷을 입고 자동차, 트럭, 총과 같은 장난감으로 활발하게 놀거나 인형을 들고 소꿉놀이를 하며 얌전하게 지내도록 기대 받는다. 소년과 소녀들은 성역할에 관한 사회적 기대와 '규범'을 따를 때 어머니의 미소, 친구들의 인정, 데이트의 성공, 취업 등 보상이나 긍정적 승인을 받는다. 이처럼 젠더에 대한 사회화 모델은 성역할 고정관념이 가족, 학교, 또래 집단, 대중매체에 의해 전달되므로, 우리의 의식을 바꾸고, 사회화 과정을 바꿔내는 일이 필요하다고 설명한다.

그러나 이 모델은 학습자를 수동적으로 묘사하며, 젠더를 학습하는 것이 기질을 획득하는 문제라고 가정한다는 점에서 지나치게 단선적이다. 또한 이 모델은 학습자가 성역할 규범을 수용하거나 거부하는 두 가지 선택만이 존재한다고 가정한다는 점에서 비판받는다. 성역할 사회화 모델은 지배적인 것을 규범적인 것으로 오인하며, 젠더를 학습하는 과정에서 나타나는 유희의 측면, 즉 소년 소녀들이 성별 고정관념에 관해 불평하고, 조롱하고, 환상을 부여하고, 의문시하며, 저항하고, 일탈할 수 있음을 간과한다.[7]

최근 젠더 연구는 젠더를 습득하는 과정에서 나타나는 발달의 모순적 측면과 학습자의 능동성을 인식하며, 학습자가 살고 있는 사회 제도들이 갖는 복잡성과 권력의 역사적 측면을 함께 살펴야 한다고 본다. 구체적으로 사회가 주입하는 전통적인 젠더 역할, 성별 노동분업, 차별적인 제도, 문화적 관습은 젠더 표현과 깊은 관계를 맺는다. 청소년들은 가족, 학교, 또래 집단, 대중매체를 통해 젠더를 표현하는 법을 학습하며, 그들이 살고 있는 사회의 젠더 질서와 체제를 다루는 방법을 배운다. 이를 통해 특정한 젠더 정체성을 채택하고, 특정한 젠더 수행을 생산한다. 이는 학습자가 단순히 성역할을 모방하거나 흡수하는 것이 아니라 그것에 적극 관여하며 특정한 방향으로 살아가는 것을 의미한다.[8]

이때 젠더 표현은 반드시 젠더 정체성을 그대로 반영하지는 않는다. 이 사회가 선호하는 상, 안정된 일상의 추구, 안전함에 대한 걱정, 사는 장소, 종교 등이 젠더를 표현하는 방식을 통제할지라도 어떤 이는 사회가 그 젠더에 요구하는 관습적인 옷차림을 거부할 수 있다. 드레스 입기를 좋아하는 시스 젠더(cisgender)[9] 소년은 드레스를 입어도 여전히 시스젠더 소년일 수 있다.[10]

30여년에 걸친 젠더에 관한 페미니즘 이론화는 해부학은 운명이고 성별은 자연적인 것이며, 오직 남성과 여성만이 선택지라는 통념을 밀어내는 데 일조했다. 그러나 핼버스탬(J. Jack Halberstam)은 "왜

7 래윈 고넬, 리베카 피어스. 『젠더: 젠더를 둘러싼 논쟁과 사상의 지도 그리기』. 유정미 옮김. 현실문화. 2021, 198쪽 참조.

8 래윈 고넬, 리베카 피어스. 같은 책, 204쪽 참조.

9 태어날 때 얻은 '지정성별'과 본인이 정체화하고 있는 젠더 정체성이 '동일'하거나 '일치'한다고 느끼는 사람을 뜻하는 용어이다.

10 아이리스 고틀립. 『뷰티풀 젠더』, 38쪽 참조.

우리는 여전히 남성이 아닌 사람은 여자고 여자가 아닌 사람은 남자라고 가정하는 세계 속에서" 살고 있는지 질문한다. 우리에게는 다양한 성별 선택지, 다양한 성별 범주, 현실 세계의 비남성 또는 비여성 선택지가 없는 걸까? 핼버스탬은 어떻게 보면 바로 젠더 유연성 자체와 겉으로 보이는 유동성 때문에 이원적 젠더가 지배한다고 말한다. 즉, 남성과 여성에 관해 공동체에서 주어진 기준에 실제로 들어맞는 사람은 아주 드물며, 동시에 절대로 판독하기 어려운 사람도 드물다.[11] 즉 성별 구분은 부정확한 동시에 남성과 여성을 정의하는 경계선이 유연하기 때문에 어떠한 사람이든 이원적 젠더 안에 속할 수 있다는 것이다.

이는 우리가 새로운 젠더를 명명하고 주목하지 않는 이유를 설명한다. 사실상 어느 누구도 남성과 여성의 정의에 완벽히 들어맞지 않기 때문에 두 범주는 그 불가능성을 바탕으로 오히려 힘과 신용을 얻는다. 다시 말해 '남자'와 '여자'라는 용어의 유연성과 탄력성 자체가 수명을 보장해준다.[12]

여자다움과 남자다움이란 선천적으로 타고 태어난 것으로 아니듯이, 푸코(Michel Foucault)식으로 말하면, 여자다움과 남자다움이 단지 사회 권력과 억압에 의해 주어진 것으로만 치부할 수는 없다. 사람들은 스스로를 남성적 또는 여성적으로 구성한다. 우리는 일상생활에서 우리의 처신을 스스로 조율하는 방식으로 젠더 질서 내의 자리를 요구하거나, 우리에게 주어진 자리에 반응한다. 예를 들어 19세기 노예인 미국 흑인 여성은 '여성스러움'을 강요받는 대신, 남

11 주디스 핼버스탬. 『여성의 남성성』. 유강은 옮김. 이매진. 2015, 49쪽 참조.
12 주디스 핼버스탬. 같은 책, 59쪽 참조.

성과 똑같이 노동을 하도록 강요받았다. 해방 노예로서 노예제폐지 운동을 펼친 흑인 여성 소저너 트루스(Sojourner Truth)는 1851년 오하이오 아크론(Akron)에서 열린 여성권리집회에서 다음과 같이 연설한 바 있다.

> 저기 저 남성분이 말하는군요. 여자는 마차로 모셔야 하고, 도랑은 안아 건너드려야 하고, 어디서고 가장 좋은 자리를 드려야 한답니다. 그런데 이제껏 아무도 날 마차로 모신 적도, 진흙탕을 지날 때 도운 적도, 좋은 자리를 내 준 적도 없어요. 그러면 나는 여자가 아닙니까? 내 팔을 보세요! 나는 땅을 갈고, 곡식을 심고, 수확을 해왔고, 어떤 남자보다 빨랐습니다. 그러니 나는 여자가 아닙니까? 나는 남자만큼 일할 수 있고, 먹을 게 있으면 남자만큼 먹을 수 있어요. 남자만큼 채찍질도 견뎌냈고요! 그러니 나는 여자가 아닙니까?
>
> Dat man ober dar say dat womin needs to be helped into carriages and lifted ober ditches, and to hab de best place everywhar. Nobody eber helps me into carriages, or ober mud puddles, or gibs me any best place! And ain't I a woman? Look at my arm! I have ploughed, and planted, and gathered into barns, and no man could head me! And ain't I a woman? I could work as much and eat as much as a man - when I could get it - and bear the lash as well! And a'n't I a woman? (Truth 36)[13]

이 연설은 백인 여성과는 근본적으로 다른 경험이 '흑인 여성성'

---

13 해당 연설문은 「여성의 권리」라는 이름으로 베버리 가이-쉐프톨이 편집한 선집에 실린 것을 참조하였다. Truth, Sojourner. "Woman's Right"(1851). *Words of Fire: An Anthology of African-American Feminist Thought*. Guy-Sheftall, Beverly ed,. The New Press, 1995. 36쪽.

(Black Womanhood)을 구성한다는 점을 명확하게 언어화한다. 자신 또한 여성인지 묻는 소저너의 질문은 '여성'에 관한 본질주의적 관념에 도전한다. 여성은 약하고, 특정한 대접을 받아야 하는 존재라는 통념은 피부가 희고 중산층인 백인 여성에게만 적용됨이 폭로될 때 힘을 잃는다. 이때 "나는 여자가 아닙니까"라는 소저너의 되물음은 가부장적이고 인종차별적인 노예제 사회 안에서 '여성'이란 젠더뿐 아니라 당대의 계급, 인종, 신분이라는 축을 따라 구성된다는 점을 보여준다.[14]

소저너 트루스와 더불어 자서전을 남겨 노예로서의 경험을 세상에 알린 흑인 여성 해리엇 제이콥스(Harriet Jacobs) 또한 그녀가 처한 모순적 상황을 민감하게 인식했다. 제이콥스는 노예 신분의 여성인 자신이 여성으로서의 '덕성'(정절, 지조, 도덕성, 명예, 품위)을 갖추는 것 자체가 법을 어기는 범죄행위가 됨을 호소했다.[15] 제이콥스는 자신이 사회에서 인정하는 '여성'이 될 수 없음을 명확히 인식하고, 자신이 '여성'으로서 여겨지고, 보호받을 수 있도록 요구한다. 인

14 19세기 미국에 팽배해 있던 '진정한 여성성'(The Cult of True Womanhood) 이데올로기는 여성이라면 경건함(piety), 정숙(chastity), 순종(submissiveness), 가정성(domesticity)을 갖춰야 한다고 보았다. 소저너 트루스의 되물음은 이러한 여성에 관한 이데올로기가 노예이자 피부색이 검은 여성을 타자화해야만 그 힘을 발휘할 수 있음을 드러낸다.

15 미국 노예제에는 백인 노예 주인에 의한 체계화된 흑인 여성에 대한 성적 학대와 이에 대한 법적 승인이 존재했다. 예를 들어 19세기 판사 토마스 콥은 흑인 여성이 당한 강간을 부인하고, 이를 성욕이 넘치는 흑인 여성의 유혹으로 인해 일어난 것이라고 기술한다. 흑인 여성에 대한 성폭행을 법적으로 금지하거나 처벌하는 일은 노예인 흑인 여성이 인간적 존엄성을 갖는 존재라는 점을 암시함으로써 노예제도의 근간을 흔들 수 있기 때문이었다. 따라서 법은 흑인 여성을 강간당할 수 없는 존재로 규정하고, 흑인 여성은 백인 여성이 가진 것과 같은 훼손당할 '도덕성', '명예', '품위'가 존재하지 않는다고 보았다.

종차별적 폭력과 성 학대 속에서 생존하기 위해 여성으로서 '사회적 인정'을 받으려 한 것이다. 이미 부과된 젠더화된 삶의 양식에서 벗어나는 것, 젠더화된 존재 양태에서 벗어나는 것은 '살만한 삶'(livable life)을 살 수 없게 하기 때문이다.

버틀러(Judith Butler)는 젠더를 담론 권력, 즉 지식의 유통과 지식 인증에 관한 것이자 사회 권력으로 간주하며, 동시에 누구의 삶이 삶으로 여겨지고, 누구의 죽음이 애도될 만한 죽음으로 여겨지는지 질문하는 인식론적 투쟁의 장으로 이해한다. 인터섹스(intersex)[16]와 트랜스젠더 권리 옹호 운동을 염두에 둔다면, 버틀러가 제기하는 문제의식이 더욱 명확해진다. 태어남과 동시에 이루어지는 젠더에 대한 최초의 호명은 얼핏 보기에는 개인이 어찌할 수 없는 방식으로 우리에게 영향을 미치는 타인들의 기대와 환상을 수반한다. 규범은 우리에게 주입되고, 그럼으로써 주체를 생산하며, 새로 태어난 인간들이 기존의 규범을 반복하고 수용할 때 재생산된다.

그러나 젠더는 "타인에 의해 구성되는 동시에 내가 구성하는 일부분이기도 한 어떤 환상으로서 우리 안에 살게 되는 것"이다.[17] 젠더는 석판에 수동적으로 기입되는 것처럼 우리의 육체에 단순하게 기입되는 것이 아니다. 우리는 우리가 불복종할 수 있는 가능성을 그 안에 품고 있는 규범을 상연(perform)한다. 이 같은 재생산 과정에서 규범의 어떤 약점이 드러나거나 규범의 장에 혼란과 갈등을 야기하는 일련의 또 다른 문화적 관습들이 개입할 수도 있다. 임시

16 생식기나 성호르몬과 같은 신체적 특징이 남성이나 여성이라는 이분법적 구조에 들어맞지 않는 사람을 일컫는 말로 '간성'(間性)으로도 불린다.

17 주디스 버틀러. 『연대하는 신체들과 거리의 정치』. 김응산·양효실 옮김. 창비. 2020, 47쪽.

적일지라도 규범의 장이 깨져서 열릴 때 우리는 규범에서 일탈한 존재들—트랜스젠더, 젠더 퀴어, 부치, 펨, 과장된 여성성과 남성성—의 출현을 목도한다. "반복된 실행 과정에서 젠더화된 실재를 새로운 방향으로 재구성할 가능성을 열면서 기존 규범들을 예기치 못한 방식으로 허물거나 재구성할 위험을 가진, 이와 같은 규범의 재생산 없이는 젠더 또한 존재할 수가 없다."[18] 버틀러의 이러한 분석은 성소수자들의 삶이 보다 살만해질 수 있도록 이들이 존재할 수 있는 담론의 장을 열어놓기 위함이다.

요약하자면, 젠더란 단순히 생물학적 차이로 구성되는 정체성이 아니라 특정 사회의 인종과 계급과의 관계를 통해 형성되는 역사적 범주이자, 일련의 사회규범, 실천, 편견, 제도에 따라 형성되는 사회적 관계이며 구조이다. 인종 및 계급과 마찬가지로 젠더는 단일하고 완결된 것이라기보다는 특정 시대와 공간에서 작동하는 권력의 배치와 구조에 의해 변형되는 범주이다. 따라서 젠더에 관한 질문은 인종차별, 계급차별, 동성애 혐오, 트랜스젠더 혐오, 여성 혐오와 구조적 불평등에 대한 저항적 실천과 함께 시작되어야 한다.

참고문헌 및 더 읽을거리

시몬 드 보부아르, 『제2의 성』, 이정순 옮김, 을유문화사, 2021.

래윈 고넬·리베카 피어스, 『젠더: 젠더를 둘러싼 논쟁과 사상의 지도 그리기』, 유정미 옮김, 현실문화, 2021.

---

18 주디스 버틀러. 같은 책, 50쪽.

수잔 스트라이커, 『트랜스젠더의 역사: 현대 미국 트랜스젠더 운동의 이론, 역사, 정치』, 제이·루인 공역, 이매진, 2016.

앤절라 Y. 데이비스, 『여성, 인종, 계급』, 황성원 옮김, 아르테, 2022.

주디스 버틀러, 『젠더 트러블』, 조현준 옮김, 문학동네, 2008.

주디스 버틀러, 『연대하는 신체들과 거리의 정치』, 김응산·양효실 옮김, 창비, 2020.

초국적 가족 Transnational Family

기본적 정의

'초국적 가족'은 노동, 결혼, 교육 등의 다양한 이유의 국제 이주로 두 개 이상의 국가에 가족 구성원이 물리적으로 떨어져 지냄에도 불구하고 가족 공동의 복지와 가족이란 소속감을 지니고 살아가는 가족을 의미한다.[1] 초국적 가족 구성원은 본국을 포함하여 여러 국가에 있는 가족 간에 경제적으로 지원하고 다양한 통신수단을 통해 정서적으로 상호 지지하며 직접 방문하는 등 다양한 형식으로 초국적 돌봄을 실천한다.

개념의 기원과 발전

20세기 초반까지의 국제 이주자들은 모국과의 사회적 관계와 문화적 유대를 유지하기 어려워 정착 국가에 적응하며 사는 이민자

1 Bryceson, D. and Vuorela, U. "Transnational Family: in the Twenty First Century." in D. Bryceson and U. Vuorela(eds.), *The Transnational Family: New European Frontiers and Global Networks*, New York: Berg, 2002, 3쪽.

로 이해되었다. 예컨대 20세기 초까지 진행됐던 인도 아대륙에서 아프리카대륙, 카리브해, 남태평양 일대 플랜테이션 농장의 계약노동자로 이주한 인도인들은 가족과 긴밀한 연결을 유지할 수 없었다. 그러나 20세기 중후반 이후 혁신적으로 발전한 교통통신 수단으로 시공간 압축이 가능하게 됨으로써, 이주자는 사회·문화적이고 정치·경제적으로 모국과 긴밀한 관계를 유지할 수 있게 되었다. 초국적 가족 개념의 '초국적(transnational)'이라는 표현은 1990년대 초반부터 널리 사용된 초국가주의(transnationalism) 개념에 기반을 둔다. 바슈와 동료 연구자들(Basch, et al.)은 미국에 정착한 카리브해와 필리핀 출신 이주민 등이 이전 이주자들과는 달리 본국과의 적극적이고 지속적 관계 유지 현상에 주목하였다.[2] 초국적 현상이 완전히 새롭게 등장한 것은 아니나, 이주 당사자가 정착 국가의 사회와 모국 사회를 연결하는 다양한 관계를 형성·유지하는 일이 유례없이 밀도 있고 대량으로 이루어진다는 점에서 초국적 양상은 주목받게 되었다.

전 지구화와 국제 이주 양상의 심화로 국경을 횡단하는 초국적 양상은 국가와 지역 사회뿐만 아니라 가장 친밀한 인간 영역인 가족 수준에서도 진행되고 있다. 특히 세계 경제의 재구조화에 따른 노동력 이동의 급증으로 가족은 이런 변화 상황에 적응하기 위한 생계전략을 지속한다. 국경을 두고 서로 물리적으로 떨어져 있지만 '가족다움(familyhood)' 유지를 위한 여러 초국적 실천을 강조하는

2 Basch, L. Nina Glick Schiller, Cristina Szanton Blanc, *Nations Unbound: Transnational Projects, Post-colonial Predicaments and Deterritorialized Nations-States*, Langhorne: Gordon and Breach, 1994.

'초국적 가족' 개념도 국제노동 이주를 포함한 전 지구적 이주로 야기된 구조적 변화에 대응하는 가족의 탄력성을 설명하기 위한 개념적 도구로 보인다. 찬(Chan)[3]은 일부 가족 구성원이 다른 국가로 이주하는 것을 가족 전체 생계를 위한 전략의 하나로 보고, 이런 공간적 분산은 합리적인 가족 전체의 결정이며 가족에게 유익한 탄력적 방법이라고 주장한다.

초국적 가족관계 유지의 핵심은 '초국적 돌봄(transnational care)'의 교환이라 주장한다.[4] 초국적 가족 구성원은 국경 너머 가족에 대한 송금, 혁신적으로 발전한 정보통신기술을 이용한 '가상적 친밀감(virtual intimacy)'[5] 유지, 모국 가족 방문과 이주지로의 가족 초청 등 다양한 초국적 돌봄 실천으로 가족 유대를 강화한다. 이주자와 모국 가족은 정치적, 지리적, 문화적 경계에 걸쳐 있는 '초국적 공간(transnational space)'을 구축하고, 개인의 사회·경제적 상황뿐만 아니라 관련 국가들의 이민과 고용정책 등이 부과하는 기회와 구속요인 범위 안에서 일련의 돌봄을 실천한다.

초국적 가족의 일원인 이주자는 정착 국가의 언어, 고용, 교육, 사회 체계 등에 적응해야 하는 동시에 '가족 분거(family separation)'에 따른 어려움도 해결해야 한다. 이주로 다른 국가에 가족이 분거하는 것이 가족의 의무와 책임 중단을 의미하지 않는다. 초국적 가

3 Chan, K.B. "A Family Affair: migration, dispersal, and the emergent identity of the Chinese cosmopolitan, diaspora." *A Journal of Transnational Studies* 6(2), 1997, 195쪽.

4 Baldassar, L. Baldock, C.V. & Wilding, R. *Families Caring across Borders: Migration, Aging and Transnational Caregiving*, London: Palgrave, 2007.

5 Wilding, R. "Virtual Intimacies? families communicating across transnational contexts", *Global Networks*, 6(2), 2006.

족원은 지속적 상호작용을 통해 사회적 규범과 의무를 기반으로 가족에 대한 '초국적 도덕성(transnational morality)'[6] 실천을 위한 물질적·정서적인 가족 요구에 응답해야 한다. 초국적 가족에 관한 기존 연구는 돌봄 실천에 참여하는 가족원의 경제적 능력, 돌봄의 의무와 헌신에 관한 문화적 정의, 이주·정착·고용에 관한 이주국의 정책 등 다양한 요인이 초국적 가족의 돌봄 실천에 복합적인 영향을 끼침을 강조한다.

의미와 해석

가족 구성원의 다양한 목적의 이주 후 형성된 초국적 가족 유형도 다양할 수밖에 없다. 취업과 교육을 위한 자발적 이주도 있지만, 전쟁 등 개별 가족의 통제를 벗어난 요인에 의한 비자발적 이주도 있다. 고용, 결혼, 교육 등의 목적을 위한 이주에는 부모 또는 부모 어느 한쪽의 이주로 자녀와 노부모와의 분거(分居)가 발생하고, 성인 자녀와 손자녀 돌봄을 위한 모국 노년 세대의 연쇄 이주로 다양한 유형의 초국적 가족이 형성된다. 해외에서 온 배우자와 후속 가족의 재결합 등 결혼에서 비롯된 다양한 초국적 가족도 있다. 이민자에서 초국적 가족으로의 전환은 전 세계적 규모의 상품과 자본 및 노동의 자유로운 흐름과 초국적 가족 구성원의 취업 확장을 장려하는 신자유주의적 세계화 맥락과 밀접히 연결된다. 한편 2015년에 전례 없는 유럽으로의 대량 난민 유입, 이로 인한 반이민 정서

---

6 Carling, J. "The human dynamics of migrant transnationalism." *Ethnic and Racial Studies*, 31(8), 2008.

확대와 단일 민족주의 정책지지, 2016년 미국 대선에서 멕시코 이민자에 맞선 백인 남성 생산직 노동자의 도널드 트럼프 지지와 대통령 당선, 2020년 이후 코로나-19 팬데믹으로 국경 차단 등의 변화된 세계적인 정치·경제적 환경은 초국적 가족관계와 경제적 복지를 둘러싼 실존적 위기가 형성되었으며, 이런 양상들에 관한 광범위한 추후 연구가 필요하다.

초국적 모성(transnational motherhood)

다양한 유형의 초국적 가족 중 임금노동을 위해 자국에 자녀를 두고 해외로 이주한 '초국적 모성'에 관한 연구가 상대적으로 활발하게 수행된 바 있다.[7] 가족들을 경제적으로 지원하기 위해 다른 국가에서 노동하는 엄마들은 비싼 여행비용, 얻기 어려운 휴가, 해고 등의 이유로 자국 방문이 어려워 자녀와의 오랜 기간 떨어져 지내는 고통스러운 상황을 참아내야 한다. 자국에 남아 있는 자녀는 할머니나 이모처럼 대리 엄마 역할을 하는 다른 여성 가족이나 현지에서 고용된 또 다른 여성에 의해 돌봄을 받는 것이 일반적이다. 이주 엄마는 물리적으로 자녀와 분거된 상황에서도 이메일과 SNS로 자녀와의 정서적 유대를 유지하고, 자녀의 학교·일상생활에 관심을 보이면서 '초국적 엄마 노릇(transnational mothering)'을 한다. 자녀 돌봄 방기에 대한 초국적 엄마를 향한 사회와 가족 구성원의 비난과 죄의식을 내면화하면서, 자신을 '좋은 엄마'로 생각하지 않는 초

7 Hondangneu-Solelo & E. *Avila, Mothering and Ambivalence*, London: Routledge, 1997; Parrenas, R.S. *Servants of Globalization: Women, Migration and Domestic Workers*, Stanford: Stanford University Press, 2001; Dreby, J. "Children and Power in Mexican Transnational Families." *Journal of Marriage and Family*, 69, 2006.

국적 엄마도 있다. 초국적 엄마는 남아 있는 가족들이 자녀를 세심히 보살피는지, 교육지원과 도덕적 지도를 잘하고 있는지 관심을 보이면서 두고 온 자녀에 대한 신체적·정서적인 복지에 늘 관심을 둔다.

한동안 '초국적 엄마 노릇' 연구에 적용됐던 '전 지구적 돌봄 고리(global care chain)'[8] 개념은 북반구의 전일제 직업을 지닌 여성의 자녀를 돌보기 위해 남반구 여성이 북반구로 이동하고, 남반구 여성 본국 자녀는 다른 대리 여성이 돌봄으로써 돌봄의 고리가 전 지구적으로 형성됨을 강조한다. '전 지구적 돌봄 고리' 개념은 돌봄의 상품화를 비판적으로 바라보면서, 계급·인종·종족성(ethnicity)·젠더 등 사회적 분화를 기반으로 전 지구적으로 구조화된 불평등을 강조하는 '전 지구적인 돌봄의 정치경제학'에 관련된다.

초국적 부성(transnational fatherhood)

아빠가 경제적으로 가족을 지원하기 위해 해외에서 노동하고 엄마가 자국에서 자녀를 돌보는 유형의 초국적 가족 유형인 '초국적 아빠'에 대한 연구는 초국적 모성 연구에 비해 소수의 연구[9]를 제외하고 학술적으로 주목받지 못했다. 초국적 맥락에서 가족을 돌보는 엄마 그리고 가족 생계를 책임지는 의사 결정자 아빠라는 지배적인 젠더 담론은 이주로 인한 아빠와 자녀 간의 분거를 사회가 수용하

---

8 Hochschild, A.R. "Global Care Chains and Emotional Surplus Value." in Will Hutton and Anthony Giddens(eds). *On the Edge, Living with Global Capitalism*, London: Vintage, 2000.

9 Dreby, J. "Children and Power in Mexican Transnational Families." *Journal of Marriage and Family*, 69, 2006.

여 이를 문제 삼지 않음을 전제한다. 초국적 아빠는 가족 돌봄 방기에 대한 죄의식을 아예 느끼지 않거나 최소한 초국적 엄마만큼은 느끼지 않는데, 이는 아빠의 이주가 가장의 경제적 의무를 다하기 때문이라고 주장한다. 필리핀 자국에 남아 있는 자녀에 대한 빠레냐스(Parrenas)[10]의 연구는 이주 아빠가 자녀의 정서적인 필요에 응답하기보다는 생계를 꾸려가는 권위자가 되는 데에 주된 관심이 있다고 주장한다. 초국적 아빠가 된다는 것은 가장이자 돌봄 제공자인 아빠가 '장거리 가장', 또는 '수표로만의 아빠(fathers only by check)'로 변화된 것에 지나지 않는다.[11] 또한 초국적 아빠는 가족에 대한 충성도가 높은 초국적 엄마와는 달리 본국의 가족 구성원, 특히 아내와 자녀에 대한 재정적 책임을 회피할 가능성도 크다고 주장한다.[12] 아빌라(Avila)[13]는 미국의 라틴계 남성 이민자 중에는 가족에 대한 송금을 충실히 이행하지 않으면서도 '나쁜 아빠'라는 낙인으로 고통 받지 않는 초국적 아빠가 적지 않다고 밝히고 있다.

노부모에 대한 초국적 돌봄(transnational care for aged parents left behind)

국제 이주와 가족 및 간호 분야 연구가 접목되는 지점에서 수행

---

10 Parrenas, R.S. "Transnational Fathering: Gendered Conflicts, Distant Disciplining and Emotional Gaps." *Journal of Ethnic and Migration Studies*, 34(7), 2008.

11 Castaneda, E. and L. Buck, "Remittances, Transnational parenting, and Children Left Behind; Economical and Psychological Implications." *The Latin Americanist*, 55(4), 2011, 102쪽.

12 Landolt, P. and W.W, Da, "The Spatial Ruptured Practices of Migrant Families: A Comparison of Immigrants From El salvador and the People's of Republic of China." *Current Sociology*, 53(4), 2005.

13 Avila, E.M. *Transnational Motherhood and Fatherhood: Gendered Challenges and Coping*, University of Southern California: ProQuest Dissertation Publishing, 2008.

된 일부 연구들[14]은 국제 이주한 성인 자녀와 모국에 남아 있는 노부모의 관계, 특히 노부모에 대한 초국적 돌봄에 관해 더욱 적극적인 연구가 수행되어야 함을 역설한다. 사실 성인 자녀의 국제 이주는 한동안 또는 때에 따라서 기약 없이 자녀를 직접 만나지 못할 자녀와 노부모 간의 분거 상황을 만든다. 흔히 돌봄은 근거리에서 이루어진다는 전제 때문에 국경 너머 지리적으로 멀리 떨어져 지내는 노부모와 성인 자녀 간의 초국적 관계는 가족과 돌봄 연구에서 제대로 평가받지 못했다. 그러나 멀리 떨어져 있는 노부모에 대한 이주 성인 자녀의 돌봄은 다양한 방식의 정서적 지지와 송금 등의 물질적 지원 및 본국 노부모 방문 등의 형식으로 초국적으로 수행된다.

초국적 조부모 노릇(transnational grandparenting)

성인 자녀 이주로 형성된 초국적 가족의 손 자녀 돌봄을 위해 노년 세대가 국제 이주대열에 합류하여, 세대 간 관계와 낯선 외국에서 노년을 보내는 초국적 노화 등이 초국적 가족 연구에서 새롭게 주목받고 있다. 이 분야 일부 연구[15]는 새로운 사회에서 손자녀 돌봄과 가사를 수행하는 노부모와 이 과정에서 변화하는 노년의 삶

14 Zechner, M. "Care of older persons in transnational settings." *Journal of Aging Studies* 22, 2007; Treas, J. "Transnational Older Adults and Their Families." *Family Relations*, 57, 2008; Vullenetari, J. & R. King, "'Does your granny eat grass?' On mass migration, care drain and the fate of older people in rural Albania." *Global Networks*, 8(2), 2008.

15 Horn, V. Schweppe, C. and S. Um, "Transnational Aging: A Young Field of Research." *Transnational Social Review: A Social Work Journal*, 3(1), 2013; Zhou, Y. R. "Transnational Aging: the impacts of adult children's immigration on their parents' later lives." *Transnational Social Review*, 3(1), 2013.

을 조망하고, 초국적 맥락에서의 노년 인구의 행위성을 강조한다. 노년 인구의 삶과 복지가 전 지구화의 영향을 받고 있음을 규명함으로써 초국적 가족에 관한 연구의 범위가 확장되고 있다. 또한 초국적 맥락에서 노부모가 본국과 성인 자녀가 정착한 국가 사이를 오가며 손자녀를 돌보는 '초국적 조부모 노릇'의 돌봄 양상을 강조하는 연구[16]도 있다. 이들 연구는 노년 세대도 '무급(non-paid)'으로 행하는 초국적 '조부모 노릇'을 통해 전 지구적 경제체계의 일부에 통합됨을 강조한다.

초국적 아동(transnational children)

초국적 가족 연구는 노동할 수 있는 성인 중심적인 시각에서 가족 구성원의 이주 현상을 연구해 왔다. 특히 가족의 이주에 아동이 포함된 경우조차 이주 아동은 '불가시적' 존재로 또는 기껏해야 가족 재결합에 편입되는 수동적 동반자로 여겨졌다. 주로 경제적 이유로 부모가 이주함으로써 초국적 가족이 형성된다는 전제는 초국적 가족 연구가 성인 중심으로 이루어지게 된 배경으로 작용했다. 그러나 초국적 가족 내 아동에 관심을 둔 연구들[17]은 부모의 국제 이주

---

16 Escriva, A. "Aged Global Care Chains: a Southern-European contribution to the field." International Conference on Migration and Domestic Work in Global Perspective, *Wassenaar*. May, 2005; King R. and J. Vullnetari. "The intersections of gender and generation in Albanian migration, remittances and transnational care." *Human Geography* 19(1), 2009; Lie, M.L.S." Across the Oceans: Childcare and Grandparenting in UK Chinese and Bangladeshi Households." *Journal of Ethnic and Migration Studies*, 36(2), 2010.

17 Coe, C., Reynolds, R., Boehm, D., Hess, J., and Rae-Espinoza, H. *Everyday Ruptures: Children, Youth, and Migration in Global Perspective*, Nashville, TN: Vanderbilt University Press, 2009; Mazzucato, V. and Schans, D. "Transnational families and the

로 본국에 남겨진 아동의 정서적, 사회적, 교육적인 어려움에 주목하면서, 일정 기간 헤어진 뒤 가족의 이주 과정에 합류하여 새로운 세계를 경험하는 아동의 이주 생활에 주목하고 있다. 초국적 아동에 대한 최근 일부 연구들[18]은 국경을 넘는 이주 아동의 물리적 이동, 초국적 가족 내에서의 아동의 존재와 행위의 역할 및 의미, 새로운 정착지에서의 가족관계, 학교 안팎에서의 이민 생활, 초국적 실천 행위에 관련된 아동의 경험 등을 '아동의 시각'에서 이해하는 것의 중요성을 강조하고 있다.

초국적 가족과 자녀교육

미국, 영국, 캐나다, 호주, 뉴질랜드 등 영어권 국가에서 어린 나이의 자녀를 교육하기 위해 자녀만 보내는 '낙하산 자녀(parachute kids)', 그리고 부모 중 어느 한쪽, 주로 엄마가 자녀와 함께 유학국에서 지냄으로써 형성되는 중국과 대만의 '우주비행사 가족(astronaut family)'과 한국의 '기러기 가족(gireogi-gahjok)'은 매우 독특한 유형의 초국적 가족에 해당한다. 1980년대에 등장해 1990년대에 팽배했던 홍콩, 대만, 중국, 한국 등의 주로 부유층의 낙하산 자녀는 현지의 학원, 친척, 현지 보호자 등의 책임 아래 학교에 다닌다. 이들은 서

---

well-being of children: Conceptual and methodological challenges." *Journal of Marriage and Family*, 73(4), 2011.

18 White, A. C. N. Laoire, N. Tyrrell and F. Capena-Mendez. "Children's Roles in Transnational Migration." *Journal of Ethnic and Migration Studies*, 37(8), 2011; Gardner, K. "Transnational Migration and the Study of Childhood: an Introduction." *Journal of Ethnic and Migration Studies*, 38(6), 2012; Punch, S. "Studying Transnational Childhood: A Multi-sited, Longitudinal Ethnographic Approach." *Journal of Ethnic and Migration Studies*, 38(6), 2012.

구 학력이란 상징자본 취득, 자국의 정치적 불안정, 병역 기피 등 다양한 목적으로 가족과 분거하는 초국적 가족의 일원이다.[19] '우주 비행사 가족'과 '기러기 가족'은 자녀의 영어권 국가의 학력 취득과 해외 정착을 위해 일반적으로 엄마가 자녀를 돌보고 아빠는 자국에서 재원을 지원하면서 형성된 초국적 가족이다. 이런 유형의 초국적 가족 유형에서 해외에서 자녀와 거주하고 남편과 분거하는 여성은 아내 역할과 자신의 인생보다 자녀 성공을 위한 모성에 전력하며, 부부는 이런 유형의 부부 관계 유지를 자녀 성공을 위해 감내해야 할 희생으로 생각한다.[20]

초국적 결혼(transnational marriage)

한국, 일본, 대만, 싱가포르 등 아시아의 일부 소위 '선진' 국가의 이주와 결혼 간의 관계를 분석한 기존 연구[21]는 이들 국가의 남성과 이들을 상대로 결혼을 위해 이주하는 여성 이주자 간의 가족 형성을 다룬다. 흔히 '초국적 결혼(transnational marriage)', '경계를 가로지르는 결혼(cross-border marriage)' 등으로 지칭되는 이러한 결혼은 국적, 민족, 문화 등에서 서로 다른 배경의 남녀 결합을 통한 가족 형

19 Waters, J. "Transnational Family strategies and Education in the Contemporary Chinese Diaspora." *Global Networks*, 5, 2005.

20 Chee, Maria, *Taiwanese American Transnational Families*, New York: Routledge, 2005; Jeong, Yu-jin, Hyun-kyung You, and Young-in Kwon, "One Family in Two Countries: Mothers in Korean Transnational Families." *Ethnic and Racial Studies*, 37(9), 2013.

21 Piper, N. & Roces, M. *Wife or Worker? Asian Women and Migration*, Oxford: Rowman & Littlefield Publisher, 2003; Constable, N. *Cross-border Marriage: Gender and Mobility in Transnational Asia*, Philadelphia: University of Philadelphia Press, 2005; Pessar, P. & Mahler, S. "Gender matters: Ethnograpers bring gender from the periphery toward the core of migration studies." *International Migration Studies*, 40(1), 2006.

성이란 공통성이 있다. 이런 초국적 결혼 대부분은 본국 남성과 결혼이주여성과의 관계에 관심이 있다. 초국적 결혼을 통한 가족 형성은 결혼이주자를 수용하는 소위 아시아 '선진국'에서 구성되는 지리적, 국가적, 사회·경제적, 인종적, 젠더적 경계를 강조하는 경향이 있다. 이주여성의 혼인으로 형성된 가족에 관한 연구는 수용국에서 이주여성의 시민권 문제를 둘러싼 남녀의 위계적인 권력관계, 이주여성의 수용국 사회로의 통합, 착취적 상황에서 이주여성의 임파워먼트, 이주여성의 에이전시(agency)와 이를 규제하는 구조(structure) 간의 긴장 등에 관한 다양한 연구 질문을 하고 있다. 결혼이주여성은 본국에 대부분의 가족 구성원을 두고 이들과 다양한 관계를 유지하면서 결혼 생활하는 초국적 가족의 일원이다. 초국적 가족의 일원인 결혼이주여성은 물질적이고 정서적인 지지와 지원, 본국 방문과 직접적 돌봄 실천, 가족의 이주 국가로의 초청을 통한 노동 기회 제공 등 다양한 형식으로 본국 가족에 대한 돌봄 실천을 초국적으로 수행한다.

초국적 가족의 의례(transnational family rituals)

초국적 가족의 상호 물질적이고 정서적인 '세대 간의 호혜적 돌봄(inter-generational reciprocal care)' 양상이 비교적 선명하게 드러나는 맥락은 '가족 수준'에서 수행되는 결혼과 장례 등의 일생의례이다. 초국적 가족의 일생의례는 가족관계의 공통적 기원과 네트워크를 확인할 수 있게 하는 핵심적 영역이기에 초국적 맥락에서 가족 유대의 지속과 변화를 명확히 알 수 있게 한다. 초국적 맥락에서 가족 의례를 논의한 연구들[22]은 "초국적 가족은 일생 의례를 어떻게 수행하는가?", "이러한 일생 의례의 역할이 무엇이고 의례가 초국적 가족에게 어떤 이야기를 해주고 있는가?", "이런 의례들이 초국가주의에 대해서는 무엇을 이야기하고 있는가?" 등의 초국적 가족의 사회·문화적 양상을 규명하고 있다. 이들 연구는 초국적 공간에서의 의례의 의미 변화, 의례 내용과 절차의 변화, 의례에 동원된 가족의 자원과 조직, 의례의 젠더화 등의 다양한 주제를 가족 단위에 접목함으로써, 초국적 가족의 사회적 관계의 역동적 과정이 드러날 수 있게 하였다.

참고문헌 및 더 읽을거리

Avila, E.M., *Transnational Motherhood and Fatherhood: Gendered Challenges and Coping*, University of Southern California: ProQuest Dissertation Publishing, 2008.

Baldassar, L. Baldock, C.V. & Wilding, R., *Families Caring across Borders: Migration, Aging and Transnational Caregiving*, London: Palgrave, 2007.

Basch, L. Nina Glick Schiller, Cristina Szanton Blanc, *Nations Unbound: Transnational Projects, Post-colonial Predicaments and Deterritorialized Nations-States*, Langhorne: Gordon and Breach, 1994.

Bryceson, D. and Vuorela, U., "Transnational Family: in the Twenty First Century", in D. Bryceson and U. Vuorela(eds.), *The Transnational Family: New European Frontiers and Global Networks*, New York: Berg, 2002.

Carling, J., "The human dynamics of migrant transnationalism", *Ethnic and*

22 Gardner, K. "Death of Migrant: transnational death rituals and gender among British Sylhetis." *Global Networks*, 2(3), 2002; Mand, K. "Place, gender and power in transnational Sikh marriages." *Global Networks*, 2(3), 2002.

Racial Studies, 31(8), 2008.

Castaneda, E. and L. Buck, "Remittances, Transnational parenting, and Children Left Behind; Economical and Psychological Implications", *The Latin Americanist* 55(4): 85-110, 2011.

Chan, K.B., "A Family Affair: migration, dispersal, and the emergent identity of the Chinese cosmopolitan, diaspora", *A Journal of Transnational Studies*, 6(2): 195-213, 1997.

Chee, Maria, *Taiwanese American Transnational Families*, New York: Routledge, 2005.

Coe, C., Reynolds, R., Boehm, D., Hess, J., and Rae-Espinoza, H., *Everyday Ruptures: Children, Youth, and Migration in Global Perspective*, Nashville, TN: Vanderbilt University Press, 2009.

Constable, N., *Cross-border Marriage: Gender and Mobility in Transnational Asia*, Philadelphia: University of Philadelphia Press, 2005.

Dreby, J., "Children and Power in Mexican Transnational Families", *Journal of Marriage and Family*, 69, 2006.

Escriva, A., "Aged Global Care Chains: a Southern-European contribution to the field", International Conference on Migration and Domestic Work in Global Perspective, *Wassenaar*. 26-29 May, 2005.

Gardner, K., "Death of Migrant: transnational death rituals and gender among British Sylhetis", *Global Networks*, 2(3), 2002.

Gardner, K., "Transnational Migration and the Study of Childhood: an Introduction", *Journal of Ethnic and Migration Studies*, 38(6), 2012.

Hochschild, A.R., "Global Care Chains and Emotional Surplus Value", in Will Hutton and Anthony Giddens(eds). *On the Edge, Living with Global Capitalism*, London: Vintage, 2000.

Hondangneu-Solelo & E. Avila, *Mothering and Ambivalence*, London: Routledge, 1997.

Horn, V. Schweppe, C. and S. Um, "Transnational Aging: A Young Field of Research", *Transnational Social Review: A Social Work Journal*, 3(1), 2013.

Jeong, Yu-jin, Hyun-kyung You, and Young-in Kwon, "One Family in Two

Countries: Mothers in Korean Transnational Families", *Ethnic and Racial Studies*, 37(9): 1546-64, 2013.

King R. and J. Vullnetari, "The intersections of gender and generation in Albanian migration, remittances and transnational care", *Human Geography*, 19(1), 2009.

Landolt, P. and W.W, Da, "The Spatial Ruptured Practices of Migrant Families: A Comparison of Immigrants From El salvador and the People's of Republic of China", *Current Sociology*, 53(4): 625-623, 2005.

Lie, M.L.S., "Across the Oceans: Childcare and Grandparenting in UK Chinese and Bangladeshi Households", *Journal of Ethnic and Migration Studies*, 36(2), 2010.

Mand, K., "Place, gender and power in transnational Sikh marriages", *Global Networks*, 2(3), 2002.

Mazzucato, V. and Schans, D., "Transnational families and the well-being of children: Conceptual and methodological challenges", *Journal of Marriage and Family*, 73(4), 2011.

Parrenas, R.S., *Servants of Globalization: Women, Migration and Domestic Workers*, Stanford: Stanford University Press, 2001.

Parrenas, R.S., "Transnational Fathering: Gendered Conflicts, Distant Disciplining and Emotional Gaps", *Journal of Ethnic and Migration Studies*, 34(7): 1057-1072, 2008.

Pessar, P. & Mahler, S., "Gender matters: Ethnograpers bring gender from the periphery toward the core of migration studies", *International Migration Studies*, 40(1), 2006.

Piper, N. & Roces, M., *Wife or Worker? Asian Women and Migration*, Oxford: Rowman & Littlefield Publisher, 2003.

Punch, S., "Studying Transnational Childhood: A Multi-sited, Longitudinal Ethnographic Approach", *Journal of Ethnic and Migration Studies*, 38(6), 2012.

Treas, J., "Transnational Older Adults and Their Families", *Family Relations*, 57, 2008.

Vullenetari, J. & R. King, "'Does your granny eat grass?' On mass migration, care drain and the fate of older people in rural Albania", *Global Networks*, 8(2), 2008.

Waters, J., "Transnational Family strategies and Education in the Contemporary Chinese Diaspora", *Global Networks*, 5: 539-78, 2005.

White, A. C. N. Laoire, N. Tyrrell and F. Capena-Mendez., "Children's Roles in Transnational Migration", *Journal of Ethnic and Migration Studies*, 37(8), 2011.

Wilding, R., "Virtual Intimacies? families communicating across transnational contexts", *Global Networks*, 6(2), 2006.

Zechner, M., "Care of older persons in transnational settings", *Journal of Aging Studies*, 22, 2007.

Zhou, Y. R., "Transnational Aging: the impacts of adult children's immigration on their parents' later lives", *Transnational Social Review*, 3(1), 2013.

초국적 이주민 Transnational Migrants

기본적 정의

초국적 이주민은 국민국가의 경계를 가로질러 이동하며, 출신사회와 정착사회를 하나의 사회 공간으로 연결하는 자로, 가족적, 사회적, 경제적, 조직적, 정치적 또는 종교적 측면에서 다면적이고 지속적인 사회적 관계를 발전시키고 유지하는 행위자를 가리킨다. 초국적 이주민은 과거 전통적인 이주민과는 달리 국민국가의 경계를 넘어서는, 그리하여 더 이상 국민국가를 통해서는 완벽하게 포착되지 않는 사회 공간에서 사회적 삶을 영위하는 오늘날 이주민의 특성을 설명하기 위해 고안된 개념이다.

개념의 기원과 발전

고향을 떠나 다른 국가에서 생활하는 사람들을 통상 이주민(migrants)이라고 일컫는다. 이 용어는 '이동하다', '방랑하다', '철새가 옮겨가다'라는 뜻의 "migrare"라는 라틴어에서 파생했다. 따라서 '초국적 이주민'이란 국민국가의 경계를 넘어서(trans-national) 이동하는 자라는 뜻을 함축하고 있다. '초국적'이란 용어가 국경을 넘어서는 이주민의 행위에 초점을 맞추고 사용된 것은 1990년대부터였다. 당시 몇몇 인류학자와 사회학자들은 '초국적'이란 용어를 국민국가의 경계를 가로질러 구축된 조밀하고 지속적인 사회적 연계들을 분석하기 위한 도구로 사용했다. 이때 이들은 초국적 이주민이 여러 국민국가들의 경계를 넘어서는 사회적 네트워크를 새롭게 형성시킨다는 점에 주목했다.

특히 인류학자 글릭 쉴러(Nina Glick Schiller)는 자신의 '초국주의(transnationalism)' 구상을 통해 초국적 관점이 오늘날 이주민 연구의 핵심 프레임으로 부상하게 만드는 데 결정적인 역할을 수행했다. 그는 영구적인 파열, 뿌리 뽑힌 자, 낡은 행위 패턴을 버리지 못하고, 새로운 언어와 문화를 억지로 학습하는 자라는 20세기 내내 통용되던 이주민 이미지가 당시 부상 중인 새로운 유형의 초국적 이주민들에게 더 이상 적용될 수 없다고 보았다. 새로운 초국적 이주민은 국민국가적 경계를 가로질러 움직이며, 수용사회와 출신사회를 하나의 사회장(social field)으로 연결하는 자로, 그들의 정체성은 그들을 두 개 혹은 그 이상의 사회와 동시에 연결하는 사회적 네트워크 내에서 형성된다는 것이다. 그는 초국적 이주민들의 사회적 삶의 총체적 의미는 초국적 사회장에 대한 접근을 통해서만 파악 가능하다고 보고, 초국적 사회장에서 이주민들이 구축하는 사회적 관계의 분석이 이주연구의 핵심과제임을 강조했다.

사회학자 프리즈(Ludger Pries)는 오늘날 대다수의 이주민은 더 이상 이주를 수용사회로 편입되는 단방향적인 장소전환으로 이해될 수 없다고 보았다. 그들의 이주는 국가와 사회의 경계를 넘나드는 지속적인 과정이라는 것이다. 그는 이주민들이 삶을 기획하고 실천하는, 여러 국민국가의 경계에 걸쳐 있는 '초국적 사회 공간(social space)'에 주목하면서, '초국화(Transnationalisierung)' 구상을 통해 이러한 사회 공간에서 사람들이 더불어 살아가는 양태, 즉 인간의 사회화(Vergesellschaftung)가 갈수록 국제화 되는 과정의 역동성을 포착하고자 했다. 이때 초국화는 이주민들의 "사회적 관계가 로컬, 내셔널 경계를 넘어서서 보다 포괄적인 트랜스내셔널 관계로 확장되는 경향"을 포착하고자 하는 구상이다. 1990년대 이래 이주연구에 적용된 '초국적', '초국주의' 그리고 '초국화'란 용어는 사람들의 사회적 관계에 초점을 맞춘 구상으로서, 국민국가를 연구의 준거 틀로서 무비판적으로 수용한 그간의 이주연구에 대한 반성적 작업의 연장선에서 이해되어야 한다.

초국적 이주민이 오늘날 새롭게 등장한 현상은 아니다. 지난 19세기 말에서 20세기 초반에 이미 이주민은 '초국적 이주민'의 성격을 지녔으며, 이주민의 초국성을 가능하게 했던 기술적 발전도 존재했다. 이미 이 시기 해양 증기선, 전신, 우편서비스를 포함한 새로운 기술의 발전으로 말미암아 바다를 건너고, 가족관계를 유지하고, 두 사회 사이를 순환하는 것이 가능했다. 그러나 오늘날의 초국적 이주에는 과거와는 다른 몇 가지 새로운 특징이 존재한다. 우선 교통과 통신 수단의 발달은 과거와는 차원을 달리한다. 이주자들의 노동시장 투입 방식, 출신국가의 송금 의존도의 증가, 이주자들의 원거리 민족주의를 장려하기 위한 정책 등도 다른 특질을 보여준다.

오늘날 한 사회에서 다른 사회로의 이주는 고향과 국가를 떠나 수용사회로 편입되는 일방적 이행과정으로 간주될 수는 없다. 그들의 일상생활은 국민국가의 경계를 넘어서는 네트워크에서 펼쳐지고 있다. 초국적 이주민은 자신이 거주하는 국가의 경제 및 정치에 관여함으로써, 둘 이상의 사회에 동시에 연결되는 소속성을 보여준다. 경우에 따라서 그들의 정체성은 모순적으로 비춰지기도 한다. 출신사회의 원거리 민족주의(long distance nationalism)와 수용사회에서의 이주민의 사회통합 구상이 서로 충돌할 수도 있다. 그러나 오늘날 새로운 유형의 초국적 이주민이 부상하고 있음은 부인할 수 없다.

의미와 해석

'국민' 그리고 '뿌리 뽑힌' 이주민과 '초국적 이주민'

인류는 수백만 년 동안 식량원을 쫓아 이곳저곳을 이동하는 유목생활 방식으로 살아왔다. 인류의 정착생활 방식은 지난 몇 천 년에 걸친 농업, 관개 및 동물사육 방식의 발달의 결과로서 상당히 최근에 고안된 것이다. 정착생활이 확산되는 과정에서도 기술 발전, 기후 변화 및 사회 혁신의 결과로 개인 또는 전체 부족의 공간적 이동은 세계적 차원에서 반복적으로 전개되었다. 무엇보다 18세기 이후 산업화, 도시화 그리고 생활공간의 개인화는 시골에서 도시로, 구세계에서 신세계로의 수백만 명의 거대한 이주 운동을 수반했다.

그러나 그때까지 상당히 자유로웠던 인간의 이동은 19세기 후반 국민국가 건설과 민족주의가 결합되면서, 오늘날의 '이민'이라는 개념이 함축하는 바와 같이 국가의 엄격한 규제와 통제의 대상으로 인식되기 시작했다. 영토와 주권을 행사하는 '국민(nation)'에 대한 사고가 분명해지자, 자국민과 타자 사이에 선명한 선이 그어지게 된 것이다. 인구센서스, 이민법, 여권, 시민권 등 인구통제 기술이 개발되면서, 토착민과 이주민의 구분은 더욱 또렷해졌다. 이제 국경을 넘는 인간의 이동은 사람들의 삶에서 예외적인 현상으로 여겨졌다. 하나의 주거지에서의 정착생활과 하나의 국민사회로의 소속성이 인간 삶의 전형으로 간주되고, 그에 반해 이주민은 자신의 '뿌리를 뽑아', 고향과 고국을 떠나 다른 사회와 문화로의 고통스러운 통합 과정을 마주하고 있는 사람들로 규정되었다. 하나의 국민(nation)이 하나의 국가(state)를 이룬다는 국민국가적 사고에 비추어 보면, 이주민은 이러한 규칙에서 예외상태에 있는 자다.

주로 사회통합에 관심을 가진 서구의 이민학자들은 국민국가적 사고를 토대로 이주민이 수용사회에서의 성공적 정착을 위해 자신의 고유한 언어, 관습, 가치 등을 서서히 포기할 것이라고 암묵적으로 기대하였다. 그러나 출신국가와의 연계가 자연스럽게 약화될 것이라는 기대는 실현되지 않았다. 거꾸로 일부 이주민과 그 후손은 발달하는 통신과 교통수단을 활용하여 출신사회와의 연계를 더욱 강화하는 경향을 보이고 있다.

오늘날 사람들의 사회적 삶은 특정 국민국가의 틀 안에서 바라봐서는 그 총체적 모습을 가늠하기 힘들다. 비단 이주민의 삶뿐만 아니라, 글로벌 자본 및 거버넌스 체제 그리고 글로벌 차원에서 전개되는 각종 사회 및 종교 운동 등과 연관된 활동을 하는 사람들도 국민국가라는 익숙한 사회적 공간을 초월하여 사회적 삶을 영위하고 있다. 초국적 이주민은 고국에 남겨 놓은 가족 및 친인척을 포함하여 다장소적인 특징을 가진 초국적 사회 공간에서 자신의 사회적 삶을 조직하고 있다. 그들의 가족 네트워크는 점점 더 많은 지역과 국가로 뻗어나가고 있다. 특히 젊은 세대의 미래 계획과 삶의 전략은 더 이상 한 사회에 국한되지 않는다. 그들의 자기정체화와 자기장소화는 다층적이며 다장소적이다. 이 모든 현상들은 사람들의 사회적 삶이 점점 더 초국화되고 있다는 것을 보여준다.

글릭 쉴러의 '초국주의' 구상과 초국적 이주민의 동시적 통합

지난 20세기에 초국적 현상과 국경을 넘나드는 이주민에 대한 연구가 존재하지 않은 것은 아니다. 그런데 이러한 연구들에서 이주민은 국민국가를 불안정하게 하거나 심지어 국민국가 안에서 범죄를 저지르는 틈입자로 묘사되는 경우가 적지 않았다. 그러한 연구들은 이주민과 토착민의 이분법적 구분의 토대 위에서, 이주민이 결국 수용국가의 안정과 복지에 부담을 떠안기는, 그리하여 사회통합을 저해하는 장애물이라는 이미지를 강화했다. 바로 이러한 이주민 이미지의 바탕에는 인간의 이동을, 특히 국민국가의 경계를 가로지르는 이동을 문제시하는 국민국가적 관점이 깔려 있다.

글릭 쉴러는 1990년대의 이주연구가 강화하고 있는 이주민 이미지는 국민국가적 경계를 사회의 경계로 받아들이는 '방법론적 국가주의(methodological nationalism)'를 무의식적으로 수용한 결과라고 지적했다. 즉, 이주연구의 주류 경향이 국가에 대한 컨테이너 모델에 따라 국가와 사회를 동일시하고, 국민국가적 경계를 이주연구의 준거 틀로서 무비판적으로 수용한 결과라는 것이다. 그에 따르면, 이러한 경향의 이주이론은 대체로 개별 국민국가 내부의 사회적 및 문화적 분화를 일관되게 무시한다. 뿐만 아니라 그것은 이주민과 토착민이 국경을 가로질러 양쪽 모두에 존재하는, 사회적, 경제적 및 정치적 과정에 그리고 각종 네트워크와 제도에 배태된 공통의 경험, 규범 및 가치를 애써 무시한다.

글릭 쉴러는 오늘날의 사회가 더 이상 단일한 국민국가의 경계에 의해 절대적인 제한을 받지 않는 만큼, 그간 국민국가의 틀 속에 갇혀 있던 '사회'라는 제한된 개념 틀을 해체할 필요가 있다고 본다. 그가 이주연구의 새로운 패러다임으로 제안한 초국주의는 상품이나 자본 또는 문화의 흐름에 주목한 아파두라이(Arjun Appadurai) 또는 한네르츠(Ulf Hannerz)의 초국주의와는 달리, 사람들의 이동과 활동, 사회적 네트워크와 관계에 초점을 맞춘다. 벡(Ulrich Beck)의 세계시민주의(cosmopolitanism)에 대한 그의 비판 역시 동일한 맥락에 위치한다. 세계시민주의에는 개인적인 것과 글로벌적인 것이 단순히 교차할 뿐이고, '사회적인 것'에 대한 개념이 없다는 것이다. 그는 초국적 이주민의 사회적 네트워크와 사회장을 주요 분석 대상으로 삼으면서, '사회적인 것'을 포착하고자 하는 자신의 초국주의를 정초한다.

글릭 쉴러는 초국주의 구상에 기초해 초국적 사회장에서 영위되는 이주민의 사회적 삶과 관계에 대한 분석을 권고하는데, 그것은 이주민의 다층적이고 복합적인 정체성을 이해하기 위해서다. 그에 따르면, 이주민의 새로운 국가로의 편입과 초국적 연계의 지속은 이원적 대립물이 아니다. 초국적 이주민은 특정 국민국가에 수용되었다고 해서 그 국가와 자기를 동일시하는 것은 아니다. 그렇다고 자신이 출신국가에서 유래한 관습을 실천하고 있다고 해서 출신국가에 대해 일체감을 느끼는 것도 아니다. 글릭 쉴러는 이러한 이주민의 '소속방식'에 다가가기 위해서, 그들이 여러 국가에서 차지하고 있는, 인종, 계급 및 성별에 따른 다중적 지위를 함께 고려해야 한다고 주장한다. 그들은 자신이 처한 다중적 지위를 토대로 자신의 '소속방식'을 상황에 따라 다르게 협상하기 때문이다. 그들은 일반적으로 두 국가에 동시적으로 통합(stimulative integration)되기를 선호하지만, 특정 경우에는 한 국가로의 일방적 편입을 선택한다. 이를테면 출신국가의 미래가 암울하게 느껴질 때, 그들은 수용국가로 남겨진 가족들을 데려오려고 한다. 거꾸로 수용국가가 그들의 지위를 지속적으로 불안정하게 만들면, 출신국가의 국적을 계속 보유하거나 귀환이민을 선택하기도 한다. 요컨대 여러 나라 사이를 넘나드는 초국적 이주민은 자신의 '소속방식'에 대해 다양한 협상을 벌이는데, 그것은 초국적 이주에 내재한 고유한 특징이라기보다는 여러 국가들의 로컬리티들의 조건들을 반영하는 것이다.

프리즈의 '초국화' 구상과 21세기 초국적 이주민가족

'초국적'이란 개념의 영어 표기는 'trans-national'이라는 두 단어의 조합이다. 그리하여 '초국적'이라는 개념은 이러한 조합이 우리에게 전달하는 시각적인 이미지에 기초해 내셔널(national)의 경계를 넘어서는(trans) 모든 사회 현상을 포착하기 위한 개념으로 흔히 사용된다. 그러나 프리즈는 '초국적'이란 용어를 국민국가를 통해서는 더 이상 포착되지 않는, 이주와 연관된 사회적 현상을 가리키는 개념으로 보다 엄밀하게 사용할 것을 제안한다. '초국적'이라는 용어를 넓은 의미에서 사용한다면, 국제적(inter-national)이란 용어와 개념적 구분이 어려워진다. '국제적'이란 용어는 주권을 가진 국민국가(nation)들 사이(inter)에서 형성되는 관계를 가리키는 개념으로, '초국적'이란 용어가 등장하기 전 국경을 넘어서는 현상을 가리키기 위해 널리 사용되었다. 만약 교통과 통신의 발달로 인해 더욱 가속화되는 '탈국민국가화' 또는 '탈공간화' 현상이 문제라면, '초국화'보다는 '지구화(Globalisierung)'또는 '액화(Verflüssigung)'와 같은 개념들을 사용할 수 있다. 프리즈의 초국화 구상은 국제화 또는 지구화 구상으로는 제대로 포착되지 않는, 국민국가의 경계를 넘나드는 이주민의 사회적 관계, 즉 인간의 사회화가 갈수록 국제화 되는 과정을 포착하고자 하는 문제의식에서 비롯되었다.

프리즈는 이주민의 초국적 사회적 관계가 심화되는 과정을 '초국적 관계', '초국적 네트워크' 및 '초국적 사회 공간'이라는 세 가지 층위로 구분한다. 구분의 측도는 상황에 따라 달라지는 초국적 교류 과정의 지속성, 빈도 및 의미의 강도이다. 가장 낮은 층위는 '초국적 관계'로 다소 규칙적인 의사소통에 기반을 두고 있다. 이때 초국적 관계의 '밀도'는 상대적으로 낮으며, 관련된 사람들의 일상생활에 거의 영향을 미치지 않는다. 이러한 초국적 관계가 보다 심화될 때, '초국적 네트워크'에 대해 말할 수 있는데, 행위자들의 소통행위가 일정한 구속력을 갖게 되고 그리하여 경계를 넘어서는 상호작용 관계가 밀도를 높이는 단계이다. '초국적 사회 공간'은 구성원의 공동의 사회적 실천, 상징 시스템 그리고 의사소통 시스템이 더욱 발전되어 국민국가의 경계를 넘어서는 사회적 관계의 교직이 발생했을 때 성립한다.

이러한 초국적 사회 공간은 이주민가족에서 전형적인 모습으로 드러난다. 이를테면 서로 다른 국가에 거주하는 확대가족구성원들이, 한 국민국가 안의 직계가족처럼, 질병, 출산 또는 구직 등 가족의 중요한 사안에 대해 빈번하고 진지하게 의사소통을 주고받는 경우에, 이들 사이에 초국적 사회 공간이 형성되었다고 말할 수 있다. 프리즈는 독일과 튀르키예 사이의 이주민가족의 예시를 통해 초국적 사회 공간에서 형성된 가족 간의 사회적 관계를 설명한다.

21세기 초국적 가족은 과거 이주민가족과 완전히 다른 모습을 보여준다. 19세기 브라질이나 미국으로 이주해 간 이탈리아인 또는 독일인은 친척이나 가족구성원을 고향에 남겨놓았고, 편지교환이나 간헐적인 방문을 통해 그들과의 교류를 유지했다. 그러나 그들은 각각의 나라에서 자신들의 주된 삶을 영위했다. 국경을 넘어서는 사회교류는 매우 산발적이었다. '이주해 간 자'는 자신의 과거 고향을 향수에 젖어 그리워했다. '고향에 머문 자'는 때로는 이주해간 친척들의 높은 생활수준을 부러워했다. 당시 이주민들은 물론 남겨진 가족구성원 대다수도 수용국가와 출신국가 사이의 사회적 교류는 장기적으로 '약해질'것이고 언젠가는 완전히 사라져 버릴 것이라고 가정했다. 그리고 결국 이민을 떠난 자는 '이탈리아계 미국인'이 되었다.

그러나 오늘날 각기 다른 나라들에 거주하고 있는 초국적 이주민가족 사이에서는 과거와는 비교도 안 될 정도의 밀접한 사회적 상호작용이 일어나고 있다. 새로운 교통과 통신 기술을 토대로, 어떤 면에서는 확대가족이라 부를 수 있는 가족구성원들은 상당히 규칙적으로 서로를 방문하면서 직접적으로 만난다. 특히 젊은 가족구성원들은 자신들이 원할 때는 언제든지 SNS를 통해 일상적 생활세계에 대해서 의견을 교환한다. 초국적 이주민가족의 노년 구성원들은 연금수급자로서 일 년에 2-3번 정도 독일과 튀르키예를 오고갈

것이다. 그들은 가족구성원 중 아픈 사람이 발생하면 환자 또는 그 자녀를 돌보고 보살피는 역할을 떠안을 것이고, 주요한 가족행사에 다닐 것이다. 중년의 가족구성원들은 일 년에 한 번 씩은 주요 가족행사를 계기로 다른 가족들이 살고 있는 장소를 방문할 것이다. 그들은 자식의 결혼식 날짜를 다른 국가에 살고 있는 가족구성원들의 참여여부를 고려하여 결정할 것이다.

이러한 방식으로 독일과 튀르키예의 대여섯 개의 도시에 흩어져 살고 있는 가족구성원들의 교류의 밀도와 빈도는 여러 세대에 걸쳐 단지 하나의 국민사회에서만 흩어져 살고 있던 다른 가족구성원들의 그것과 거의 구분되지 않을 것이다. 비교적 저렴하게 국경을 넘어설 수 있는 교통수단과 높은 수준의 현대 정보통신기술이 국경을 넘어서 존재하는 가족구성원들 사이의 절대적 거리의 중요성을 상대화시킨 덕분이다. 서로 다른 나라들에 거주하고 있는 사람들 사이에서 이루어지는 이와 같은 방식의 밀접한 사회적 상호작용 관계는 그들이 거주하는 주거지역이나 도시에서의 사회교류의 강도보다 훨씬 더 두드러질 수도 있다. 프리즈는 이러한 국경을 넘어서는 사회화의 중요한 형태로서 초국화 현상이 21세기를 아주 강력하게 규정하게 될 것이라고 내다본다.

참고문헌 및 더 읽을거리

최대희, 「'방법론적 국가주의'와 이민자 개념의 변화: 서유럽의 국민국가 건설시기를 중심으로」, 『대한정치학회보』 제30집 3호, 대한정치학회, 2022.

최대희, 「초국주의, 초국화 그리고 21세기 초국적 가족」, 『사회과학 담론과 정책』 제15권 제1호, 사회과학연구원, 2022.

최병두, 『초국적 이주와 환대의 지리학』, 푸른길, 2018.

프리즈 루드거, 『초국화 - 경계를 넘어서는 사회화의 이론과 실제』, 한국문화사, 2023.

Basch, Linda, Nina Glick-Schiller, and Cristina BlancSzanton, "Transnationalism: a new analytic framework for understanding migration", Annals of the New York Academy of Sciences, 645, 1992.

Basch, Linda, Nina Glick-Schiller, and Cristina BlancSzanton, "From Immigrant to Transmigrant: Theorizing Transnational Migration", Anthropological Quarterly, 68(1), 1995.

Castles, Stephen, "Twenty-First-Century Migration as a Challenge to Sociology", Journal of Ethnic and Migration Studies, 33(3), 2007.

Faist, Thomas, "Transnationalism: Migrant Incorporation beyond Methodological Nationalism", Sibel Kara and O. Drossou(Ed.), Transnationalismus & Migration Dossier, Heinrich-Böll-Stiftung, 2011.

Geisen, Thomas., "Multilokale Existenzweisen von Familien im Kontext von Migration. Herausforderungen fur Forschung und Theorieentwicklung", T. Geisen, T. Studer and E. Yildiz(Ed.), Migration, Familie und Gesellschaft, Wiesbaden Springer VS, 2014.

Glick Schiller, Nina, "A global perspective on transnational migration: theorizing migration without methodological nationalism", R. Bauböck and T Faist, eds., Diaspora and Transnationalism: Concepts, Theories and Methods, University of Amsterdam, Amsterdam, 2010.

Levitt, Peggy and Bernadette Nadya Jaworsky., "Transnational Migration Studies: Past Developments and Future Trends", Annual Review of Sociology, 33, 2007.

Levitt, Peggy and Nina Glick Schiller., "Conceptualizing Simultaneity: A Transnational Social Field Perspective on Society", International Migration Review, 38/145, 2004.

Pries, Ludger, "Zwischen methodologischem Nationalismus und raumlosem Kosmopolitismus - die Transnationalisierung von Vergesellschaftung",

Hans-Georg Soeffner(Ed.), Transnationationale Vergesellschaftungen, Wiesbaden: VS Springer, 2012.

Pries, Ludger, Transnationalisierung: Theorie und Empirie grenzüberschreitender Vergesellschaftung. Wiesbaden: VS Verlag für Sozialwissenschaften, 2010.

퀴어 Queer

기본적 정의

오늘날 담론 장에서 통용되는 술어로서의 퀴어는 성적 소수자로서 LGBTQIA+를 지칭하는 표현이자 이들을 회집하는 정치학적 우산으로 쓰인다. 그러나 개념으로서의 퀴어는 기원으로서 정체성을 상상하는 판본에서의 정체성들의 다발로 이해될 수 없다. 퀴어 개념은 본질주의적 정체성에 기반한 정치철학적 모델에서 이행하여, 수행성과 연결성에 기초한 정치철학적 모델로 소수자정치를 개념화하고자 하는 시도를 총칭한다. 퀴어는 광범위하게는 섹스·젠더·섹슈얼리티의 특정한 연결이 자연적이고 선천적이며 안정화되어 있고 본질적이라는 관념에 반대하면서, 이들 범주 사이의 불일치와 반자연화된 유동적 차이들을 가시화하고 개념화하는 반본질주의에 기초한 분석적 관점이다. '퀴어성(queerness)', '퀴어링(queering)' 등은 구체적인 맥락과 위치성 그리고 상황적 지식 속에서 퀴어한 것이 무엇인지를 질문함으로써, 퀴어한 수행 및 퀴어한 배치를 의미화하고자 하는 퀴어 이론의 독해 방식을 모델링한다.

개념의 기원과 발전

퀴어는 이상한, 기이한, 괴상한 등의 의미를 가진 형용사로, 본래는 외모, 성격, 상태 등에서의 일종의 비정상성 내지는 일반적인 비규범성을 묘사하는 표현으로 쓰였다. 퀴어가 본격적으로 비규범적 젠더/섹슈얼리티와 연관되기 시작한 시점은 20세기 초반 이후로, 주로 남성 동성애와 연관된 표현으로 사용되었다.[1] 2차 세계대전 이전 1910~1920년대 뉴욕에서 퀴어는 게이 커뮤니티 내부에서 자신을 식별하는 방식에 따라 fairy, trade, gay 등과 더불어 특정한 계급적/성적 범주로 쓰였는데, 이때 퀴어는 이성애/동성애의 대립쌍에 기반한 의미범주라기보다는 fairy의 노골적으로 두드러지는 여성성과는 변별되는 방식으로 여성성/남성성에 관여된 자기 정체성과 식별가능성을 도모하는 표현 중 하나로 통용되었다. 그러나 제1차 세계대전을 전후로 게이 커뮤니티와 시설 및 문화에 대한 박해가 심화되면서, 주류 문화는 이성애/동성애의 성과학적 구분에 따라 이러한 게이 커뮤니티 내부의 분화된 성적 문화의 맥락을 삭제하고 단순히 퀴어를 '동성애자'와 동일시함으로써 퀴어에 경멸적인 의미를 부여했다.[2] 이후로 1930년대 후반부터 1940년대의 게이 커뮤니티에서의 세대론적 분화 및 제2차 세계대전이라는 기점은 퀴어를 게이라는 단어로 대체함으로써, 주류문화가 퀴어에 부여한 성적

1 Robin Brontsema, "A Queer Revolution: Reconceptualizing the Debate Over Linguistic Reclamation", *Colorado Research in Linguistics* 17, 2004, p. 2 참조.

2 George Chauncey, *Gay New York: Gender, Urban Culture, and the Making of the Gay Male World, 1890-1940*, basicbooks, 1994, pp. 13-16 참조. 천시는 오늘날 문화에서 당연시되는 성적 레짐으로서의 이성애/동성애 이원론이 20세기 중반 이후에야 만들어진 헤게모니임을 주장하기 위해, 성적 관계와 정체성을 배치하고 자신을 포지셔닝하는 다양한 용어들과 그에 사상된 의미체계에 주목한다.

일탈의 이미지와 함께 구시대적 단어로 잊혀졌다.[3]

다시 퀴어가 본격적으로 쓰이기 시작한(대중화된) 기점은 1990년으로 추산된다.[4] 테레사 드 로레티스는 1990년 2월 캘리포니아 대학 산타크루즈에서 열린 컨퍼런스에서 '퀴어 이론'이라는 표현을 사용하여 학계에 도입[5]하였으며, 1990년 여름 뉴욕의 프라이드 행진에서 퀴어 네이션(Queer Nation)이라는 익명의 활동가들이 'I Hate Straights'와 'Queers Read This'라는 선언문을 배포하면서[6] 퀴어는 다시금 성적 소수자 커뮤니티에서 큰 의미를 부여받기 시작했다. 이후 퀴어는 퀴어 이론, 퀴어 연구 등을 바탕으로 90년대 이후 학계에 제도화됨과 동시에 탈구조주의에 기반한 이론적 탐색과 함께 운동의 기호 이상의 위상을 부여받게 되었다.

퀴어가 미국을 중심으로 한 성적 소수자 커뮤니티에서 부상하게 된 까닭을 이해하기 위해서는, 1969년 스톤월 항쟁 이후 1980년대에서 1990년대 무렵에 이르는 성적 소수자 커뮤니티의 몇 가지 흐름을 이해해야 한다. 퀴어는 명시적으로는 '에이즈 위기'에 대한 긴급한 개입을 위해 창안되었고, 동시에 게이/레즈비언 커뮤니티의

---

3 위의 책, p. 19 참조.

4 물론 이는 잠정적인 서술이다. 퀴어 개념의 '기원'과 '발전'은 항상 조작적(operate)일 수밖에 없다. 퀴어의 어원에 대해서 세즈윅은 Queer가 인도-유럽어 어근 twerkw에서 유래하여 독일어 quer(가로지르다), 라틴어 torquere(비틀다), 영어 athwart를 만들었으며, 단어 자체의 의미는 횡단·가로지르기(across)라고 말한다 ("The word "queer" itself means across—it comes from the Indo-European root -twerkw, which also yields the German quer (transverse), Latin torquere (to twist), English athwart"). Eve K. Sedgwick, *Tendencies*, Duke UP., 1993, viii.

5 이 컨퍼런스는 *Differences: A Journal of Feminist Cultural Studies* 3(2), Summer 1991의 Queer Theory - Lesbian & Gay Sexualities 특집호에 수록되었다.

6 Susan Stryker, "Queer Nation", *GLBTQ Archives*, 2004, p. 1 참조. 원문은 http://www.glbtqarchive.com/ssh/queer_nation_S.pdf

분리주의 및 보수적인 게이 자유주의자들의 동화주의에 대한 비판과 결합하여 확산되었으며, 운동의 이론적 기반을 마련하는 작업에서 점차 문화연구 및 제도화된 학문 영역으로 확립된 퀴어 이론의 역사까지를 지시하게 되는 지역적/역사적 위치성을 갖는 복합적 기표이기 때문이다.

1969년 스톤월 항쟁 이후 동성애자 해방운동의 가시화는 게이 커뮤니티와 레즈비언 커뮤니티를 비롯한 다양한 성적 소수자들의 문화를 가능케 했으며, 68혁명을 기반으로 래디컬 페미니즘 운동, 흑인 민권 운동, 반전 운동 등 다양한 시민운동이 개진되었다. 그러나 1981년 6월 5일 미국 질병통제예방센터가 LA에서 폐포자충 폐렴이 발생했다는 발표를 한 이후, 퀴어가 명시적으로 다시 등장하기 시작한 1990년 무렵에 이르는 기간은 성적 소수자 커뮤니티 전체에서 죽음, 애도, 투쟁이 교차하는 시기였다.

에이즈는 '페이션트 제로'의 서사[7] 속에서 '게이 전염병(gay plague)'으로 상정되었고, 정부의 무관심과 보건 위기 그리고 보수적인 게이 자유주의자들의 레토릭 속에서 에이즈에 감염되지 않은 '단 한 사람의 파트너와만 섹스를 하면 에이즈 위기를 멈출 수 있다'고 간주되었다. 또한 게이 자유주의자들은 동성애자에 대한 긍정적인 이미지를 창조하고 그에 걸맞게 우리의 잘못된 과거를 청산(드랙퀸, 래디컬 페어리, 남색꾼, 불 다이크를 커뮤니티에서 몰아내는 방식으로)해야 한다고 주장했다.[8] 1985년의 과학적 발견 및 1986년이 돼서야

---

7 더글러스 크림프, 『애도와 투쟁-에이즈와 퀴어 정치학에 관한 에세이들』, 김수연 옮김, 현실문화, 2021, 164~182쪽 참고.

8 위의 책, 204쪽 참조.

미국은 에이즈 위기가 유색인종, 하층계급, 여성, 성적 소수자 등에 국한된 위기가 아닌 백인 중산층 이성애자에게도 큰 위험이 될 수 있음을 깨달았고[9] 그 과정에서 수많은 사람들의 죽음과 함께 제도화된 강제적 이성애의 문화에 기반한 '문란한' 존재들에 대한 공포가 확산된다.

이런 과정 속에서 특히 게이 자유주의자들과 에이즈 운동을 비판하는 동성애자 유명인들의 등장, 레즈비언은 에이즈와 관련이 없다는 주장 등은 스톤월 이후 게이/레즈비언 커뮤니티의 분리주의적인 경향 및 전체적인 성적 소수자 커뮤니티의 운동 방향성에서 게이/레즈비언 정체성을 기반으로 한 운동이 보수화되었다는 감각을 갖게 했다. 이는 에이즈 위기에 대해 직접 행동으로 개입하는 액트업(ACT UP) 단체가 만들어진 1980년대 후반 이래로 가속화되어 에이즈 위기가 성적 소수자 커뮤니티 전반에 걸친 조용한 학살을 기록해가던 1990년에는 더욱 심화되었다. 또한 에이즈 운동에 대한 백래시 속에서 액트업 내부의 다양한 이슈 및 정체성에서의 분화 및 갈등, 활동가들의 소진 또한 문제로 대두되었다. 1990년 'Queers Read This'를 배포한 퀴어 네이션 단체는 액트업에서 분화되어 이러한 전반적인 상황을 타진하기 위해 퀴어라는 표현을 성적 소수자 전체의 상징적 기표로서 제안하기에 이른다.

왜 퀴어인가

음, 맞는 말이다. "게이"는 좋은 말이고, 나름 쓸모가 있다. 하지만 다수의 레즈비언과 게이 남성들이 아침에 일어날 때 느끼는 감정은

9 위의 책, 125쪽 참조.

> 명랑하고 즐겁지 않고, 화가 나고 역겨운 느낌이다. 그래서 우리는 스스로를 퀴어라고 부르기로 했다. "퀴어"의 사용은 세상 나머지 사람들이 우리를 어떻게 인식하는지 우리 스스로 상기하게 하는 하나의 방법이다. 이것은 우리가 반드시 스트레이트 세계에서 재치 있고 매력적인 그러나 동시에 행동을 주의하며 삶을 주변부에 못 박아두는 사람이 되어야할 필요는 없다고 말하는 하나의 방법이다. 우리는 레즈비언들을 사랑하는 게이 남성들로서, 또 퀴어임을 사랑하는 레즈비언으로서 퀴어라는 단어를 사용한다.
>
> 게이와는 달리 퀴어는 남성을 뜻하지 않는다.
>
> 다른 게이와 레즈비언에게 이 단어를 사용하는 것은 더욱 은밀히 다가오는 공공의 적을 마주했으니 우리들끼리 똘똘 뭉치고, (일시적으로) 개인 간의 차이를 잊자고 제안하는 하나의 방법이다. 그렇다. 퀴어는 거친 단어일 수 있지만, 그 단어는 우리가 호모포비아의 손에서 훔쳐내, 거꾸로 겨냥해 사용할 수 있는 능청맞고 역설적인 무기이기도 하다.[10]

이에 따라 에이즈 위기에 대한 긴급한 집단행동의 필요성과 함께 레즈비언/게이 정체성을 중심으로 한 운동의 보수화 경향에 대한 전회로서, 교차하는 연대의 정치적 기표로서의 퀴어가 소환되는 것이다. '레즈비언은 에이즈로부터 안전하다'는 신화는 레즈비언 활동가 리 키아라몬테라가 지적한 것처럼 실제로는 HIV 감염에 노출되어 있으면서도 예방 프로그램의 대상에서 제외됨으로써 남성 중심의 보건의료체계에 피해를 입는다.[11] 이때에 레즈비언의 성적 실

10 브리앤 파스 편, 「퀴어 네이션 선언문: 퀴어들이여, 이 글을 읽으시라」, 『우리는 다 태워버릴 것이다』, 양효실 외 옮김, 바다출판사, 2021, 69쪽. 이 선언문의 원문은 다음의 링크 참조: http://againstequality.org/files/QRS_1990.pdf

11 크림프, 앞의 책, 93~94쪽 참조.

천은 여성은 남성보다 '문란하지 않다'는 본질주의적 레토릭에 의해 일정부분 부인된다. 또한 게이의 성적 '문란함'이 에이즈의 원인이며 이러한 '문란함'이 제거되거나 교정되어야 한다는 생각은 인종, 계급, 질병, 젠더/섹슈얼리티가 교차하며 구성되는 HIV 감염에의 취약성에 노출될 수밖에 없는 사람들을 감염병 담론에서 삭제하면서, 동시에 1 : 1 파트너십에 기반한 제도화된 섹슈얼리티의 틀로 성적 소수자들의 문화가 발명한 성적 쾌락의 다른 가능성을 소거해버린다. 퀴어는 에이즈 위기를 통해 극명하게 드러난 이러한 전선으로부터 연대의 정치를 구축하기 위한 호명으로 제안되는 것이다. 이는 여타의 다른 실재하는 주체들을 대표하고 묘사하는 이론들이 그러하듯이 퀴어 또한 성적 소수자의 정치학에서 역사적으로 구성되고 실천적 함의를 갖도록 채택된 개념임을 말해준다.

1990년대 퀴어 개념을 형성한 한 차원의 압력으로서 성적 소수자 커뮤니티의 에이즈 위기에 대한 집단행동과 대항담론의 요구가 있었다면, 한편으로 1990년대 퀴어 개념을 형성한 다른 한 차원의 압력은 페미니즘의 유산으로부터 온다. 2물결 페미니즘이라고 불리는 이 운동은 사회구성주의로부터 영향을 받아 여성 억압의 구조를 심문하며 젠더를 근본적인 분석 범주로 상정했다. 그러나 문화페미니즘의 등장으로부터 인종, 계급, 섹슈얼리티 등 교차하는 억압체계에 대한 질문을 통해 여성 간 차이의 분화와 갈등이 블랙 페미니즘과 레즈비언 페미니즘을 필두로 논쟁거리가 되었다. 1979년 미국 가족보호법과 1980년대 반포르노 페미니즘의 수사를 활용한 보수주의 세력의 백래시 그리고 에이즈 공황 또한 1980년대 성 전쟁(Sex War)을 가속화했다. 게일 루빈은 「성을 사유하기」에서 성애적 삶의 정치적 차원을 강조하면서, 젠더의 파생물로서 섹슈얼리티를 다루는 근래 페미니즘 사유에는 "섹슈얼리티의 사회적 조직을 온전히 망라할 만한 관점이 없다"고 주장한다.[12]

이는 야고스가 지적하듯이 '동등하지만 다른'이라는 시민권 운동의 논리를 이용한 소수민족집단 모델이 레즈비언/게이 정치의 지배적인 모델로 주류화되면서 안정화·고정화되는 과정에서, 두 가지 도전에 직면하는 과정과 만난다. 하나는 주류적인 레즈비언/게이 정치가 인종을 부가적인 분류 범주로만 이론화하면서 인종주의와 백인성의 논쟁에 휩싸인 것이고, 두 번째는 섹슈얼리티를 이성애/동성애의 이항대립을 통해 정의함으로써 비규범적 섹슈얼리티의 도전에 직면한 것이다.[13] 로레티스는 1990년 퀴어 이론 컨퍼런스를 정돈한 특집호의 서론에서, SF·판타지·호러문학에서 찾는 대안적 섹슈얼리티 가이드북인 *Uranian Worlds*를 언급하면서 그럼에도 불구하고 이러한 대안적 섹슈얼리티의 대부분 항목은 M과 F로 고정되어 있다고 지적한다.[14] 또한 레즈비언/게이 연구가 인종과 그에 수반되는 계급 또는 종족 문화, 세대, 지리적 요소, 사회정치적 위치성과 같은 차이들을 이론화할 수 있을 만큼 충분히 알지 못한다는 점을 우려하면서, 퀴어 이론이 이러한 구성된 침묵을 식별하고 이론화하기를 요청한다.[15] 퀴어라는 개념이 부상하는 문화적 공간[16]은

12 게일 루빈, 『일탈』, 신혜수 외 옮김, 현실문화, 2015, 350~355쪽 참조.

13 애너매리 야고스, 『퀴어이론 입문』, 박이은실 옮김, 여이연, 2012, 100~103쪽 참조.

14 Teresa de Lauretis, "Queer Theory: Lesbian and Gay Sexualities, An Introduction", *Differences: A Journal of Feminist Cultural Studies* 3(2), 1991, vi 참조.

15 ibid, viii 참조.

16 야고스, 앞의 책, 124쪽.

정체성 정치에 대한 페미니즘의 유산이 적층된 시공간에서 발아하여, 20세기 후반 서구 지성사를 장악한 탈구조주의적 담론들에서 이론적 동력을 얻어 권력과 저항에 대한 인식론을 심화하는 이행을 통해 퀴어 이론을 구성하기에 이른다.

의미와 해석

그러나 퀴어 이론은 하나의 통합체가 아니다. 퀴어라는 개념의 발전사는 게이/레즈비언 연구 모델에서 퀴어 모델로의 전환을 매끄럽게 보장하지 않으며, 퀴어 이론이 게이/레즈비언 이론을 포함하거나 대체한다고 상상하는 것은 온당치 않다. 또한 섹슈얼리티를 중심적인 분석 범주로 삼는 이론이 퀴어 이론으로 대표되지 않듯, 퀴어 이론이 젠더 우위의 페미니즘 이론을 넘어 성 체계에 대한 전반적인 설명을 독점한다는 해석도 온당치 않다.[17] 요컨대 퀴어는 방법론적 개념으로서 활용할 수 있는 개념 도구 중 하나이므로 이를 물신화할 필요는 없다는 것이다. 여기에서는 퀴어 개념을 바탕으로 한 몇 가지 주제들을 간략하게 소개하여 퀴어 이론의 다양한 관심사와 논쟁적 하위개념들에 대해 선택적으로 살펴보면서, 퀴어 개념이 확장되어가는 흐름을 스케치해본다. 이를 따라가면서 퀴어 개념이 가족커뮤니티의 비평적 관점으로 어떻게 작동할 수 있을지에 대해 질문해보면 좋을 것이다.

---

17 이러한 논쟁들에 대한 개략적인 개요는 위의 책, 159~198쪽, 8장 '퀴어 안의 경합들' 참고.

퀴어 개념의 기초적 질문들(~2000년대 이전)

퀴어가 본질주의적 정체성에 기반한 정치철학적 모델에서 이행하여 수행성과 연결성에 기초한 정치철학적 모델로 소수자정치를 개념화하고자 하는 변화에 대한 개념항으로 호출될 때, 우선적으로 퀴어 개념은 성적 정체성이 실재한다는 통념, 이성애와 동성애의 본질주의적 대립쌍 양자를 해체하면서 우리의 이성애규범적 문화가 적층해온 문화적 인식소로서의 근본개념들에 도전한다는 데서 그 중요성을 찾을 수 있다.

그 예로 푸코는 성의 역사에서 "섹슈얼리티를 권력이 억누르려고 하는 일종의 자연적 여건 또는 지식이 조금씩 밝혀낼 어두운 영역으로 이해해서는 안 된다. 섹슈얼리티는 하나의 역사적 장치에 부여할 수 있는 이름"[18]이라고 말한다. 19세기에 동성애자는 과거, 내력, 유년기, 성격, 생활양식, 생체의 구조, 생리, 체형 등의 조사와 함께 그의 모든 행동을 지배하는 섹슈얼리티의 중심성을 통해 내면이 되었을 때, 비로소 섹슈얼리티를 하나의 실체로서 개인에게 통합하는 담론적 실천을 통해 종으로서의 동성애자로 거듭난다는 것이다. 이처럼 개인의 본질적 성격, 그가 누구인지에 대한 진실의 원천이 되는 섹슈얼리티라는 이해 방식은 역사적으로 구성된 것이다.[19] 이처럼 푸코는 성적 지향이 담론에 선행하는 성의 자연성을 반영하고, 그리하여 우리 개개인의 '본성'에 해당하고 '종'을 구성하는 전체성의 위상에 위치한다는 생각이 역사적으로 구성된 지식이라고 주장한다.

---

18 미셸 푸코, 『성의 역사 1』, 이규현 옮김, 나남, 2010, 122쪽.

19 위의 책, 53~55쪽 참조.

푸코의 이러한 작업은 후속 연구들을 통해 동성애의 구성과 함께 이성애의 구성에 대한 역사적 탐색으로 이어졌다. 윅스는 "섹슈얼리티가 단지 사회적 관계들 속에서만 의미를 획득하는 것"[20]이라고 말하면서 성적 행위들에 대한 관계적 접근법을 지지한다. 벌랜트와 워너는 *Public in Sex*에서 이성애가 하나의 단일한 상징계로 정렬되어 있다는 생각에 반대하면서, 임시적이고 잠정적인 통일체에 불과한 이성애가 보편규범으로서 자연화된 특정한 이성애적 문화의 의미 연쇄로 계열화되어 제도, 법, 장소, 국가, 친족성, 자본, 공간/분할, 관계 등 통상적으로 '비성애적'인 영역이라고 여겨지는 심급들에 이르기까지 삶의 테크놀로지 전역에 유포되어 삶을 구조화하는 양상과 그 영향으로서 사적인 삶의 제도로 생산되는 친밀성(intimacy)의 배치를 이성애규범성(heteronormativity)의 개념으로 설명한다.[21] 또한 그보다 일찍, 세즈윅은 근대 민족 국가 건설에 동원되는 동성애/이성애 테크놀로지와 성적 정체성의 지정에 대해 비판적으로 검토하면서, 동성애 공황(homosexuality panic)의 현상이 동성애/이성애, 여성/남성이라는 섹슈얼리티와 젠더에 대한 이항적 이해를 강화하는 데 활용되었음을 강조하며, 동시에 이성애가 남성과 여성의 관계에 대한 것이라는 통념에 대해 반박하면서 성별의 차이는 동성애/이성애 구분의 기능이자 효과이며 동성애/이성애적 욕망의 상호정의적 연루 관계를 주장한다. 세즈윅은 동성애/이성애 대립쌍의 만성적이고 이제는 고질적인 위기(crisis)에 의해서

---

20 제프리 윅스, 『섹슈얼리티: 성의 정치』, 서동진·채규형 옮김, 현실문화연구, 1997, 116쪽.

21 Lauren Berlant & Michael Warner, "Sex in Public", *Critical Inquiry* 24(2), 1998, pp. 552-555 참조.

20세기 서구 문화 전반의 주요한 사고와 지식들이 구조화되어 있음과 동시에 실은 파열되어 있음을 주장하면서, 동성애 공황을 통해 섹슈얼리티의 문제를 사회 체제의 구성에 근본적인 범주로 상정한다.[22] 버틀러는 섹스가 선행하고 젠더가 섹스의 반영이라는 생각, 성/별을 결정하는 담론 바깥의 물질적 실체가 있다는 생각에 대해 비판하면서 오히려 젠더가 섹스를 구성하며 섹스는 이미 젠더라고 주장한다.[23]

이렇듯 퀴어 이론의 다양한 논자들은 섹스-젠더-섹슈얼리티라는 성 체계의 구성소가 자연적이고 선천적이며 안정화된 특정한 연결성의 장소를 본질적으로 보유한다는 아이디어를 폐기할 것을 제안한다. '텍스트 바깥은 없다'는 유명한 명제는 퀴어 이론의 관점들에 의해서 우리의 신체와 맺는 관계, 의미, 조직화, 배치 전반 또한 담론의 구성적 허구가 제공하는 인식론적 토대에 '선행'하거나 '초월'할 수 없음을 이해하게 한다. 그렇다면 퀴어라는 개념은 무엇을 하는가?

> 퀴어적인 정치 내에서, 그리고 퀴어적인 의미화 작용 내에서 우리는 일종의 재의미화 작용을 읽어낼 수 있는 바, 이러한 재의미화 작용 내에서 "퀴어"라는 이름이 지니는 탈인가적인 권력을 성적인 정당성을 지니는 규정들에 대한 논박을 인가하기 위해서 역전되어지는 것이다.[24]

---

22 Eve K. Sedgwick, *Epistemology of the Closet*, california UP., 1990; Eve K. Sedgwick, *Between Men: English Literature and Male Homosocial Desire*, columbia UP., 1985 참조.

23 주디스 버틀러, 『젠더 트러블』, 조현준 옮김, 문학동네, 2008 참조.

24 주디스 버틀러, 『의미를 체현하는 육체』, 김윤상 옮김, 인간사랑, 2003, 433쪽.

버틀러가 제안하듯이, 퀴어라는 개념은 재의미화 작용을 생산하는 대항지식의 일환으로 이해될 수 있다. 요컨대 정리하자면 이때에 퀴어는 성적 소수자의 특정한 정체성에 기대지 않으면서 이성애규범적 문화를 구성하는 제도, 법, 의료, 시민권, 사회사, 종교, 픽션, 이론 등의 담론적 실천 전반에 대항하는 정치적 공동체를 형성할 수 있는 역량을 타진하는 개념이자, 섹슈얼리티를 우리의 사회적 삶의 근본적인 분석 범주로 상정하면서 동시에 구체적인 맥락에 근거하여 교차성, 수행성, 연결성에 기초한 삶의 지식에서 무엇이 퀴어한가를 묻는 질문이다. 이러한 퀴어 개념의 모호성은 의도된다.

퀴어 개념의 확장적 질문들(~2000년대 이후)

퀴어의 개념사를 일별할 때 주의해야 하는 점은 퀴어 개념이 고맥락적이라는 데 있다. 우선 믹다시와 푸아가 지적하듯이 퀴어 이론은 사실상 미국학[25]이다. 퀴어 이론은 미국을 중심으로 성적 소수자 커뮤니티의 운동이 시민권을 획득해나가는 과정과 함께 미국을 둘러싼 전지구적 정치의 사건들, 시간성, 담론들에 개입해나가는 과정의 일환에서 확장되어가고 있다. 퀴어 개념의 기초적 질문들에서 주요한 질문이 되었던 성적 타자의 구성과 이성애규범성의 문제는, 퀴어 개념의 확장적 질문들이 제시되는 2000년대 이후 현재까지의 시간 속에서 (성적) 타자의 구성과 규범성의 문제로 전이된다.

동성애규범성(homonormativity)에 대한 비판적 담론들은 이러한

25 마야 믹다시·재스비어 K. 푸아, 「퀴어 이론과 영구적인 전쟁」, 『문학과사회』 29(4), 2016, 120쪽. 원문은 Maya Mikdashi·Jasbir K. Puar, “Queer Theory and Permanent War”, *GLQ* 22(2), 2016.

전이의 흐름에서 중요한 좌표 중 하나다. 동성애규범성은 앞서 서술한 에이즈 위기의 시대로부터 미국의 성적 소수자 운동의 한 흐름이 결혼에 대한 권리와 가족구성권 및 군 복무에서의 평등권 등의 의제를 중심으로 한 동성애자 인권 운동으로 수렴되고, 시민권을 획득해가는 과정 속에서 만들어졌다. 1980년대 말부터 2000년대에 이르기까지 퀴어 소비자-시민 주체이자 법 앞의 퀴어 자유주의 주체의 계보를 통해 구성되는 퀴어 자유주의 주체는 미국의 허용 가능한 성적 예외로서의 국민이 되었다.[26] 이 과정에서 혼인평등을 둘러싼 결혼 제도와 가족에 대한 논쟁, 시민권과 미국 예외주의, 전지구적 퀴어 공동체(라는 환상) 등에 대한 논쟁, 그리고 중요하게는 9.11이라는 사건이 퀴어 개념의 확장적 질문들에 관여한다.

이 과정에서 동성애규범성에 대한 적어도 세 가지 견해가 논의되었다. 첫 번째는 성적 소수자 커뮤니티의 동성애적 가정에 의한 트랜스젠더 범주의 사람들, 그들의 역사, 경험 등이 누락되거나 소외되는 방식에 대한 검토[27]다.

두 번째는 워너가 제안한 이성애규범성 개념에 착안하여 1990년대 이래로 게이 정치를 동성결혼과 군복무에 대한 요구로 한정하면서 "조직적 결집으로부터 해제된 게이 구성원의 가능성과 가정생활 및 소비에 입각한 사사화되고 탈정치화된 게이 문화를 약속함으로써 이성애규범성을 고수하고 지지하는 정치"[28]를 비판하는 용어

---

26 재스비어 K. 푸아, 「퀴어한 시간들, 퀴어한 배치들」, 『문학과사회』 29(4), 2016, 90~91쪽 참조. 원문은 Jasbir K. Puar, "Queer Times, Queer Assemblages", *Social Text* 23(3-4(85-86)), 2005.

27 Susan Stryker, "Transgender History, Homonormativity, and Disciplinarity", *Radical History Review* 100, 2008 참조.

다.[29] 이들 신자유주의적인 게이 정치학의 방향성은 국가에 대한 헌신, 남성주의적 미국 민족주의의 지지, 결혼에 대한 이성애규범적 가정들을 승인하면서 동시에 결혼을 통한 가족의 구성 및 가족들로 구성된 사회를 통치하는 공/사의 민족 국가 모델을 지지한다는 점에서 동화주의적인 것으로 비판 받는다.

셋째는 9.11 이후 미국의 대테러 안보주의 속에서 미국의 국가적 섹슈얼리티 담론에 복무하면서 이슬람에 대한 가짜 해방 서사를 만들어내는 국민주의적 주체로서의 백인 동성애자라는 문제다. 이 서사의 전형적인 표현 중 하나는 성적 소수자인 아랍인이 억압받고 있기 때문에 이들의 해방을 위해 미국의 이라크 전쟁을 지지한다는 것이다. 미국의 제국주의적 팽창을 위한 전쟁은 국민국가로서의 미국의 형상을 삭제하면서 미국 예외주의를 치장한다.

푸아는 호모내셔널리즘(homonationalism), 퀴어리버럴리즘(queer liberalism), 핑크워싱(pinkwashing) 등의 개념을 바탕으로 "퀴어 이론은 성적이거나 성별화된 신체, 혹은 성적이거나 성별화된 손상을 (여전히) 요구하는가?"[30]라는 질문을 던진다. 테러리스트 신체의 분석을 통해 제안되는 퀴어한 배치(queer assemblage) 모델은 퀴어 재현과 퀴어 정동을 통해, 교차성 모델을 정체성 모델의 일환으로 비판하면서 배치 모델로의 이행을 바탕으로 섹슈얼리티의 심급이 전지구적 사건성과 담론 속에서 어떻게 (성적) 타자를 생산하는지 그리고 그러한 (성적) 타자의 생산에 어떻게 개입할 수 있는지에 대해

---

28 리사 두건, 『평등의 몰락 - 신자유주의는 어떻게 차별과 배제를 정당화하는가』, 한우리·홍보람 옮김, 현실문화, 2017, 123쪽.

29 위의 책, 109~150쪽, 3장. 평등한 퀴어라는 신자유주의의 신화 참조.

30 믹다시·푸아, 「퀴어 이론과 영구적인 전쟁」, 앞의 글, 129쪽.

묻는 개념적 도구로 확장할 것을 제안한다. (성적) 타자의 생산은 인종주의, 국민주의, 애국주의, 신자유주의, 디아스포라 등 "신체의 규범화 관행과 저항의 관행"[31]에 결부되는 규범적 체제와 담론 속에서 신체와 신체 이미지가 어떻게 성적 수사를 활용하거나 활용하지 않는지를 분석함으로써 규범성의 생산을 추적하는 데로 퀴어 개념을 확장한다.

재생산(reproduction)과 관련된 주제 또한 퀴어 재생산 정의(QRJ; queer reproduction justice), 재생산적 미래주의(reproductive futurism)에 대한 비판, 퀴어 부정성(queer negativity), 퀴어 시간성(queer temporality) 등의 개념을 통해 퀴어 개념의 확장적 질문들과 연관된다. 퀴어 재생산에 대한 논의들은 기술과학의 확장, 보조생식기술(ART)의 상업화, 전지구적 자본주의, 초국화, 민영화 등의 흐름이 앞서 언급한 성적 소수자 운동의 결혼에 대한 권리와 가족구성권을 중심으로 한 시민권의 정치와 결합하기 시작한 1990년대 중반부터 2000년대 및 2010년대에 이르기까지의 맥락에서 생성되었다. 주지하듯이 근대 국민국가 체제에서 재생산은 인구를 관리하는 통치성의 일환일 뿐만 아니라 섹슈얼리티를 이성애-생식성으로 번역하면서 정치적 프로젝트가 되어왔다. 미국 또한 백인성에 입각한 규범적 젠더/섹슈얼리티를 통해 1970년대 '복지 여왕(welfare queen)'으로 흑인 싱글맘들을 악마화하고 성적 소수자들의 섹슈얼리티를 낙인화하는 등 재생산 통제를 통해 돌봄, 친밀성, 부양, 사회적 삶 등을 아우르는 이성애규범적 질서를 재생산해왔다. 또한 한편으로 생식생의학의 발전이 일반 대중에게 클리닉의 형태로 보급되면서 2000년대 이후 재

31 푸아, 「퀴어한 시간들, 퀴어한 배치들」, 앞의 글, 106쪽.

생산 권리 운동의 지형이 변화하게 되었다.

퀴어 재생산 정의는 2003년 미국의 유색인종 여성단체 Sistersong이 제안한 재생산 정의의 개념을 퀴어 재생산 실천의 현황과 관련하여 재개념화한 로라 마모의 개념이다. 마모는 미국 중심의 보조생식경제와 계층화된 재생산의 신자유주의적 판본에서 레즈비언 커플을 비롯한 LGBTQ 인구의 재생산 실천에 대해 분석하면서, 오늘날 가족을 만드는 것은 결코 평등하지 않은 세계와 함께 기술과학, 생물학적 물질들, 신체화된 노동과 신체 노동 그리고 정보 서비스들로 구성된 초국가적 바이오경제에 의해 구성된다고 말한다.[32] 이는 상업적 정자 은행에 대한 접근권과 부모로서의 권리가 박탈된 상황 속에서 1970~1990년대 페미니스트·레즈비언·게이 정치학의 자장에서 '선택으로서의 가족'이라고 불린 퀴어한 가족 실천의 사례들에서 1990년대 후반 이후 생의학 기관들과 클리닉에 의존하게 된 LGBTQ 가족 실천의 이행으로부터 온다. 마모는 오늘날 레즈비언, 게이, 트랜스젠더, 젠더퀴어들이 불임 클리닉을 통한 불임산업의 행위자로서 자리하게 된 점을 신자유주의적 퀴어 정치학의 측면에서 비판적으로 분석하면서, 자연의 개념을 재평가할 것을 요구하는 퀴어 정치학의 논점에서 식민, 젠더, 인종, 계급 정치에 휘말리는 기술과학적 실천들로부터 '퀴어한 친족'에 대한 질문을 제기한다. 이에 따라 마모는 인종주의, 자본주의, 제국주의, 계층화, 생물학적 욕망의 정상화, 재생산 선택을 개인적인 선택인 것처럼 보이게 하는 시스템, 친족 만들기의 조직-관리-배열에 대한 규범적 지원 방법

---

32 Laura Mamo, Queering reproduction in transnational bio-economies, Reproductive BioMedicine and Society Online 7, 2018 참조.

과 조건들, 생물학적 부모됨(bio-parenthood), 가족이라는 단위의 사사화, 생물학적 연결(이라는 환상)의 중심성 등 보조생식기술의 바이오경제에 의미를 부여하고 항구적인 것으로 만드는 가치 체계 및 그 가치 체계가 작동하는 방식과 의미를 구성하는 방식에 대해 질의한다. 마모는 '무엇이 친족(kinship)을 구성하는가'에 대한 질문을 토대로 친밀감, 소속감, 친족 만들기의 규범에 대해 도전하는 복수의 친족성의 형식을 권장하는 것을 퀴어 재생산 정의 개념으로 제안한다.

퀴어 재생산 정의 개념이 성적 소수자의 재생산 실천에 대해 비판적으로 접근하면서도 동시에 그러한 실천을 가능한 자원 중 하나로 간주했다면, 에델만의 재생산적 미래주의에 대한 비판은 이를 보다 급진적으로 거부한다. 에델만은 진보와 보수의 구분 없이 모든 상징계적인 정치의 유토피아적 표상이자 미래성의 체현물로서 상정되는 '아이'의 이미지로부터 재생산이 없다면 미래도 없다는 메시지를 읽는다. 재생산적 미래주의는 이처럼 생식과 분리된 성적 실천을 '미래 없음'을 통해 성적 소수자들에게 낙인화한다. 재생산적 미래주의에 대한 비판은 퀴어를 상징계적 논리의 안과 밖의 압력이자 내부로부터 주체를 해체하는 불명확한 잉여로, 죽음충동으로 해석하면서 퀴어 부정성이라는 개념을 통해 불가능한 미래와의 투사적 동일시로서의 아이를 거부하고 바로 지금 여기의 순간을 퀴어 윤리로 제안한다.[33]

할버스탬은 퀴어 부정성 개념을 퀴어 이론의 반-사회적 전회로서 평가하지만, 퀴어 부정성의 에델만적 판본에 대해 라캉의 매끈한

33 Lee Edelman, *No Future: Queer Theory and the Death drive,* Duke UP., 2004 참조.

이론에 기대 고급문화의 아카이브를 늘어놓으며 특정한 게이 남성 아카이브의 감정들을 통해 다른 반-사회 아카이브들을 축소시키는 반대 방향의 나르시시즘을 보여주는 백인 게이 남성의 흔적을 읽는다. 할버스탬은 오히려 퀴어 부정성의 반-사회적 아카이브는 "퀴어를 다른 사람들과 함께 대안을 만드는 방식으로 정의해야 하며, 그 대안은 진보적 자격에 대한 자유주의적 개념이 아닐뿐더러 또한 여성, 가정성, 재생산에 항상 반대하는 허무주의에 묶이지 않는 퀴어 정치를 순진하게 지향하는 것이어야 한다. 대신에, 우리는 펑키하고 추잡하며 도를 넘고 철저하게 접근 가능한 퀴어 부정성의 대안적인 역사, 대안적인 정치적 투쟁의 동시대적 순간들로 돌아가야 한다"[34]고 말한다.

퀴어 재생산 정의와 재생산적 미래주의, 퀴어 부정성 개념을 중심으로 확장되는 퀴어 개념은 퀴어 시간성[35], 퀴어 정동[36] 개념 등을 통해 대표적으로 선형적 시간과 진보, 행복 등 지배적-규범적 내러티브를 넘어 "접촉, 질감, 감각, 냄새, 느낌, 정동"[37]과 같은 체현된 신체에 기반한 퀴어 이론의 작업들로 향하기도 한다.[38]

---

34 Judith Halberstam, "The Anti-Social Turn in Queer Studies", *GJSS* 5(2), 2008, p. 154.

35 Jack Halberstam, *In a Queer Time & Place*, NYU Press, 2005; Jack Halberstam, *The Queer Art of Failure*, Duke UP., 2011.

36 사라 아메드, 『행복의 약속』, 성정혜·이경란 옮김, 후마니타스, 2021; José Esteban Muñoz, *Cruising Utopia*, NYU Press, 2009; Ann Cvetkovich, *An Archive of Feelings*, Duke UP., 2003.

37 재스비어 K. 푸아, 「퀴어한 시간들, 퀴어한 배치들」, 앞의 글, 111쪽.

38 이들은 모두 이어져 있는데, 가령 퀴어 부정성 개념은 재생산으로 정향하는 삶에 대한 비판적인 관점을 바탕으로 재생산의 시간성에 비견되는 퀴어 시간성에 대한 탐색을 호출하고, 이러한 박탈된 시간성에 거주하는 느낌들로부터 생성되는 퀴어 정동과 그럼에도 불구하고 우리가 일종의 퀴어 즐거움(queer joy)의 순간을 경험하는 것처럼 인지적 요소를 갖는 정동들을 분석하거나 그 효과를 논의하게

그 외에, 마지막으로 간략하게 언급할 것은 퀴어 개념이 서구 사상사의 많은 이론들이 그러했듯이 포스트-퀴어 정치학을 타진하는 데로 나아가고 있다는 점이다. 2009년에 발표된 러폴로의 포스트-퀴어 정치학(post-queer politic)은 새로운 종류의 퀴어 이론들이 신유물론과 물질적 전회를 바탕으로 들뢰즈와 가타리의 '-되기'에 초점을 맞춤으로써 더 나아가 인간중심적 가정들로부터도 멀어지고 있다고 언급한다.[39] 이는 부분적으로는 앞서 푸아의 퀴어한 배치 개념 및 퀴어 장애학, 포스트휴먼 퀴어 형상들, 퀴어 생태학 등과 접목하면서 퀴어 비인간주의(queer inhumanism)[40]의 자장 속에서 퀴어 개념의 지평을 심문하고 있다.[41]

되며, 퀴어 부정성으로부터 우리 문화의 언어와 실천들을 바탕으로 퀴어 윤리 내지는 관계성의 모델을 구성할 수도 있게 되기도 하는 것이다. 마지막 항목의 구상에 대한 사례를 버사니와 벌랜트에게서 탐색할 수 있다. Leo Bersani & Adam Phillips, *Intimacies*, Chicago UP., 2008; Lauren Berlant, *Cruel Optimism*, Duke UP., 2011.

39 David V. Ruffolo, *Post-Queer Politics*, Routledge, 2016 참조.

40 퀴어 비인간주의의 개략적인 문제의식에 대한 소개는 김은정, 허원 옮김, 「탈인간을 위한 실천: 사물의 논리」, 『퀴어인문잡지 삐라』 3, 노트윈비트윈, 2016, 200~233쪽 참조. 원문은 Eunjung Kim, "Unbecoming Human: An Ethics of Object", *GLQ* 21(2-3), Special Issue on Queer Inhumanism, 2015.

41 퀴어 비평과 관련하여 퀴어한 응시(queer gaze) 개념 또한 언급할 만한 것이지만, 이 글에서는 생략했음을 밝힌다. 관련된 글로 캐롤라인 에반스·로래인 감먼, 김선아 옮김, 「다시 보는 퀴어 응시 또는 다시 보는 퀴어의 관람」, 바바라 해머, 주진숙·김경욱 옮김, 『호모 punk 異般-레즈비언, 게이, 퀴어 영화비평의 이해』, 큰사람, 1999를 참조하기 바란다.

참고문헌 및 더 읽을거리

김은정, 「탈인간을 위한 실천: 사물의 논리」, 『퀴어인문잡지 삐라』 3, 허원 옮김, 노트윈비트윈, 2016.

더글러스 크림프, 『애도와 투쟁』, 김수연 옮김, 현실문화, 2021.

리사 두건, 『평등의 몰락 – 신자유주의는 어떻게 차별과 배제를 정당화하는가』, 한우리·홍보람 옮김, 현실문화, 2017.

마야 믹다시·재스비어 K. 푸아, 「퀴어 이론과 영구적인 전쟁」, 『문학과사회』 29(4), 2016.

미셸 푸코, 『성의 역사 1』, 이규현 옮김, 나남출판, 2020.

미셸 푸코, 『성의 역사 2』, 신은영·문경자 옮김, 나남출판, 2018.

미셸 푸코, 『성의 역사 3』, 이혜숙·이영목 옮김, 나남출판, 2020.

미셸 푸코, 『성의 역사 4』, 오생근 옮김, 나남출판, 2019.

바바라 해머, 『호모 punk 異般 – 레즈비언, 게이, 퀴어 영화비평의 이해』, 주진숙·김경욱 옮김, 큰사람, 1999.

박이은실, 「퀴어」, (사)여성문화이론연구소 편, 『페미니즘의 개념들』, 동녘, 2015.

브리앤 파스 편, 『우리는 다 태워버릴 것이다』, 양효실 외 옮김, 바다출판사, 2021.

사라 아메드, 『행복의 약속』, 성정혜·이경란 옮김, 후마니타스, 2021.

쇼히니 초두리, 『페미니즘 영화이론』, 노지승 옮김, 앨피, 2012.

애너매리 야고스, 『퀴어이론 입문』, 박이은실 옮김, 도서출판여이연, 2012.

재스비어 K. 푸아, 「퀴어한 시간들, 퀴어한 배치들」, 『문학과사회』 29(4), 2016.

제프리 윅스, 『섹슈얼리티: 성의 정치』, 서동진 옮김, 현실문화, 1999.

주디스 버틀러, 『의미를 체현하는 육체』, 김윤상 옮김, 인간사랑, 2003.

주디스 버틀러, 『젠더 트러블』, 조현준 옮김, 문학동네, 2008.

주디스 버틀러, 『권력의 정신적 삶』, 강경덕·김세서리아 옮김, 그린비, 2019.

『말과활』 12 퀴어 특집호 '「이미」와 「아직」 사이–퀴어', 2016.

Berlant, Lauren, *Cruel Optimism*, Duke UP., 2011.

Berlant, Lauren. & Warner, Michael., "Sex in Public", *Critical Inquiry* 24(2), 1998.

Bersani, Leo & Phillips, Adam, *Intimacies*, Chicago UP., 2008.

Brontsema, Robin., "A Queer Revolution: Reconceptualizing the Debate Over Linguistic Reclamation", *Colorado Research in Linguistics* 17, 2004.

Chauncey, George., *Gay New York: Gender, Urban Culture, and the Making of the Gay Male World, 1890-1940*, basicbooks, 1994.

Cvetkovich, Ann., *An Archive of Feelings*, Duke UP., 2003.

De Lauretis, Teresa., "Queer Theory : Lesbian and Gay Sexualities, An Introduction", *Differences: A Journal of Feminist Cultural Studies* 3(2), 1991.

Edelman, Lee., *No Future: Queer Theory and the Death Drive*, Duke UP., 2004.

Halberstam, Jack., *In a Queer Time & Place*, NYU Press, 2005.

Halberstam, Jack., *The Queer Art of Failure*, Duke UP., 2011.

Halberstam, Judith., "The Anti-Social Turn in Queer Studies", *GJSS* 5(2), 2008.

Mamo, Laura., "Queering Reproduction in Transnational Bio-economies", *Reproductive BioMedicine and Society Online* 7, 2018.

Muñoz, José Esteban., *Cruising Utopia*, NYU Press, 2009.

Ruffolo, David V., *Post-Queer Politics*, Routledge, 2016.

Sedgwick, Eve K., *Between Men: English Literature and Male Homosocial Desire*, columbia UP., 1985.

Sedgwick, Eve K., *Epistemology of the Closet*, california UP., 1990.

Sedgwick, Eve K., *Tendencies*, Duke UP., 1993.

Stryker, Susan., "Queer Nation", *GLBTQ Archives*, 2004.

Stryker, Susan., "Transgender History, Homonormativity, and Disciplinarity", *Radical History Review* 100, 2008.

타자이해 Understanding of the other (독. Verstehen des Anderen)

기본적 정의

이해는 인간의 지적 능력이며, 근본적으로 타자 이해를 의미한다. 이런 의미에서 철학적 해석학은 이해를 직접적으로 '다른' 이해로 정의한다. 여기서 다름은 해석학적 이해 대상의 타자성을 의미하며, 판단을 초월한 선사유불가능성(Unvordenklichsein)으로서 타자 존재의 존재가에 토대한 이해의 해석학적 개방성을 가리킨다. 그러므로 이해는 타자 배제적인 주체의 실체적 자기 확실성이 아니라, 오히려 타자 관계적 자기의식, 더 나아가 타자 의존적인 자기 이해로서의 '영향사적 의식'(das wirkungsgeschichtliche Bewußtsein)이다.

개념의 기원과 발전

이해의 역사는 직접적으로 해석학의 역사이다. 이런 의미에서 이해는 17세기 스트라스부르크의 신학자 단하우어(J. C. Dannhauer)의 신학적 해석학에 기원을 두고 있다. 하지만 언어이해를 근간으로 한다는 점에서는 아우구스티누스(Augustinus)의 『그리스도교 교양

(De doctrina christiana)』 혹은 이것보다 이전인 아리스토텔레스(Aristoteles)의 『명제에 관하여(De interpretatione)』에 사상사적 뿌리를 두고 있다. 왜냐하면 이해가 말에 대한 이해인 한, 말로부터 사유로의 과정과 사유로부터 말로의 과정, 다시 말해서 이해와 표현을 필연적으로 동반하기 때문이다.

그러나 이해가 개념의 역사에서 특별한 자리를 차지한 이유는 '진리 물음'에 대한 해석의 차이로 인해서다. 서양 사상사에서 진리는 '사유와 사물의 일치(adaequatio intellectus et rei)', 즉 객체로서의 사물의 주체로서의 사유로의 부정적 포섭이다. 이 때문에 사유활동의 종착역인 인식의 완전성은 발가벗겨진 사물의 사체를 대상으로 한 인식 주체의 주관적 폭력을 통해 완결된다. 이에 반해 이해는 존재론적 차원에서 객체인 타자가 언제나 그리고 이미 존재해왔었다는 사실을 인정하는 것으로부터 출발한다. 이때 타자는 인식론적 차원에서는 말을 거는 능동자, 이해 주체에게 언제나 낯섦으로 남아 있는 이해 촉발자의 역할을 담당한다. 이런 의미에서 이해는 타자의 자기로의 부정적 지양을 통한 타자성의 소멸을 목적으로 하지 않는다. 오히려 이해는 타자 의존적 자기 이해의 무한성이 갖는 해석 개방성을 목적으로 한다.

근대에 이르러 슐라이어마허(Fr. Schleiermacher)는 "저자보다 나은 이해"를 해석학적 이해의 과제로 제시하고, 이를 위해 오해 회피 혹은 오해 제거의 방법론적 기술을 요구한다. 이를 근거로 그는 경험과학의 '설명'과 정신과학의 '이해' 사이에 존재하는 방법론적 차이를 밝히고자 한다. 이 때문에 이해의 문제는 슐라이어마허에게 곧 바로 인식론적 문제이자 방법론적 문제였고, 또한 해석 일반의 원리를 정립하는 문제였다. 슐라이어마허는 화자가 청자에게 던지는 말의 의미망은 항상 청자에게 해소할 수 없는 낯섦의 의미 지평을 포함하고 있다는 사실을 인정하면서도, 동시에 방법론적으로 '보다 나은 이해'의 해석학적 지평을 열고자 한다. 이를 위해 그는 '예견적' 방법과 '비교적' 방법을 제시하는데, 전자가 해석학적 이해의 '선구조'로서 선취(Vorgriff)이며, 후자가 화자가 제시한 의미망들 사이의 비교이다.

슐라이어마허의 충실한 계승자인 딜타이(W. Dilthey)는 정신적 체험의 외화로서 각각의 의미 단위를 저자의 삶 전체로부터 이해해야 한다는 전제 아래 자연과학의 방법론적 엄밀성이 아닌 정신과학만의 방법론을 정초하고자 한다. 딜타이에 의하면 정신과학 중 하나인 역사는 이해의 대상으로서 객체이지만, 이해하고 있는 인간의 일자체이기 때문에, 자연과학의 인식 대상과 같이 대상화되지 않을 뿐만 아니라, '주관성을 완전히 배제한' 객관화에 도달할 수도 없다.

앞에서 살펴본 두 철학자에게는 '보다 나은 이해'를 위한 방법론적 기교 혹은 자연과학에 대비되는 정신과학의 고유한 방법론이 중요했다. 이와 달리 하이데거(M. Heidegger)는 이해를 여기 지금 실존하고 있는 인간 현존재의 자기 이해로 본다. 인간 현존재는 '말을 품고 있는 동물(zoon logon echon)'로서, 의미망을 풀어 헤쳐 놓으면서(aus-legen) 동시에 이해하는 삶을 영위하는 고유한 존재다. 다시 말해 현존재는 본래적 고유성을 상실한 특성 없는 '그들(Man)'의 평균성을 거부하고 자기 자신만의 삶을 이해하고 해석하는 실존이다.

이제 하이데거의 이해는 인간 현존재의 수행 능력을 지시하는 '어떤 것을 할 수 있다(sich auf etwas verstehen)'로 표현된다. 이해가 인간 현존재의 실존적 실천 능력인 한, 그것은 일을 처리하는 숙련도이자 익숙한 정도이며, 또한 실천적 행위 상황과 능력에 대한 반성 행위가 된다. 다시 말해서 이해는 실천적 행위 상황에서 구체적으로 무엇을 '할 수 있는지' 혹은 무엇을 '할 수 없는지'에 대한 반성의식을 항상 동반한다. 이 점에서 이해는 언제나 '자기 이해(Sich-Verstehen)'이다. 그리고 인간 현존재의 실존적 자기 이해는 존재 물음을 향해 있기에, 물음의 방향과 맥락 그리고 묻고 있는 사태가 여는 삶의 실천과정을 관통해 간다.

하이데거가 인간 현존재의 실존적 자기 이해를 존재론의 논의지평에서 다루는 데 반해, 가다머(H.-G. Gadamer)는 해석학적 이해 문제를 다시 진리 물음의 역사적 영역으로 되돌려 놓는다. 따라서 철학적 해석학은 존재를 대상으로 물음을 제기하는 존재론의 영역에 이해를 한정하지 않는다. 철학적 해석학은 오히려 이해를 요구하고, 이해가 발생하는 사태에의 이해의 참여성을 강조한다.

해석학적 이해 상황에서 이해를 주도하는 실체적 주어는 존재하지 않는다. 오직 이해를 요구하는 사건과 그 사건의 발생과정만이 있을 뿐이다. 이를 춤에 비유해보자면, 춤을 정말 잘 추는 춤꾼은 리듬에 자기 몸을 맡기는 사람이지 리듬을 벗어나 자신만의 몸짓을 하는 자가 아니다. 그러므로 철학적 해석학의 이해는 해석학적 이해 상황이 요구하는 적합성을 찾는 일이다. 이 때문에 이해의 진위는 옳고 그름의 주어진 척도에 의해 판단되지 않으며, 상황이 요구하는 각각의 '중용'에 달려있다. 이런 의미에서 철학적 해석학의 이해는 종말론적 최후의 완결성을 전제하지 않으며, 오히려 이해 상황에의 참여로부터 얻어지는 그때그때의 완전성만을 인정할 뿐이다. 따라서 이해는 타자 의존적인 한 무한하며, 언제나 그리고 이미 '다른' 이해를 향해 열려있다.

의미와 해석

이해 - '다른' 이해

소크라테스 이래로 철학사는 '사유의 존재와의 직접적인 대면'을 진리의 척도로 간주하면서 진리로의 여정에서 언어 매개성을 오류 가능성으로 배제하였다. 이에 반해 "이해될 수 있는 존재는 언어다"는 가다머의 언술처럼, 철학적 해석학은 언어를 통한 이해의 존재와의 대면을 인정함으로써, 진리를 열어 밝히는 언어의 위력을 진리로의 여정의 동반자로 수용한다. 이제 언어가 관계 맺고 있는 모든 의미는 이해의 대상이며, 이해의 동인이자, 이해의 시선을 이끄는 자이고, 이해가 붙박여 머무는 장소, 이해가 열리는 곳이자 이해가 마무리되는 곳이다.

이처럼 해석학적 이해는 진리의 사건성을 열어 밝히는 '언어로의 전환'을 통해 '언어 망각의 역사'와 결별한다. 여기서 언어는 사태로의 참여적 이해의 특성으로 인해 문자적, 분절적, 논리적 언어만이 아닌 그 자체에 의미를 내포하고 있는 모든 텍스트로 영역을 확장한다. 그러므로 텍스트는 의미가 사건적으로 발생하는 장소성을 의미한다. 이렇게 이해했을 때 텍스트는 삶 전체가 이미 기술되어 있는 의미망이나, '보다 나은 이해'의 해석학적 기교를 통해 구성될 새로운 의미 차원은 아니다. 텍스트는 전체와 부분 사이를 반복하는 이해의 해석학적 순환이 일어나는 의미망 자체다. 이처럼 이해가 텍스트가 열어 주는 의미망에 의존하는 동시에 텍스트의 의미망을 구성하는 한, 이해는 전체와 부분 사이의 무한 반복운동을 진행한다. 이 때문에 이해는 삶 전체를 문자화, 분절화함으로써 이해과정을 완결하고자 하지 않으며, '보다 나은 이해'라는 근대적 계몽 이성의 진보에 대한 확신도 갖지 않는다. 오히려 이해는 텍스트와 자신 사이에 놓여 있는 해소될 수 없는 영원한 간극이 낳는 의미 지평에서 자신의 거주지를 찾는다.

사유가 합리적 이론 이성의 지적 능력이었다면, 이해는 이론적이면서, 동시에 실천적이기도 한 지적 능력이므로 인간의 지성적 수행 능력이라 부를 수 있다. 그리고 이해는 이해 대상으로서 텍스트와의 근원적 거리를 이해 가능성의 조건으로 전제하고 있기에, 이해는 무한하다. 다시 말해서 이해는 논리적 언어의 이론 이성이 포섭하고자 한 존재를 초월하여 있는 선사유불가능한 텍스트 의미망과 끝없이 관계 맺는 해석 무한성을 특성으로 갖는다. 이해의 무한 과정에서 이해는 '이해하지 못함'과 '이해할 수 없음'과 같은 이해의 한계상황과 조우하기 때문에, 이해는 언제나 그리고 이미 '다른' 이해의 가능성을 향해 열려있다. 또한 이해는 이해 대상인 텍스트의 지양되지 않는 타자성과 맺는 지시적 연관관계 전체를 자신의 거주지로 갖고 있기에, 이해는 직접적으로 타자 이해이다.

타자(인) - 타자존재(성)

타자는 누구이며, 무엇인가? 타자는 존재론적 의미에서는 '하나'인 근원 존재의 부정자이다. 근대 이후 인식론적 의미에서 타자는 인식 주체에 대해 있는 인식 대상으로서 '자연' 혹은 '세계'이며, 타인은 자아인 나에 대해 있는 '너/그/그녀'이고, 자기반성적 자기의식의 자기 관계적 계기이다. 헤겔(G. W. F. Hegel)의 표현에 따르면 타자는 "타자존재 속의 자기의식"으로서 자기의식의 존재론적이며 인식론적인 조건이다.

그러나 타자의 근본 특성은 자아의 의지대로 되지 않는 것, 자아가 바라는 대로 하지 않는 것, 자아의 명령과 의지를 항상 일탈하는 것, 자아의 통제와 관리를 넘어선 것, 자아에 대항하는 것, 자아를 사로잡는 것이기 때문에, 타자는 자아를 불편하게 하고, 자아에게 언제나 낯설며, 자아를 위협하는 자아의 적이다. 곧 타자는 근대적 주체의 개념쌍으로서 주체의 대립항이다.

피히테(J. G. Fichte)에 따르면, 주체는 '자기를 정립하는 자아'이고, 타자는 '정립되는 비아', 곧 자연이며 세계이다. 그러므로 주체는 정립 행위의 능동자인데 반해 객체로서의 타자는 주체에 의해 정립되는 수동자이다. 따라서 셸링(F. W. J. Schelling)의 지적처럼 타자인 자연 혹은 세계는 주체의 수단이자, 주체를 위해 존재하는 도구로만 이해되며, 그 존재가치는 격하된다. 이렇게 타자는 자신의 타자성을 주체에 의해 박탈당한다.

그러나 모든 타자를 주체의 권역으로 지양할 수 있다고 하더라도, 셸링에 의하면 '하나'만은 언제나 권역 밖에 존재한다. 왜냐하면 신과 인간의 존재론적 차이에 합당하게 신은 인간의 영원한 타자존재이기 때문이다. 또한 이성의 타자로서 자연은 결코 합리적 사유주체로 완벽하게 포섭되지 않으며, 대화 속의 타인인 '너'는 '나'에게 동화되지 않는다. 다른 한편으로 '이웃사랑'이 여전히 공동체의 보존 원리이지만, 근대에 등장한 일군의 계약론자들에게 나의 타자인 이웃은 나의 자유의 한계일 뿐이다. 타인은 나를 위협하고, 나에게 적대적이며, 나에게 대항하는 폭력적 파괴자이자, 적어도 나와 나란히 공존하지만 언제나 나에게 낯설고, 때때로 혐오스러우며 회피하고 싶은 말의 생산자이며, 감시자이다.

이제 타자의 폭력적 위협은 나에게 결단을 강요한다. 나의 폭력으로 타자와의 공멸을 선택할 것인지 혹은 나의 제약적 한계를 인정하고 타자와의 공존을 모색할 것인지를 결단해야만 한다. 죽음의 공포를 극복하기 위해 선택한 공존의 조건은 한편으로는 폭력 수단의 양도이며, 다른 한편으로는 제약자로서 '불편한 이웃'을 수용하는 것이다. 이렇게 타인은 나에 대해서는 계약을 통해 화해해야 하는 이웃, 그러나 계약조건에 따라 지배와 관리를 행사하는 이웃이 된다.

그러나 해석학적 이해는 타자 관계적 자기의식만이 아니라, 타자 의존적 자기 이해이기 때문에, 타자성의 지양과 소멸을 이해과정의 완성으로 간주하지 않는다. 오히려 해석학적 이해는 이해과정의 종착지에서도 여전히 존재하는 타자성의 존재를 인정한다. 왜냐하면 철학적 해석학에서 타자는 "의식 보다 존재"이기 때문이다.

영향사적 의식: 타자 관계적 자기의식 - 타자 의존적 자기이해

이해의 역사적 제약성을 의미하는 영향사적 의식(das wirkungsgeschichtliche Bewußtsein)은 타자 관계적일 뿐만 아니라, 타자 의존적이다. 영향사적 의식의 타자 관계성은 사건 발생적 이해의 대칭적 수평관계로, 타자 의존성은 이해의 비대칭적 수직관계로 이루어져 있다. 전자는 이해의 인식론적 상호성이며, 후자는 이해의 존재론적 차이이다. 다시 말해서 영향사적 의식은 '나와 너'의 대칭성과 '질문과 대답'의 비대칭성을 갖는 대화 구조를 갖는다. 대화는 대화 참여자들 간의 대칭관계를 전제한다는 점에서 타자 관계적이지만, 대화 과정이 우선 질문으로부터 시작하고, 대화 참여자의 언술은 곧바로 상대방의 말을 요구한다는 점에서 타자 의존적이다. 이런 대화의 비대칭성은 대화에 참여한 누구도 대화를 지배하고 관리하는 주체일 수 없으며, 오직 대화가 지시하는 방향에 따라 언술할 수밖에 없다는 사실에서 분명하게 나타난다. 따라서 대화는 영향사적 의식의 '해석학적 공속성(Zusammengehörigkeit)'이다. 왜냐하면 대화 참여는 발화가 아니라, 듣기(Hören)의 실천적 우위성을 수용할 때만 가능하기 때문이다. 그러므로 대화는 근본적으로 나의 귀가 너의 말에 귀속되어있다는 사실을 확인해가는 과정으로 이루어진다. 대화가 지속되는 한, 대화의 주체는 대화 참여자가 아니라 대화 자신일 뿐이다.

참고문헌 및 더 읽을거리

마르틴 하이데거, 『존재와 시간』, 이기상 옮김, 까치, 1998.

마르틴 하이데거, 『마르틴 하이데거 존재론: 현사실성의 해석학』, 이기상·김재철 옮김, 서광사, 2002.

빌헬름 딜타이, 『정신과학에서 역사적 세계의 건립』, 김창래 옮김, 아카넷, 2009.

슐라이어마허, 『해석학과 비평』, 최신한 옮김, 철학과 현실사, 2000.

장 그롱뎅, 『철학적 해석학 입문』, 최성한 옮김, 한울아카데미, 2012.

정미라, 『헤겔의 정신현상학 읽기』, 세창미디어, 2022.

한스-게오르그 가다머, 『진리와 방법 I, II』, 이길우 외 옮김, 문학동네, 2012.

한스-게오르그 가다머, 『과학 시대의 이성』, 박남희 옮김, 책세상, 2009.

J.G. 피히테, 『전체지식론의 기초』, 한자경 옮김, 서광사, 1996.

G.W.F 헤겔, 『정신현상학 1, 2』, 김준수 옮김, 아카넷, 2022.

탈가정 청소년 Youth After Leaving Home

기본적 정의

급격한 사회변동에 의해 초래된 구조적 문제에 대한 대응으로 원가족을 벗어나 주거생활을 하는 청소년을 가리킨다. 이들은 원가족(혈연가족) 내 보호자의 동의나 묵인 아래 장기간 일정한 주거가 없이 시설을 전전하거나 주거로서 부적절한 곳에서 '가출팸'을 이루어 생활한다. 기존의 '가출 청소년'이나 '위기 청소년' 개념은 탈가정 현상을 사춘기 청소년의 일시적인 일탈이나 비행으로 여기고 원가족 복귀를 해법으로 고려한다. 이에 반해, '탈가정 청소년' 개념은 청소년들이 집을 나오는 행위를 개인의 일탈로 여기기보다 산업사회의 중산층 핵가족 모델의 해체와 사회안전망의 부재로 인해 발생한 불안정한 현대사회의 구조적 결과로 간주한다.

개념의 기원과 발전

한국 사회에서 '탈가정 청소년' 개념을 이해하기 위해서는 이른바 '문제 청소년' 또는 정책적 용어로 '위기 청소년' 개념의 출현 맥락부터 논의할 필요가 있다. 문제 청소년에 대한 개념적 정의는 정책적 고려나 시대와 상황의 특수성에 따라 얼마든지 달라질 수 있다. 이를테면 복지국가 형성 이전의 초기 산업화 과정에서 해당 청소년은 중산층에 포함되지 않는 도시 빈민 가정 출신이거나 혈연가족이 없는 경우가 대다수였다. 범죄의 예방과 치안 유지를 목표로 하는 산업화 시기 사회 정책에서 '문제 청소년'은 우범가능성을 차단하고 합법적 노동인구로의 통합을 유도하기 위해 관리되어야 하는 집단이었다.

이러한 관점에서 벗어나 한국 사회에서 문제 청소년을 복지국가 패러다임 아래에서 정책적으로 검토하기 시작한 것은 IMF 이후, 특히 2000년대 이후부터였다. 이때부터 문제 청소년은 청소년들의 적응적 발달을 도울 것으로 예상되는 발달적 자원 가운데 외적 요인의 핵심인 가족, 친구, 학교, 사회기관 등의 실질적인 지원이 없거나 가정, 학교 등의 보호망을 이탈한 청소년을 염두에 두고 개념화되었다.[1] 이렇게 사회 정책에서 등장한 '문제 청소년'에게 "문제"는 개인의 우연한 일탈이나 병리적 요인에서 기인하지 않는다. 오히려 개인의 복합적 위기요인은 사회적 구조 전반과 긴밀히 연결되어 있으며, 이러한 현상은 개인을 넘어 사회를 위협하는 요인이다. 이런 지점을 강조함으로써 '문제 청소년' 개념은 제도적, 정책적 측면에서 청소년 개개인의 삶에 접근하고 개입할 수 있는 지점들을 새롭게 만들어낸다.

그러나 다른 한편으로, 이러한 개념화에는 여전히 정상과 비정

1 양미진·이자영·손재환, 「잠재계층분석을 통한 청소년의 위기 유형 분류」, 『아시아교육연구』 제11권 3호, 교육연구소, 2010, 4쪽.

상의 이분법이 강고하게 작동한다. 일반 청소년이 학교와 가정의 '안'에 있다면, 위기 청소년은 그 '바깥' 혹은 경계에 위치한다. 이러한 이분법적 틀에 따라 사회제도와 국가는 사적·공적 공간에서 청소년이 있어야 할 바람직한 곳이 어디인지 명확히 규정하고, 그곳 바깥에 바람직하지 않은 방식으로 존재하는 청소년을 세분화해서 구별 짓는다.[2] 이러한 구획에 따라 문제 청소년은 '가출 청소년', '빈곤 청소년', '위기 청소년', '취약계층 청소년', '시설 거주 및 퇴소 청소년' 등으로 불린다.

위 용어들 가운데 특히 '위기 청소년'의 개념화는 고무적인 면이 있다. '위기'에 대한 재조명을 통해 결식아동, 학교 중도탈락, 가출, 한부모 가정 등 다양한 취약성에 주목하고, 위기요소에 대한 통제와 개입으로 사회의 안정성을 강화하는 또 다른 삶의 형태들을 국가가 제안할 수 있게 되었기 때문이다. 개별 문제행위에 대한 엄벌을 넘어서 위기상황의 관리와 대응의 전략적 세분화를 통해 위기 또는 위험의 요소들을 미리 제거할 수 있는 해법이 강구된 것이다.

하지만 그럼에도 아쉬운 점은 이 과정에서 이들 위기 청소년은 사법체계와 국가기구에 의해 또다시 보호라는 미명 아래 행정적으로 관리되어야 하는 수동적 위치에 속박된다는 것이다. 다른 한편, 여전히 청소년의 일차적 보호의 책임은 가족, 특히 성인 부모에게 있다고 간주된다. 다양한 사회적, 개인적 위험의 요소들 속에서 위기 청소년의 문제적 상황이 나열되지만, 정작 가족이 위기의 주된 원인일 때조차 '가족 가치'는 보존된다. 행정당국은 위기 청소년에

---

2 추주희, 「소년 혐오인가 사회 위기인가? : 위기청소년 담론에 대한 비판적 시론」, 『경제와 사회』, 124호, 비판사회학회, 2019, 132-133쪽.

게 일차적인 안전망이 여전히 원가족 복귀로 확보될 수 있다고 낙관하거나 이들 청소년과 빈곤 가정에 부가적 지원을 한다고는 해도 본질적 책임을 다시 혈연가족에게 전가한다.

위기의 세분화에도 불구하고, '탈가정' 행위는 사회적 규범의 위반에 초점을 두는 일탈적 관점에서 이해된다. '탈가정 청소년'은 가출과 같은 비행으로 이해되거나 원가족의 빈곤으로 인한 특수한 예외사례로 간주되곤 한다. 탈가정의 맥락에는 빈곤, 물질적 결핍감, 가정폭력 등과 같은 문제가 주요하게 얽혀있다. 하지만 탈가정 청소년들이 원가족과 집을 떠나 독립생활을 모색하는 과정과 구조적 원인의 분석은 턱없이 부족하고, 사회적 관심과 제도적 지원 또한 미비하다. 원가족의 울타리 안에서 도저히 살 수 없어서 도리어 살기 위해 가족 바깥으로 탈출한 이들을 위한 지원책은 없다. 청소년은 반드시 원가족 내에서 성인의 보호를 받으며 살아야 한다는 대전제가 강고하게 유지되는 한, 자기 자신의 생존과 안전을 확보하기 위해 '집'을 나온 이들조차도 여전히 '가출' 청소년으로 인식될 수밖에 없다.

'탈가정 청소년'에 대한 기존의 소극적 이해는 2010년대 이후 '가출팸'의 등장과 이에 대한 사회적 관심을 통해 일부 변화한다. '가출팸'이란 '가출'에다 가족을 뜻하는 영단어 '패밀리'(family)의 줄임말 '팸'(fam)을 합성한 말이다. '가출팸'은 함께 모여 사는 탈가정 청소년들 스스로가 자신들의 생활공동체를 지칭하는 용어로서 "일차적 보호 체계인 가족에게서 벗어난 청소년들이 모텔, 고시원, 원룸 등에서 무리를 지어 가족과 같이 유기적으로 생활하는 형태"를 가리킨다.[3] 이러한 가출팸은 다양한 형태로 나타난다.[4] 이러한 팸의 모습들은 가출한 청소년들의 구조화된 행동 패턴과 사회적 조직화 양상은 물론이고 그들의 하위문화적 생활경험을 드러낸다.

현실에서 탈가정 청소년과 가출 청소년을 명확하게 구분하기는 어렵다. 청소년이 원가족에서 이탈하는 '탈가정' 과정은 가출과 연결되어 있으며, 범주적 경계 역시 애매하다. 그럼에도 불구하고 양자를 구분하는 까닭은 '가출 청소년'이 통상 "부모나 보호자의 동의 없이 집을 떠나서 무단으로 집에 들어가지 않은 행위"를 하는 청소년으로 정의되어왔다는 점에서 해당 청소년의 상태를 문제시하고 비행의 측면을 조명하는 데 주로 활용되었기 때문이다.[5] 반면에 '탈가정'이라는 개념은 다양한 이유와 상황 속에서 '원가족'으로부터 벗어날 수밖에 없는 혹은 분리되어 살아가는 청소년들의 삶의 맥락과 그 행위성이 만들어낸 다른 결과를 드러낸다는 점에서 차이가 있다. '탈가정 청소년' 개념은 어떤 형태로든 '집'을 나왔고 더는 집으로 돌아갈 수 없는 상황과 조건 속에 있는 청소년들의 위치성을 가시화한다.[6]

일찍이 국가인권위원회는 '가출'이라는 단어의 낙인효과를 우려

3 유서구, 「가출팸 경험과 비행행동의 차이」, 『비판사회정책』 54호, 비판과 대안을 위한 사회복지학회/건강정책학회, 2017, 54쪽.

4 "인터넷을 통해 불시에 만남을 반복하면서 가출생활을 장기적으로 유지하는 '온라인팸', 가출한 뒤 사후적으로 부모의 허락을 받은 가출팸을 지칭하는 '독립팸', 여러 개의 가출팸이 교류하면서 숙식을 함께하는 '기업형팸', 가출 상황에서 학업을 지속하고 있는 이른바 가출 청소년, 그리고 노숙 청소년 등으로 유형화된다. 김지연·정소연, 『가출청소년 보호지원 실태 및 정책과제 연구』, 한국청소년정책연구원 연구보고서, 2014, 4쪽.

5 여성가족부, 『2012 청소년백서』, 2012.

6 추주희, 「가족의 경계와 질서의 재구성: 탈가정 청소년의 팸 생활에서 나타나는 돌봄과 친밀성을 중심으로」, 『경제와 사회』 128호, 비판사회학회, 2020, 347쪽.

해 '가정 밖'이라는 용어로 변경하기를 권고했다.[7] '가출 청소년'에 대한 부정적 이미지는 물론이고 집을 나왔다는 이유만으로 이들을 준범죄자로 간주하는 것은 학계와 청소년 복지계, 청소년 활동가들에 의해 지속적으로 부당하다고 비판되었다. 또한 청소년기에 '집' 밖으로 나오는 다양한 이유들을 고려해야 한다는 지적과 더불어 그 기간이 장기화되는 현상에 대응하여 정책적 접근 및 제도적 지원방안 마련이 필요하다는 요구가 제기되었다. 결국 '가출 청소년 = 비행 청소년'이라는 등식을 피하는 동시에 안전망 없이 '집' 밖에서 생활하는 상황을 가시화하는 새로운 정책적 용어로서 '가정 밖' 청소년을 사용하자는 제안이 수용되었다. '가정 밖' 청소년은 '가출 청소년'이라는 협의의 정의와 더불어 상당 기간 일정한 주거가 없거나 주거로 적절하지 않은 곳에서 생활하는 24세 이하 청소년을 지칭한다. 『청소년복지지원법』 제2조 5항([시행 2022. 4. 21.] [법률 제18101호, 2021. 4. 20., 일부개정])에 따르면, '가정 밖 청소년'이란 가정 내 갈등·학대·폭력·방임, 가정해체, 가출 등의 사유로 보호자로부터 이탈된 청소년으로서 사회적 보호 및 지원이 필요한 청소년을 말한다.

'가정 밖 청소년'이라는 용어는 탈가정 청소년의 '가정 밖'의 생활을 비행이 아닌 삶의 측면에서 접근한다는 점에서 의의가 있지만, 여전히 '가출청소년'과 동일한 개념적 범주에 머무른다는 점에서 한계가 있다. 무엇보다 '가정 밖'은 이들의 삶의 조건과 상황을 중화시킨다. 즉 이들이 '돌아갈 집'이 없다는 점은 중요하게 지적되지만,

7 국가인권위원회, 「가정 밖 청소년 인권보호정책 개선 권고-상임위원회 결정문」, 서울: 국가인권위원회, 2017.

이들이 적극적으로 '집 밖'의 다른 '집'에서 살기를 선택했다는 점은 드러나지 않는다. 이는 또한 성인중심적인 보호체계의 한계도 드러내지 못한다. 기존의 제도 아래에서 이들 청소년은 이른바 법적 보호자의 돌봄과 지원을 거의 받지 못함에도 불구하고 통상 원가족 구성원 중 성인에 해당하는 보호자의 동의나 암묵적 인정이 없이는 탈가정 생활을 지속할 수 없다.

의미와 해석

청소년들이 '집'을 나오게 되는 상황과 맥락이 다양하듯, 탈가정 이후 이들이 살아가는 주거형태와 생활양식도 각양각색이다. 또한 탈가정의 문제는 단순히 청소년기에 한정되지 않는다. 최근 가정폭력, 가정불화, 성폭력, 경제적 파산 등으로 인해 혈연으로 묶인 원가정과 관계를 단절한 이들의 적극적 행위는 청소년기에 국한되지 않고 청년기로 연장되기도 한다. 그럼에도 불구하고 이들의 주거나 삶의 공간을 사회복지시설로 제한하거나 시설에서의 보호적 삶을 연장하는 것은 다른 주거 공간의 가능성을 차단하는 동시에 이들이 거주하는 공간에 대한 사회경제적 및 공간적 배제를 지속하는 조치이다. 따라서 '탈가정'에 대한 정책적 고려는 '탈'(脫)의 행위성에 더욱 주목해야 하고, 청소년들의 탈가정 행위에서 이들이 새롭게 만들어 내거나 재구성하는 사회적 및 공간적 관계의 맥락을 중요하게 고려해야 한다.

첫째, 청소년이 부모의 집 또는 원가족에서 이탈할 때 반드시 독립 가구를 만든다고 볼 수 없음에 유의해야 한다.[8] 이들은 아직 미성년이어서 독립된 세대를 구성할 수 없다. 법적으로 이들은 아직 누구와 어디서 어떻게 살 것인지 자유롭게 선택할 법적 자격이 없다. 주거의 독립은 '성년'에게만 허가된다. 이러한 제약으로 인해 청소년의 이른 독립은 '가출'(running away)로 간주된다.[9] 여기서 성년이라는 시민됨의 자격은 근대 산업사회의 '정상가족' 모델을 기준으로 설정된 것이다. 즉 청소년이 정상가족 안에 속해 있지 않으면 '안전의 테두리'를 가질 수 없고, '어른'이 될 때까지 따뜻하고 안락한, 적어도 안전한 '집'에서 양육과 돌봄을 받아야 함을 당연하게 전제하는 것이다. 하지만 1997년 외환위기(IMF)와 전지구적 금융위기 이후 독립의 나이가 점점 더 연장됨으로써 기존의 정상가족 모델의 재생산을 위한 성인기 이행이 확실히 지연되는 추세이다.[10]

탈가정 청소년의 삶 역시 '정상가족'을 기준으로는 이해될 수 없다. 이들은 생존을 위해 필수적이지만 충분히 제공되지 못한 돌봄과 안전을 확보하기 위해 자신들만의 게토화된 커뮤니티를 '팸'이라고 부르며 함께 살아가기를 시도한다. 이들은 정상가족의 틀과 규범으

---

8 질 존스·클레어 왈라스, 『청소년 시민사회론』, 강영배·김기헌 옮김, 교육과학사, 2007, 170쪽 참조.

9 질 존스·클레어 왈라스, 같은 책, 181쪽 참조.

10 전 세계적으로 청년층의 취업난이 가중되면서 이전에는 일정 나이에 도달하면 자연스럽게 거의 동시적으로 진행되었던 부모로부터의 분가, 취업, 결혼, 부모됨 등과 같은 과거 성인기 이행의 상징적 징표(marker)로 인식되었던 일련의 사건들이 단선적인 순서에 따라 진행되지 않는다. 또한 이러한 사건은 동시에 진행되거나 순서가 뒤바뀌면서 다선적으로 진행되고 있다. 나이가 들어서도 부모와 동거하는 청년들이 증가하고 있으며, 최종학력 이후 취업준비 기간이 길어지거나 추가적인 진학을 통해 교육 기간을 연장하고, 결혼이나 부모됨의 역할이 지연되거나 결혼 이후에도 부모로부터의 지원을 받아서 경제적으로 독립하지 않는 경향을 보인다. 장미혜·정해숙·마경희·김여진, 『청년기에서 성인기로의 이행과정 연구 Ⅱ-성인기 이행의 성별차이연구』 한국청소년개발원연구보고서, 2011.

로 포착할 수 있는 삶의 실천, 즉 원가족 외부에서 '가족실천'(family practices)을 수행한다. 탈가정 청소년의 주거 독립생활은 여전히 임시적이고 시행착오를 거듭할 뿐만 아니라 여러 측면에서 불완전하지만 그럼에도 새로운 가족실천을 통해 자신이 누구와 어디서, 어떻게 함께 살 것인지를 무엇보다 스스로 고민하는 삶을 일구어 간다는 점에서 의미가 있다.

둘째, 이들의 독립이 자발적 선택이라기보다 도리어 여러 제약으로 인한 협상의 결과라는 점에 주목해야 한다.[11] 이들에게 '집'은 높은 수준의 기능 장애 혹은 역기능을 하는 곳, 구체적으로는 사랑과 돌봄의 결핍, 경제적 지원의 부족, 인격적 차별이나 폭력의 공간을 의미하며, 안전과 돌봄을 제공하기보다 불안과 상처를 준다. 이로 인해 이들은 원래의 집을 나와 다른 살만한 집을 찾아 떠돈다. 따라서 이들이 당면한 문제들은 원가족 내에서 해소될 수 있는 종류의 것이 아니다. 또 다른 측면에서 이들이 당장 집을 나오지 않더라도 성인기 이행과정에서 원가족의 경제적 상황이 나아지지 않으면 최악의 경우 원가족 전체를 부양해야 함을 함의한다.[12] 따라서 탈가정 청소년이 처한 문제의 실질적 해결을 위해서는 원가족 복귀가 아니라 이들이 자립하여 살 수 있도록 주거 독립 및 공동체 형성

---

11 질 존스·클레어 왈라스, 『청소년 시민사회론』, 170쪽 참조.

12 빈곤계층 청년들의 부모와의 관계 및 성인기 이행의 경험에 대한 연구(정수남·권영인·박건·은기수, 2012)에 따르면, 빈곤층 청년들은 불안정한 전(前) 성인기의 단계에서 부모와 거리 두기를 하지만, 이른 시기 성인기의 경험을 함으로써 "성인화된 청(소)년"이라는 정체성을 구축한다. 이들은 일상생활에서 직접 성인의 역할을 수행하고 가족 안에서 갈등 및 문제 해결의 역할을 한다. 정수남·권영인·박건·은기수, 「청춘 밖의 청춘, 그들의 성인기 이행과 자아정체성 -빈곤 청년을 대상으로」, 『문화와 사회』 제12권, 한국문화사회학회, 2012, 35-103쪽 참조.

을 보조하는 정책적 고민이 필요하다.

셋째, '가출팸'이 새로운 가족실천 양식으로 고려되어야 한다. 이들 청소년은 가족과 분리되어 '집' 밖으로 나와서 생존과 생계를 스스로 해결해야 하지만, 홀로 모든 것을 감당하기는 어렵다. '가출팸'과 같은 공동 주거형태는 무엇보다 경제적 부담을 덜어준다. 또한 감정적 유대와 지원의 면에서도 유용하다. 그러나 공동 주거를 안정적으로 유지하려면 일자리를 따라 잦은 이동을 감수해야 한다. 미성년의 지위는 이들이 떠돌며 살 수밖에 없는 삶의 조건이기도 하다. 합법과 불법의 경계에 서 있는 탈가정 청소년의 생활은 보통 착취와 피해의 구도로만 읽힌다. 하지만 누구와 함께 살 것인가를 결정하는 맥락과 행위는 매우 복합적 요인을 수반한다. 따라서 이처럼 탈가정 청소년들 및 그들이 구성한 가출팸의 복합적인 문제맥락을 단순화하지 않으면서도, 동시에 가출팸 내부의 관계를 단순히 가해나 피해로 일방적으로 규정하거나 이상화된 형태로 낭만화하지도 않으면서도, 생존과 삶의 영역에서 아직 권리가 없는 사람들이 어떻게 자기 스스로 삶을 개척할 수 있도록 제도적으로 지원할 수 있을지 되물어야 한다.

'탈'(脫)은 단순히 가족에게서 벗어난 완전한 단절을 의미하지 않는다. 이들의 혈연적인 가족 관계는 매우 느슨해지고 약한 연대를 형성한다. 동시에 이들은 거리에서 생존하기 위해, 또 구조적 제약을 극복하기 위해 또래와 새로운 관계를 지속하려 한다. 이는 탈가정 청소년이 원가족에서 나와 새로운 커뮤니티(가출팸) 형성을 추구하고 소망함을 함축한다. 이런 점에서 '탈가정 청소년' 개념은 기존의 가족 담론과 성인 중심의 돌봄 지원 체계가 실질적으로 이들 청소년들에게 필요한 돌봄을 '시설화와 가족화'로 소급하고 있는 현행 위기 청소년 정책을 비판적으로 검토하도록 돕는 새로운 인식틀을 제공한다.

참고문헌 및 더 읽을거리

국가인권위원회, 「가정 밖 청소년 인권보호정책 개선 권고 – 상임위원회 결정문」, 서울: 국가인권위원회, 2017.

김지연·정소연, 「가출청소년 보호지원 실태 및 정책과제 연구」, 한국청소년정책연구원 연구보고서, 2014.

양미진·이자영·손재환, 「잠재계층분석을 통한 청소년의 위기 유형 분류」, 『아시아교육연구』 제11권 3호, 교육연구소, 2010.

여성가족부, 『2012 청소년백서』, 2012.

유서구, 「가출팸 경험과 비행행동의 차이」, 『비판사회정책』 54호, 비판과 대안을 위한 사회복지학회/건강정책학회, 2017.

장미혜·정해숙·마경희·김여진, 『청년기에서 성인기로의 이행과정 연구 II – 성인기 이행의 성별차이연구』 한국청소년개발원연구보고서, 2011.

정수남·권영인·박건·은기수, 「청춘 밖의 청춘, 그들의 성인기 이행과 자아정체성 – 빈곤 청년을 대상으로」, 『문화와 사회』 제12권, 한국문화사회학회, 2012.

존스, 질·왈라스, 클레어(Jones, Gill·Wallace, Claire), 『청소년 시민사회론』, 강영배·김기헌 옮김, 교육과학사, 2007.

추주희, 「'탈가정' 십대의 주거와 이동에 관한 연구」, 전남대학교 대학원 박사학위논문, 2015.

추주희, 「소년 혐오인가 사회 위기인가? : 위기청소년 담론에 대한 비판적 시론」, 『경제와 사회』 124호, 비판사회학회, 2019.

추주희, 「가족의 경계와 질서의 재구성: 탈가정 청소년의 팸 생활에서 나타나는 돌봄과 친밀성을 중심으로」, 『경제와 사회』 128호, 비판사회학회, 2020.

평화 Peace

기본적 정의

일반적으로 평화는 전쟁과 폭력이 없는 상태로 정의된다. 그러나 이런 '폭력의 부재(absence of violence)'를 통해 소극적으로 정의되는 평화 개념은 평화에 대한 논의를 제한하는 경향이 있으며, 따라서 오늘날에는 평화를 구축해 나가는 과정에 중점을 둔 '적극적 평화(positive peace)' 개념이 널리 사용된다.[1] 평화 개념은 폭력과 떼어낼 수 없기에 폭력을 어떻게 보는가와 긴밀히 연결될 수밖에 없는데, '폭력의 부재'로 평화를 정의할 때는 폭력을 직접적이고 가시적인 폭력에 한정시키는 경향이 발생한다. 따라서 한 사회의 구조와 모순으로 인해 발생하는 비가시적이고 구조적인 폭력에 대처하고 이를 통해서 평화를 실천하기 위해서는 평화를 보다 넓게 정의할 필요가 있다. 눈에 보이는 직접적 폭력만을 제거하려고 할 때, 이는 오히려 기존의 왜곡된 사회구조와 이와 맞물린 권력의 위계적 질서를 용인하는 결과로 이어질 위험이 생긴다. 20세기 이후 파시즘의

1 Johan Galtung and Carl Jacobsen (eds.) *Searching for Peace: The Road to Transcend.* London: Pluto Press, 2000.

발흥과 양차 대전의 경험은 기존 질서의 유지가 안전(security)이나 평화와 동일시되던 과거의 소극적 평화 개념에 반성을 가져왔으며, 우리 사회의 구조적 모순과 기존의 위계 질서를 변화시킴으로써 평화를 구축할 수 있다는 적극적 평화 개념이 일반화되게 되었다.

개념의 기원과 발전

평화가 학문적으로 정의되고 연구되기 시작한 것은 20세기에 들어서다. 평화학의 체계는 갈퉁(Johan Galtung)과 젱하스(Dieter Senghaas)에 의해 확립되었는데, 군비 경쟁, 국가 간의 빈부 격차, 3세계의 내전, 환경문제를 비롯한 역사적·구조적 폭력에 대한 비판을 통해 평화학을 분과학문으로 승격시키는 데 큰 공헌을 하였다. 갈퉁은 위에서 언급한 소극적 평화와 적극적 평화의 개념적 구분을 확립하였을 뿐 아니라 직접적 폭력(direct violence), 문화적 폭력(cultural violence), 구조적 폭력(structural violence)을 구분하여 이를 각각 평화건설(peace-building), 평화유지(peace-keeping), 평화조성(peace-making)의 과정을 통해 극복해 나가야 한다는 실천적 이론을 제시하였다.

갈퉁의 실천적 이론은 바라시(David Barash), 베벨(Charles Webel), 램스보탐(Oliver Ramsbotham), 다스굽타(Sanjoy Dasgupta)를 비롯한 많은 학자들에게 영향을 주었으며 이들은 대체로 구조적이며 문화적인 폭력의 문제에 효과적으로 개입함으로 평화를 구축하는 문제에 천착하였다. 특히 이들은 분쟁(Conflict)이 인간 삶에서 필연적으로 발생할 수밖에 없다는 사실에 주목하여 '평화와 분쟁학(Peace and

Conflict Studies)'으로 연구영역을 확장하였으며, 이로써 실질적이며 체계적으로 평화를 구축할 수 있는 여러 모델들을 개발하여 이론과 실천의 화합을 도모하였다.

전쟁이나 폭력의 당사자들의 중재와 화해를 통해 새로운 문화적 제도적 기반의 마련을 도모하는 평화건설, 폭력의 부재를 적극적으로 연장하면서 시민들의 자율적인 평화 정치·문화 설립을 유도하는 평화유지, 폭력과 분쟁의 해결을 추구하면서 치유와 통합으로 나아간다는 평화조성 등의 개념에서 볼 수 있듯 갈퉁의 이론은 현실적으로 가능한 개입을 이론화하는 것을 목표로 하고 있다. 하지만 폭력을 발생시키는 근대국가구조나 자본주의에 대한 발본적 비판으로 나아가기보다[2] 정부와 공공기관을 비롯한 여러 중재자의 역할을 통한 평화 구축을 목표로 하는 경향이 있으며, 다소 절충주의적 방식으로 이론을 구성하고 있어 다양한 비판을 초래하기도 하였다.[3] 그러나 주로 물리적 폭력에 국한되었던 폭력의 개념을 확장하여 제도와 사회구조에 눈을 돌리게 함으로써 평화연구의 새로운 지평을 열었다는 것은 분명하다.

젱하스는 평화 구축을 문명화 과정과 동일시하는데, 국가에 의한 폭력의 독점이라는 근대 이후의 사회구조에서 법치, 구성원들의 상호 합의, 민주적 참여를 통한 정치적 결정, 사회정의의 확립, 타협과 관용의 문화 건설 등을 통해서 평화 문명으로 나아가는 방향을 제시하였다. 젱하스의 평화론은 평화를 문명화의 기획으로 보고 민

---

2 Slavoj Žižek, *Violence: Six Sideways Reflections*, New York: Picador, 2008.

3 Matthew Evangelista, *Peace Studies: Critical Concepts in Political Science, Vol.1*, New York: Routledge, 2005.

주주의 정치와 평화학의 연계성을 강조하였다. 젱하스의 이론은 하버마스(Jürgen Habermas)의 공공성(publicity) 이론과 매우 닮아있다. 하버마스가 의사소통적 합리성(communicative reason)을 통해서 민주주의의 핵심인 공공성(publicity)을 구성해야한다는 '미완의 계몽기획(the unfinished project of enlightenment)'의 필요성을 주장하였다면,[4] 젱하스 역시 문명화 과정을 통한 공공성 구성을 평화학의 핵심 과제로 제시한다. 그러나, 그간 하버마스를 향해왔던 비판, 즉 우리 사회가 이성적인 원칙으로 작동되기 보다는 권력, 욕망, 정동 등 다양한 비이성적인 힘들이 사회의 역동을 구성하고 있으며, 따라서 하버마스적 이성에 기대기보다 비이성적인 요소들에 대한 천착을 통해 사회적 실재를 분석하고 실천의 동력을 얻을 수 있다는 비판이 젱하스에게도 적용된다고 할 수 있겠다.

갈퉁과 젱하스를 제외하고도 많은 학자와 기관들이 평화학의 성립에 기여했다. 1940년대에는 라이트(Quincy Wright)를 비롯한 일군의 시카고 대학교의 학자들이 전쟁을 학문적으로 연구하였으며, 50년대 중반에는 연구기관과 프로그램을 통해 다량의 연구가 진행되면서 체계적인 평화연구가 시작되고 학술지의 발간이 이어졌다. 60년대 이후 갈퉁을 비롯한 세계적인 학자들이 출현하면서 평화학연구를 이끌었으며, 최근에는 미국과 유럽을 중심으로 여러 대학에서 평화학이 분과학문의 지위를 갖기 시작하였다.

평화학은 국제정치학, 안보연구(security studies), 비폭력주의 연구, 국가주의 비판, 생태학 등의 다양한 인접학문은 물론 철학, 경제

---

4 Jürgen Habermas, *The Theory of Communicative Action: Reason and the Rationalization of Society. Vol.1*, Boston: Beacon Press, 1984.

학, 문학과 같은 전통적인 분과학문과 결합하면서 발전하여 왔다. 따라서 평화학은 여러 관련 분과의 학자들이 참여하는 학제 간 학문으로서의 정체성을 가지고 있다. 동시에 개인, 지역, 국가, 국가 간 관계, 환경 등 다양한 층위의 문화·사회·정치의 문제들을 포괄하는 포괄적 학문이라고 할 수 있다. 그러나 평화학의 가장 큰 특징은 바로 실천을 지향한다는 것이다. 실천으로서의 평화학, 즉 평화운동은 크게는 전쟁과 같은 국제적인 사건으로부터 일상의 대화와 태도에 이르기까지 다양한 스펙트럼에 놓인 폭력과 평화를 다룬다. 물론 학문으로서의 평화학과 일상 실천으로서의 평화운동이 완전히 일치하는 것은 아니지만, 오히려 평화학과 평화운동의 간극을 좁히면서 시민사회, 학계, 정부, 국제사회의 소통을 만들어내는 것이 평화학의 방법론적 과제라고 할 수 있을 것이다.

의미와 해석

평화연구가 폭력연구와 동일한 것은 아니지만 폭력에 대한 연구가 평화연구에서 가장 중요한 부분을 차지하는 것이 사실이다. 평화연구가 폭력 비판 이외에도 분쟁의 중재와 해결의 사례와 모델을 제공한다는 것은 평화연구의 중요한 측면이지만, 그럼에도 불구하고 분쟁의 해결 역시 폭력과 분쟁에 대한 분석이 반드시 선행되어야 된다는 점에서 폭력과 평화는 이 분야의 동전의 양면이라고 할 수 있다. 더 나아가 평화연구가 환경, 전쟁, 경제구조를 비롯한 거시적 차원과 일상적 관계와 만남을 망라하는 미시적 차원까지 포괄한다는 것은 향후 평화연구에 있어서 중요한 점을 시사한다. 즉, '평화는 좋고 폭력은 나쁜 것'이라는 지극히 상식적인 수준의 담론에 머물 것이 아니라 미시적 일상과 거시적 질서를 이어주면서 양자를 아우를 수 있는 정교하고 통합적인 이론적 작업을 요청하고 있는 것이다. 일상의 분쟁을 중재하고 해결한다는 것은 누구나 할 수 있는 말이지만, 일상의 분쟁 뒤에 숨어있는 문화적·구조적·역사적 원인을 분석하고 이를 이론화하는 것은 집단적이고 체계적인 학문적 연구와 다양한 맥락에서 발생하는 실천의 사례들을 연결함으로써 이론과 실천의 선순환을 만듦으로서만 가능하게 된다. 평화연구를 평화학과 평화운동의 두 부분으로 분류할 수 있다는 사실은 평화연구의 약점이 아니라 평화연구라는 특정한 분야가 가지는 실천적 장점이자 과제를 잘 보여주는 것이다. 따라서 평화연구는 학문과 일상의 분리를 거부하고 통합을 추구하는 과정에서 그 통합의 원리를 역사화하고 이론화해야 된다는 사명을 지닌다고 할 수 있다.

최근 평화연구에서 가장 강조되고 있는 말 중의 하나는 갈퉁의 '평화적 수단에 의한 평화'이다.[5] 평화라는 목적이 폭력적 수단을 정당화할 수 없음을 명확히 보여주는 이 말은 폭력의 가장 큰 특징 중의 하나가 바로 그 정동에 있다는 것을 지적하고 있다. 즉, 폭력은 아무리 정당한 이유가 있더라도 그 행위 자체가 분노, 공포, 복수, 좌절의 정동적 순환을 생성하기에 폭력의 정동이 대화와 중재를 압도하게 되는 경우가 많은 것이다. 따라서 비폭력(non-violence)이 평화연구에서 주요한 원칙의 하나로 대두되는 것은 당연하다고 할 수 있다. 그러나 비폭력을 원칙으로 한다는 것이 모든 폭력을 악으로

5 Johan Galtung, *Peace by Peaceful Means: Peace and Conflict, Development and Civilization*, International Peace Research Institute Oslo; Sage Publications, Inc. 1996.

보고 이를 제거해야 한다는 것을 의미하는 것은 절대 아니다. 오히려 평화와 폭력을 선과 악의 이분법적 대립으로 보고 폭력을 제거하려는 기획 자체가 매우 폭력적인 발상이라고 할 수 있다. 더 나아가 자기방어의 상황에서 벌어지는 폭력이나 거대한 사회적 폭력에 맞서는 반폭력(anti-violence)의 문제야말로 평화연구가 다루어야 할 가장 중요한 연구 분야라고 할 수 있을 것이다. 평화연구의 본령은 폭력의 제거에 있는 것이 아니라 폭력을 끊임없이 반성하고 반추하는 과정에 있다.

참고문헌 및 더 읽을거리

마셜 로젠버그, 『비폭력 대화: 일상에서 쓰는 평화의 언어, 삶의 언어』, 캐서린 한 옮김, 한국NVC센터, 2011.

서보혁·정욱식, 『평화학과 평화운동』, 모시는 사람들, 2016.

서보혁·정주진, 『평화운동: 이론, 역사, 영역』, 진인진, 2018.

에릭 홉스봄, 『폭력의 시대』, 이원기 옮김, 민음사, 2008.

에티엔 발리바르, 『폭력과 시민다움 – 반폭력의 정치를 위하여』, 진태원 옮김, 난장, 2012.

이문영, 『폭력이란 무엇인가』, 아카넷, 2015.

David Barash, Charles Webel, *Peace and Conflict Studies*, London: Sage Publications, Inc., 2022.

Jacob Bercovitch and Richard Jackson, *Conflict resolution in the twenty-first century: Principles, Methods, and Approaches*. Ann Arbor, MI: University of Michigan Press, 2009.

Johan Galtung, *Peace by Peaceful Means: Peace and Conflict, Development and Civilization*, International Peace Research Institute Oslo; Sage Publications, Inc. 1996.

Johan Galtung and Carl Jacobsen (eds.) *Searching for Peace: The Road to Transcend*. London: Pluto Press, 2000.

Jürgen Habermas, *The Theory of Communicative Action: Reason and the Rationalization of Society. Vol.1*, Boston: Beacon Press, 1984.

Matthew Evangelista, *Peace Studies: Critical Concepts in Political Science, Vol.1*, New York: Routledge, 2005.

Oliver Ramsbotham, Tom Woodhouse and Hugh Miall, *Contemporary Conflict Resolution*, Malden, MA: Polity Press, 2011.

Slavoj Žižek, *Violence: Six Sideways Reflections*, New York: Picador, 2008.

혐오 Disgust

기본적 정의

혐오는 어떤 사물이나 사람이 몹시 싫고 꺼려진다는 것을 뜻하는 느낌이다. 싫고 꺼려지는 느낌은 맛이나 냄새에서 직접 느껴지므로, 혐오는 감각과 몸에 직접적이다. 물론 그런 맛과 냄새를 머리에 떠올리는 것만으로도 우리는 혐오를 느껴진다. 게다가 혐오는 단면적이지도 않다. 예를 들어 우리는 부패한 음식을 먹었을 때 곧바로 토해내는 혐오 반응은 건강을 지켜주지만, 문화에 따라서는 삭힌 음식을 즐기기도 한다. 또한 적으로 여긴 외부 집단을 혐오하는 것은 내부 결속을 다지는 유용한 정치적 수단이 되지만, 반대로 혐오 받는 집단은 멸시와 차별, 그리고 배제의 대상이 된다. 개인과 공동체를 움직이는 권력, 자본, 욕망은 수많은 혐오 장치를 고안해내서 자기들이 꺼리고 배제하고픈 대상을 밀어낸다. 혐오 장치는 개인적인 표현에서부터 사회적 관행에 이르기까지 다양하게 작동한다.

개념의 기원과 발전

우리는 혐오라는 말로써 '싫고', '밉고', '꺼리는' 느낌을 머리에 떠올리거나 표현한다. 혐오의 한자 표기는 '嫌惡'이다. '嫌(혐)'은 '싫음'을 뜻하고, '惡(오)'는 '미움'을 뜻한다. 혐오는 싫고 밉다는 것이다. 그런데 '惡'는 '오'만이 아니라 행위의 나쁨을 뜻하는 '악'으로도 읽힌다. 즉 혐오라는 우리말의 뜻에는 은밀히 윤리적 가치가 개입하고 있다. 누군가를 혐오한다거나 누군가가 혐오 받는다는 것은 때에 따라서는 문제상황일 수 있다.

그런데 사람만이 싫고 미운 것이 아니다. 혐오의 영어 'disgust'나 프랑스어 'déoût'의 어원은 이를 잘 보여준다. 이 말들은 모두 중세 프랑스어 '데스구스트(desgoust)'에서 비롯되는데, 맛없는 음식을 먹고 난 느낌을 표현할 때 주로 사용되었다. 의미상 영어 'distaste'와 비슷하다. 싫고 꺼려지는 맛의 느낌을 표현하던 혐오가 수백 년 사이에 누군가를 싫어하고 미워하는 느낌을 표현하는 말로 변형되었다. 개인적 느낌인 혐오가 사회적 소수자로 향한 것으로 변형될 때 심각한 사회적 차별과 배제를 가리키는 말이 되었다.

영어에서는 'disgust' 대신에, 'hate'가 사용되기도 하는데, 그 말은 싫음, 미움, 시기를 뜻하는 중세 독일어 'hatis'에서 비롯된다. 미국에서는 20세기 중반 이후 'hate mail'이나 'hate crime', 'hate speech'라는 표현이 사회적으로 유행했다. 일본에서는 최근 'hate speech'가 발음 그대로 '헤이토스피치'라는 말로 쓰인다. 한국 사회에서는 그것을 '혐오표현'으로 옮기자고 하면서, 다른 한편으로 'hate crime'는 '증오범죄'로 옮기자는 의견이 있다. 혐오와 증오 사이에서 갈피를 못 잡는 것은 우리 사회가 그동안 혐오 화두에 대해 그리 진지하게 고민하지 못했다는 사실을 방증한다. 사회적 혐오 문제는 우리 자신의 인권과 관련되기에 너무나 중요하다.

그래서 혐오와 증오를 간략히 구분해보자면, 증오는 주로 사람들의 관계에 사용되고, 혐오는 그런 관계 외에도 동물이나 사물에도 사용된다. 그리고 증오는 사건의 책임 귀인이나 응징, 분노와 함께 나타나지만, 혐오는 반드시 그렇지 않을 수도 있다. 그런 점에서 혐오는 증오보다 더 포괄적인 말로 보인다. 우리는 이런 포함관계에 따라 혐오의 특징과 발생, 그리고 그 양상을 조금이나마 더 분명하게 이해할 수 있다.

의미와 해석

혐오와 혐오 표현

사고는 대상을 이것과 저것으로 나누는 복잡한 선 긋기이다. 선을 긋기를 위해서 우리는 대상에 대응하는 표상이나 관념을 이용한다. 물론 이런 대응 관계는 임의적이다. 느낌에 대해 사고할 때도 우리는 그것에 대한 표상을 가지고 그렇게 한다. 하지만 이 느낌과 저 느낌의 경계가 흐리므로 정확한 선 긋기가 어렵고 그래서 느낌을 그 자체로 사고하기는 더 어렵다. 이는 느낌의 표상이 느낌 자체를 담기 부족한 그릇이라는 의미이기도 하다. 혐오도 마찬가지이다. 싫고, 꺼리는 강렬한 거부의 느낌을 누구나 쉽게 느끼지만, 그러면서도 그 혐오가 무엇인지 정의하기 쉽지 않은 이유가 거기 있다.

느낌이나 감성과 관련된 물질성, 특히 '혐오의 물질성'이라고 부를 만한 이런 특징은 혐오가 원래 우리 신체의 감각 반응에 긴밀히 관련되는 데서 비롯된다. 혐오는 '혐오'라는 말 자체로 사용되기보다는 다른 표현, 특히 구체적이고, 감각적인 표현으로 번역되어 표출된다. 예를 들어 퇴근길 지하철 안에서 사람들 사이를 이리저리 밀치고 들어가 자리를 차지하겠다는 사람을 보면 어떨까? 지저분하고 덩치 큰 떠돌이 개가 나의 사랑스러운 고양이를 물어 상처를 준다면 어떨까? 인건비 때문에 고성능 인공지능 로봇이 카페에 설치된 다음 날 해고 통지를 받은 내가 사장과 그 기계를 머리에 떠올리면 어떨까? 손해를 보거나 위협을 당해서 화가 난 듯 한 상황에서 우리는 '난 네가 혐오스러워'라든지 '난 개와 로봇을 혐오해'라고 말하지 않을 것이다. 그 대신 상대방의 마음을 후벼파서 내가 입은 피해를 보상해줄 만한 자극적인 표현을 발명할 것이다.

2020년 국가인권위원회가 전국 중고등학교에 배포한 혐오 표현 대응 안내서에서 어렵지 않게 사례를 찾아볼 수 있다. 최근 청소년들 사이에서 유행하는 '짱깨', '성괴', '쿵쾅이', '젠신병자', '급식충' 등등이 그런 혐오 표현이다. 그런데 문제의 심각성은 청소년의 유행어에서 그치지 않는다. 혐오 표현은 갖가지 비속어와 신조어를 넘어 피켓, 현수막, 그림들, 표정, 제스처, 목소리로 나타나고, 누군가에 대한 집단 따돌림, 이단자를 향한 낙인찍기, 반역자에게 가해진 수치스럽고 잔혹한 능지형(陵遲刑), 병들고 아픈 감염병자에 대한 강제 격리 시설 등으로 변형된다. 조르조 아감벤(Giorgio Agamben)과 브뤼노 라투르(Bruno Latour)의 생각을 교차해보면, 이런 싫고 꺼리는 혐오 표현들은 모두 사회적 차별과 배제의 무시무시한 장치로 번역될 것이다.

혐오 정동

우리가 혐오에 관심을 가지게 되는 건, '인종혐오'니 '노인혐오'니 하는 각종 혐오 리터러시가 만들어질 때 즈음이다. 이것은 혐오 사건을 중요한 사회문제로 바라보게 하는 장점이 있지만, 다른 한편으로는 혐오를 인종주의나 고령화, LGBT, 장애 문제에서 부수적인 현상으로 보게 만드는 단점도 있다. 하지만 혐오는 이런 문제들을 관통할 만큼 뿌리가 깊다.

다시 혐오의 물질성으로 돌아가 보자. 어원학이 잘 보여주듯이 혐오는 원래 특정 음식을 싫어하는 느낌을 표현하는 것이었다. 그런데 음식이 맛없다는 말은 단지 개인 취향에 국한되지 않는다. 더 근본적으로 그것은 건강을 위한 신체와 사물 사이의 관계를 표현한다. 혐오는 위해 상황에서 환기된 생명의 느낌이다. 그래서 혐오 연구의 대가인 심리학자 폴 로진(Paul Rozin)은 혐오가 위해를 끼칠 수 있는 사물의 섭식과 관련된 것으로, 신체의 생리적 구조인 구강, 혀 등에 직접적이라고 주장한다. 그는 혐오의 이런 특징을 '핵심 혐오(core disgust)'라고 부르며 이렇게 이어간다.

> [우리가 혐오를 느낄 때] 입의 특별한 역할은 간단한 해부학적인 사실에서 비롯된다. 입은 근본적으로 위장 체계로 연결된 진입 지점이다. 그것은 가장 가까이에서 음식을 식별하고 받아들이는 기본적인 기관이다. … 입은 몸 안으로 들어가면 더는 되돌릴 수 없는 과정의 마지막 식별 지점이다. … 입은 자아와 타자(nonself) 사이에서 고도로 예민한 경계(highly charged border)로 기능하는 듯하다.

입과 혀는 역겨운 맛을 느낄 수 있는 경계 기관, 가장 직접적으로 혐오를 느끼는 장소이다. 혐오는 신체에 직접적이며, 해로운 사물과 접촉할 때 선을 긋고 밀어내는 행위와 관련된다. 다시 말해서 혐오는 사물이 신체 내부로 들어와 신체와 하나가 되려 할 때 만일 신체 자체를 위험에 빠뜨린다고 예상된다면 그것을 외부로 몰아내려는 느낌이자 반응 행동이다. 로진의 이런 생각을 곱씹어 보면, 혐오 현상에는 위협과 배제의 관계적인 논리가 숨어있다.

한편 철학자 질 들뢰즈(Gill Deleuze)나 마수미(Brian Massumi)의 관점에서 혐오는 서로 다른 힘들의 상호 영향인 정동(affect)로 이해된다. 그 힘들은 미시적인 적일 수도 있는데 이는 그것들이 눈에 보이지 않을 만큼 작은 감각의 변화이기 때문이다. 앞에서는 그런 힘을 느낌이라고 말했다. 들뢰즈나 마수미에게 혐오는 존재자들 사이에서 영향을 주고받는 힘들의 운동이고, 특히 부정적인 관계와 배치로 이해된다. 그래서 혐오는 단순히 누군가를 역겹게 여기거나, 싫어하는 느낌의 문제이기보다는 무엇과 무엇 사이의 부정적인 관계의 의미를 포함한다.

한 가지 예를 들어보자. 2019년 11월 17일 중국 후베이성에서 코로나 감염병이 처음 나타났을 때 만해도 우리는 그저 독감처럼 대수롭지 않게 여겼다. 그러나 수개월 만에 감염 사망자가 폭증하기 시작하고 WHO가 COVID-19 팬데믹을 선언하자 전 세계는 공황 상태에 빠졌다. 곧이어 분노에 가득 찬 우리는 왜 그런 끔찍한 질병이 나타났는지 그리고 그 책임이 누구에게 있는지 따져 물었다. 일부 국가에서는 인수공통감염병인 COVID-19가 후베이성 우한 시장을 방문한 사람들에게서 시작되었고, 그들이 박쥐나 천산갑 같은 낯선 동물을 불결한 상태로 잡아먹었기 때문이라는 소문이 퍼졌다.

소문은 미국과 중국 간 정치적 대립과 맞물려 증폭되면서 혐오와 증오가 낯설고 불결한 음식을 먹은 중국인에게로 향했다. 그 뒤로 아시아계를 향한 범죄는 전 세계로 번지고 있다.

누구나 알고 있듯이 낯선 재료의 음식 먹는다는 게 그렇게 심각한 혐오 문제는 아니다. 하지만 그런 혐오 역시 관계적이라고 할 수 있다. 일본 아이치현의 몇몇 마을에서는 땅벌의 유충을 넣어 지은 쌀밥 헤보메시(へぼ飯)를 먹는 풍습이 있다. 헤보를 먹는 것은 구더기가 든 음식을 떠올리게 하듯 우리에게 혐오를 자극한다. 그러나 아이치현 사람들이 헤보메시를 먹은 데는 그만한 이유가 있다. 척박한 지리적 환경 탓에 단백질을 섭취하기 어려웠던 마을 사람들은 주변에서 구하기 쉬운 헤보를 밥에 섞어 먹었다. 그 벌레 덕분에 그들은 건강을 지켰고, 헤보메시를 혐오하지 않았다. 그리고 헤보와의 이 싫지 않은 관계가 마을 사람들의 고유한 전통문화가 되었다.

혐오 정동은 위협에 대처하는 배제의 다이너미즘(dynamism)이다. 개인과 공동체에서 배제는 그 위협이 현실적이든 잠재적이든 그것에 대처하려는 적극적인 행동이다. 그리고 공포와 불안 또한 위협적인 상황에서 나타나는데, 만일 위협의 강도가 너무 세다면 사람들은 회피라는 수동적인 행동을 택하게 될 것이다. 위협이라는 공통점에서 혐오는 공포나 불안과 함께 나타난다.

정신분석학자 줄리아 크리스테바(Julia Kristeva)는 혐오의 이런 특징을 잘 설명한다. 자크 라캉(Jacque Lacan)은 지그문트 프로이트(Sigmund Freud)가 주장한 아버지-아이-어머니의 오이디푸스 삼각관계를 언어, 특히 기표(signifiant)로 구조화했다. 크리스테바는 아브젝트(abject)와 아브젝시옹(abjection) 개념을 통해서 라캉의 구조화를 비판하는데, 이를 위해 아이와 어머니 사이의 비기표적인 영향 관계에 주목한다. 말을 배우기 이전 시기의 아이는 자기와 어머니를 구분하지 않는다. 하지만 이유기에 접어든 아이는 '나'가 되지 못하리라는 막연한 두려움 속에서 어머니와 선을 긋고 어머니 신체에서 나온 젖을 뱉어내려 한다. 아브젝시옹은 이런 선 긋기와 배제 과정이고, 아브젝트는 뱉어낸 것, 토해낸 것, 혐오스러운 것이다. 크리스테바의 이 개념들은 혐오 정동의 근원적인 측면을 설명할 뿐 아니라, 나/우리로부터 너/너희로 만드는, 즉 내부의 것들을 외부로 배제하는 혐오의 관계 논리를 보여준다.

혐오 장치

혐오를 정동으로 바라보는 것은 혐오가 어떤 조건에서 그리고 어떤 방식으로 발생하는지를 이해하는 데 도움이 된다. 그 경우 혐오 현상은 위협과 배제로 나타나는 힘들의 다이너미즘으로 해석된다. 물론 힘들의 역학적 관계는 당연히 권력관계이기도 하다. 그래서 사회적 장치로 변형된 혐오는 권력관계가 실현된 양상으로 볼 수 있다. 더욱이 그것이 자동 기계처럼 잘 작동한다면 혐오 기계라는 말로 바꿔 부를 수도 있을 법하다.

미셸 푸코(Michel Foucault)가 말했던 파놉티콘이 그런 장치의 사례이다. 파놉티콘은 파노라마처럼 넓은 시야를 확보할 수 있는 장치이다. 간수들은 감옥 한가운데에 설치된 높은 탑 안에서 그 아래 배치된 감방과 거기 갇힌 사람들을 감시한다. 사회로부터 강제 격리된 수감자들은 파놉티콘 안에 실제로 간수가 있는지 없는지 알 수 없다. 탑의 물리적 구조와 수감자의 시각 구조가 접속될 때 수감자들은 감시와 수감 기능을 내면화한다. 죄가 있든 없든 거기 강제로 갇힌 사람들은 죄수로서 주체화되고, 잘 작동하는 사회적인 혐오 장치의 일부가 된다. 한편 감옥 외부에 존재하는 시민들은 수감자들을 완전히 격리 배제하기만 하면 자기들이 선량한 시민으로 안전하게 생활할 수 있다고 상상한다. 물론 파놉티콘만이 아니라 감옥 자체도 또 다른 혐오 장치이다. 감옥은 공동체 내부로부터 배제된 사람들을 강제로 수용하는 시설이다.

그리고 정신병원도 감옥과 유사하다. 사회학자인 어빙 고프먼(Erving Goffman)은 1950년대 미국의 정신병원을 상세히 관찰하면서, 이런 강제 격리 시설이 어떻게 사회적 배제와 차별을 개인에게 내면화하는지를 보여준다. 그가 말한 총체적 기관(total institution)은 치료와 재활의 이름으로 환자의 일거수일투족을 완전히 지배하도록 설계된 시설, 제도, 규율, 복장, 약품 등 정신병원의 모든 것을 가리킨다. 총체적 기관에 의해 정신병자로서 규정되는 과정에서 환자들의 인권 훼손은 묵인된다.

1980년대 형제복지원도 국가와 민간이 공모해서 만든 끔찍한 혐오 장치 중 하나이다. 1960년대부터 80년대에 이르는 군사 정부 시기에 전쟁고아, 실업자, 불량배 등 부랑인으로 불린 사람들에 대한 사회적 배제가 제도화된다. 그 일환인 '사회복지사업법'(1970)이나 '내무부 훈령 제410호'(1975)은 사회적 소수자에 대한 공적 책임을 공식적으로 민간에게로 외주화한다. 부산의 형제복지원이 그 대표적인 사례이다. 이 민간 기관은 한편으로는 국가 보조금 혜택을 받으면서 다른 한편으로는 수용자의 가혹한 강제 노동을 통해 상당한 부를 축적한다. 그 과정에서 600명 이상의 수용자가 목숨을 잃었다.

부랑인의 '갱생과 재활'을 위한다는 목적으로 세워진 형제복지원은 사실상 총체적 기관이자, 또한 시민 사회가 사회적 약자를 강제로 배제하려 용인한 혐오 장치이다.

부랑인의 강제 격리는 '사회악일소특별조치(社會惡一掃特別措置)'나 '사회정화위원회(社會淨化委員會)'처럼 군사 정부의 또 다른 정치적 번역물이다. 하지만 정치적 강제를 차치하더라도 주변 사회가 형제복지원의 반윤리적인 행태를 용인한 이유는 근대적 삶을 갈구하는 시민들의 욕망과 그 사회적 배제 방식이 딱 맞아떨어졌기 때문이기도 하다. '일소'나 '정화'라는 표현은 사회 질서의 위협이라는 이유로 더럽고 역겨운 것들과 부정하고 부패한 것들을 우리에게서 깨끗이 쓸어내어 밀어내자는 뜻이다. 그러나 다시 생각해보자. 우리 중 누구도 '일소의 빗자루'로 쓸려 저 멀리 배제되지 않을 사람은 없다.

그러므로 이제 우리 시대가 과연 혐오의 시대가 아닌지 반문해본다. 철학자 지그문트 바우만(Zygmunt Bauman)은 우리 시대를 무한경쟁으로 치닫는 신자유주의적 잉여물이라고 진단하면서 불안이 우리 삶을 지배하고 있다고 말한다. 각자도생만을 꿈꾸는 현실이란 끝없이 경쟁하지만 결국 그 누구도 성공하지 못하는 끔찍한 세상을 만들 뿐이다. 정체불명의 만성 분노와 불안이 그런 세상의 일상적 분위기를 이룬다. 혐오야말로 그곳에서 가장 왕성하게 성장할 것이다. 그렇기에 우리 삶에서 혐오를 비판적으로 바라보는 시선이 더욱더 요청된다. 비판적 노력 속에서 우리는 혐오 너머에 있는 공존과 공생의 상호-의존성을 하나의 대안적 가치로 그려볼 수 있을 것이다.

참고문헌 및 더 읽을거리

마사 너스바움, 『혐오와 수치심: 인간다움을 파괴하는 감정』, 조계원 옮김, 민음사, 2015.

이언 밀러, 『혐오의 해부』, 하홍규 옮김, 한울, 2022.

줄리아 크리스테바, 『공포의 권력』, 서민원 옮김, 동문선, 2001.

브라이언 마수미 외, 『정동 정치』, 최성희·김지영·박혜정 옮김, 갈무리, 2018.

지그문트 바우만, 『현대성과 홀로코스트』, 정일준 옮김, 새물결, 2013.

염운옥, 『낙인찍힌 몸』, 돌베개, 2019.

이재준, 「혐오의 정동」, 『현상과인식』 45권 4호, 한국인문사회과학회, 2021.

Paul Rozin and April E. Fallon, "A Perspective on Disgust," *Psychological Review*, Vol.94 No.1, The American Psychological Association, 1987.

환대 hospitalité; hospitality*

기본적 정의

환대는 20세기 유럽대륙철학에서 프랑스 철학자 에마뉘엘 레비나스가 정립하고, 데리다가 발전시킨 개념이다. 기본적으로 이 개념은 집의 안과 밖, 주인으로서의 주체와 손님으로서의 타자를 전제하고 있으며, 구체적으로는 주체로서의 내가 거주하는 나의 집, 영역, 영토 속으로 나의 영역 바깥에 있는 타자를 맞아들인다는 의미를 내포한다. 『전체성과 무한』의 다음 구절은 이런 식의 정의가 가장 뚜렷하게 표현된 대목이다. "어떤 인간적 관계나 인간 사이의 관계도 경제 바깥에서 행해질 수는 없으며, 빈손이나 닫힌 집으로는 어떤 얼굴에도 접근할 수 없다. 타인에게 열린 집 안으로 [타인을] 거둬들임—환대—은 인간적 거둬들임과 분리의 구체적인 최초의 사태다."[1]

---

* 이 글은 기독교윤리실천운동에서 발간하는 웹매거진 『좋은나무』에 2023년 2월 17일 게재한 글을 본서의 기획 의도에 맞게 수정, 보완한 것이다.

1 Emmanuel Levinas, *Totalité et infini: essais sur l'extériorité*. La haye: Martinus Nijhoff, 1961, 147쪽; 『전체성과 무한』, 김도형·문성원·손영창 옮김, 그린비, 2018, 255, 256쪽.

개념의 어원과 기원

환대가 레비나스와 데리다 이후 널리 퍼진 윤리-정치적 철학 개념이긴 하지만, 이 개념을 중요하게 사용하고 강조하는 경향은 20세기 이후의 유럽대륙철학 전통으로만 국한되지 않는다. 오히려 그 유래는 훨씬 더 오래된 것이다. 우리는 유대-그리스도교 전통, 또는 아브라함 종교 전통에서 이방인, 손님, 나그네를 특별한 조건 없이, 무조건적으로 맞이한다는 환대의 기본 이념을 묘사한 경전의 이야기를 여럿 알고 있다. 한 예로 유대-그리스도교 전통에서 마므레 상수리나무 부근에서 손님 셋을 만나 "손님네들, 괜찮으시다면 소인 곁을 그냥 지나쳐 가지 마십시오. 물을 길어올 터이니 발을 씻으시고 나무 밑에서 좀 쉬십시오"(창세기 18:3-4)라고 제안했던 아브라함의 손님맞이가 그 대표적인 사례다.

하지만 이런 식의 이야기가 환대에 관한 중요한 가르침이자 원천 역할을 할 수는 있지만, 이를 둘러싼 쟁점들을 총체적으로 사고하기 위해 해당 사례를 개념화하여 제시하고, 또 그것을 비판적으로 검토하는 것은 철학의 몫이다. 이 점에서 레비나스와 데리다는 환대 개념의 고안과 발전에 지대한 역할을 했다.

우선, 레비나스는 자신의 주저 『전체성과 무한』의 한 가지 목표를 제시하며, 그 책에서 "주체성을, 타인을 맞아들임으로, 환대로서 제시할 것"[2]이라는 지향점을 명시했다. 특히 그는 주체를 자기만의 행복한 삶을 위해 자기 집에 거주하며 다른 것을 맞아들이는 자로 묘사하는데, 여기서 타인인 인간 타자는 독특한 성격을 가진다. 인

2 Emmanuel Levinas, 같은 책, xv쪽; 『전체성과 무한』, 16쪽.

간이 아닌 타자는 주체인 내가 나의 소유물로 삼아 저장하고 소비할 수 있다. 하지만 인간인 타자, 곧 타인은 그렇지 않다. 타인이 내 집에 들어왔을 때, 이 존재자는 나에게 마실 물과 먹을거리, 누울 자리를 요구할 수 있다. 어떤 경우에는 소위 불합리해 보이기까지 하는 요구를 하며 나의 안정과 평온을 깨트린다. 어떤 식으로건 이런 요구에 응답하는 것이 타인에 대한 나의 책임이고, 이 윤리적 책임을 감당함으로써 나는 타인의 요구에 응답하는 윤리적 주체로 서게 되는데, 바로 이 응답에서 환대의 주체가 성립된다.

물론 타인의 요구에 내가 응답하지 않을 수도 있지만, 만일 그렇게 되면 주체는 윤리적 비판의 대상에 오를 것이다. 고통 받는 타인의 얼굴을 외면하는 것, 환대하지 않고 문을 열어주지 않는 게 옳은 일인가? 그리하여 타인의 요구는 나의 수용 여부와 상관없이 윤리적 성격을 내포하며, 이런 점에서 레비나스에게 윤리적 주체성은 다름 아닌 "환대로서의 주체성"[3]이라고 해도 좋을 것이다. 요컨대, 레비나스에게 환대는 "타인에게 열려 있는 집으로 [타인을] 거둬들임"[4](Levinas 1961, 147[256])이며, 이것이 주체와 타자 사이의 윤리적 관계의 기초이자 절정이라고 해도 과언이 아니다.

여기까지만 보면, (비록 레비나스가 성서가 아닌 현상학에 의존해서 논증을 전개하지만) 앞서 언급한 유대교 전통의 아브라함 이야기를 철학적으로 그대로 옮겨 놓은 것도 같다. 하지만 문제는 그리 간단치 않다. 에밀 벤베니스트는 환대 개념이 라틴어 *hostis*와 *hospes*에서 유래했음을 지적한다. 그런데 이 두 개념은 손님을 가리

3 Emmanuel Levinas, 같은 책, xv쪽; 『전체성과 무한』, 16쪽.

4 Emmanuel Levinas, 같은 책, 147쪽; 『전체성과 무한』, 256쪽.

키면서, 또 적을 가리킨다. 구체적으로 말해서, "라틴어 hostis의 의미는 적(ennemie)이다. '손님(hôte)'과 '적(ennemie)'의 관계를 설명하기 위해 이 두 의미가 또한 라틴어에서도 확인되는 '이방인(étranger)'이란 의미에서 파생되었다는 사실이 일반적으로 받아들여진다. 그래서 '호의적인 이방인→손님', '악의적인 이방인→적'으로 설명된다."[5]

이를 심각하게 받아들이면, 환대는 레비나스의 용어로는 주체와 타자의 관계에서 주인인 주체가 손님인 타자를 집 안으로 맞이하는 사태지만, 어원을 고려했을 때, 환대의 사건은 주인 대 손님을 넘어 적을 나의 영토나 영역으로 맞이하는 사건으로까지 확대된다. 이것은 우리에게 환대를 둘러싼 더 복잡한 문제가 있음을 알려준다. 즉, 우리가 맞이하는 타인이 반드시 착한 손님일 수는 없고, 어떤 경우 손님은 나에게 적대적인 원수이거나 최소한 나에게는 너무나도 낯선 불편한 사태를, 더 나아가면 참혹한 불행까지 안겨다 줄 수 있는 잠재적 괴물로서의 이방인일지 모른다. 이 경우 주인인 나나 공동체는 타인을 무조건적으로 환대할 수 없을 수도 있으며, 손님 또는 적을 어떻게든 환영하겠다고 한다면 제한적 조건이나 특정한 절차와 규준을 일종의 안전장치로 마련해야 하는 상황에 놓인다. 이렇게 되면 환대가 단지 무조건적이거나 아름다워 보이기까지 하는 윤리적 사건으로만 나타나지는 않을 것이다. 적과의 특수 관계나 환대하기에는 너무나 부족한 나의 여건 등, 환대의 상황을 둘러싼 많은 조건

5 Émile Benveniste, *Le vocabulaire des institutions indo-européennes 1: Economie, parenté, société*, tableau et index établis par Jean Lallot, Les Éditions de Minuit, 1969, 92쪽; 『인도유럽사회의 제도·문화 어휘 연구 1: 경제, 친족, 사회』, 김현권 옮김, 그린비, 2014, 111쪽.

을 계산해야 하는 과제가 나 또는 가족, 심지어 국가나 종교 공동체에 주어지게 되고, 이는 환대가 윤리적이면서도 정치적인 문제이며, 법과 경제적 고려까지 거쳐야 하는 것이라는 점을 잘 보여준다.

데리다는 이런 환대의 어려움을 잘 사유한 철학자다. 그는 레비나스를 통해 환대가 기본적으로 타인을 아무 조건 없이 맞이하는 윤리적인 사건이며, 여기서 정의의 관념이 주어질 가능성을 진지하게 고려한다. 하지만 그는 단지 환대에서 정의의 도래 가능성을 볼 뿐만 아니라 우리의 유한한 조건을 돌아볼 때 실제 우리의 삶 속에서 이루어지는 환대가 매우 난해하고 역설적인 상황에 마주하게 된다고 지적한다.

이를테면 성서에서 아브라함의 조카 롯은 천사 둘을 자기 집으로 맞이하고, 음식을 주며, 편히 쉬게 하는데, 롯의 집 대문 앞에 몰려온 일군의 사람들은 그 천사들과 성적인 쾌락을 탐닉하고 싶다는 명목으로 그들을 내놓으라고 한다. 이에 롯은 그 천사들을 보호하기 위해 자기 딸을 탐욕스러운 군중들에게 대신 내어주겠다는 황당하고 끔찍한 제안을 하기에 이른다(창세기 19:1-11). 이처럼 환대를 통해 손님을 맞이하는 일은 어떤 분란과 소요를 일으키기까지 하며 예기치 못한 비극을 불러오기도 한다. 내 집에 온 손님은 내가 모셔야 할 타자이지만, 다른 누군가에게 그 손님은 적이나 유희의 대상, 쾌락의 도구, 배제되어야 할 존재자로 여겨지기도 한다. 어쩌면 이것은 오늘날 우리가 겪는 이주민이나 난민, 외국인과 더불어 살려고 할 때 일어나는 일련의 혐오나 소요, 범죄 사태와도 연관된 현실적인 문제이기도 할 것이다.

환대의 아포리아: 조건적인 것과 무조건적인 것 사이

이런 맥락에서 데리다는 환대가 반드시 무조건적일 수는 없으며, 환대의 가능성은 또한 필연적으로 폭력의 가능성을 동반할 수 있음을 지적한다. 즉, "환대와 배제는 짝을 이룬다."[6] 이 아포리아를 이해하기 위해 이방인이나 타자가 단수가 아니라 복수라고 해보자. A라는 이방인을 내 집이나 국가, 또는 공동체 안으로 맞이하는 일은 동일자로서의 집, 국가, 공동체가 지닌 한계를 드러낸다. 말하자면 동일자가 A를 맞이하는 순간, 그것은 B라는 다른 이방인을 위한 자리를 박탈하는 행위가 될 수 있다. 더 구체적으로 말해서, 받아들일 수 있는 이주민 정원이 한계치에 이르면, 어떤 이방인이 특정한 국가나 공동체의 내부로 받아들여지는 순간, 다른 이방인은 배제되는 일이 발생할 수밖에 없다. 환대의 주체성을 제시한 레비나스에게는 무조건적 환대가 마치 우리가 추구해야 할 윤리적 주체성의 온전한 모습처럼 여겨질 수 있다.[7] 하지만 데리다에게는 그런 무조건적 환대와 환대의 주체성이 반드시 성취되어야 할 어떤 모형으로 설정되기보다는 어쩔 수 없는 삶의 유한한 조건과 한계로 인해 불가능한 어떤 것으로 여겨진다.[8]

---

6 Jacques Derrida, *Spectres de Marx: l'état de la dette, le travail du deuil et la nouvelle Internationale*, Galilée, 223쪽; 『마르크스의 유령들』, 진태원 옮김, 그린비, 2007; 2014, 274쪽.

7 물론 레비나스도 윤리적 환대의 한계로 인해 정치적 헤아림이나 정의의 계산이 필요하다고 생각하기는 한다.

8 Martin Hägglund, *Radical Atheism: Derrida and the Time of Life*, Stanford University Press, 2008, 103, 104쪽 참조; 『급진적 무신론: 데리다와 생명의 시간』, 오근창 옮

이런 환대와 배제의 엮임과 얽힘, 환대의 불(가능성)을 고려하는 것은 어떤 이점을 주는가? 환대가 항상 위에서 언급한, 또 그 외의 어떤 다양한 조건적 제약 속에서 이루어지는 사건이라는 점을 고려할 때, 오히려 우리는 환대와 관련한 그릇된 이해나 지나치게 낭만적인 몽상에 빠지지 않을 수 있다. 만일 환대에 대한 낭만적 가능성에만 집착하여 무조건적 환대를 하나의 이상처럼 설정한다면, 환대와 더불어 또는 환대 이후 일어나는 폭력을 도외시하거나 그 위험성을 축소할지 모른다. 이런 점에서 환대는 조건적인 환대로 기능할 수밖에 없다는 점, 타자는 천사의 모습으로만이 아니라 적이나 악마의 모습으로도 도래할 수 있다는 점을 늘 경계해야 한다. 즉, 최선의 가능성을 염두에 둘 때는 언제나 최악의 가능성도 함께 고려되어야 한다는 것, 이것이 데리다가 사유한 환대의 아포리아에 대한 짧은 요약이다.

물론 그렇다고 해서 데리다의 관점에서도 무조건적 환대가 마냥 무의미해지는 것은 아니다. 조건적 환대에서 조건적이라는 제약조차 무조건적인 것을 염두에 둘 때 가능하다. 좀 길지만 이와 관련한 데리다의 말을 되새겨보는 게 필요하다.

> 확실히 무조건적 환대로 삶을 영위한다는 건 실천적으로 불가능합니다. 어떤 식이건 정의상, 우리가 무조건적 환대를 조직할 수는 없습니다. 일어나는 일은 일어나며(도착하는 자는 도착하며), 결국 이것만이 사건이라는 이름에 걸맞은 유일한 사건입니다. 또한 이 순수 환대라는 개념이 어떤 법적 지위나 정치적 지위를 가질 수 없다는

김, 그린비, 2021, 192, 193쪽 참조.

> 건 저도 잘 알고 있습니다. 그 어떤 국가도 순수 환대를 자기들 법률에다 기입할 순 없겠지요. 그러나 순수하고 무조건적 환대를, 환대 그 자체를 최소한 사유해보지도 않는다면, 우리는 환대 일반의 개념을 갖지 못할 것이며…조건적 환대의 규준조차 정할 수 없을 겁니다. 이 순수 환대의 사유…없이는, 타자에 대한 관념, 타자의 타자성에 대한 관념, 다시 말해 초대받지 않고도 당신 삶으로 들어오는 그 또는 그녀에 대한 관념을 갖지도 못할 겁니다.…무조건적 환대는 법적이지도 정치적이지도 않지만, 그럼에도 불구하고 정치적인 것과 법적인 것의 조건입니다.…환대 없는 '윤리'가 있을 수 있을까요? 역설, 아포리아는 이 두 환대가 서로 이질적인 동시에 분리 불가능하다는 것입니다.[9]

데리다에 의하면, 이렇게 환대에 어떤 조건을 부과한다는 것 자체가 이미 무조건적 환대를 염두에 두고 있는 셈이다. 이에 무조건적 환대가 무조건 추종해야 할 이상이 되는 것은 아니지만, 그것은 여전히 어떤 가능성으로서의 역할을 할 수 있다. 이를테면 이주민에 대해, 이방인에 대해, 이런 외부에서 온 존재자들을 내 영역에 맞이하고자 한다면, 나 또는 우리 가족, 국가는 그들에 대한 최선의 환영과 환대가 무엇인지를 고민할 것이며, 우리는 그런 최선의 가능성, 무조건적 환대의 가능성에 비추어 비로소 어떤 조건을 부과하게 된다. 이런 점에서 무조건적 사랑이나 섬김의 환대가 불가능할지언정 무의미하지는 않다. 타자에 대한 전적인 책임은 질 수 없지만, 내가

9 Jacques Derrida, "Autoimmunity: Real and Symbolic Suicides: A Dialogue with Jacques Derrida," in *Philosophy in a Time of Terror: Dialogues with Jürgen Habermas and Jacques Derrida*, ed. Giovanna Borradori, University of Chicago Press, 2003, 129쪽; 「데리다와의 대화: 자가-면역, 실재적이고 상징적인 자살」, 『테러 시대의 철학: 하버마스, 데리다와의 대화』, 손철성·김은주·김준성 옮김, 문학과지성사, 2004, 234, 235쪽.

시행할 수 있는 최선, 무한한 책임에 대해서는 고려할 수 있고, 또 상상할 수 있다는 사실은 조건적 환대의 훌륭한 기반이 될 수 있다.

환대를 둘러싼 책임 요구와 책임의 계산 불가능성

이제 이 쟁점을 조금 더 깊이 확장하여 검토해보자. 타자의 환대를 향한 요구나 부름은 주체 또는 동일자에게 환대해야 할 책임과 의무에 대한 부담을 지운다. 우리는 한 국가가 자국민의 안전이나 번영을 위해 무한 책임을 져야 한다는 말을 자주 하거나 듣는다. 이것은 크게는 한 국가의 정부라는 기관을 향해, 또 거기에 소속된 관료들을 향해 요구되는 책무기도 하다. 실상 국가가 질 수 있는 책임은 그것이 정치적이건, 법적이건, 도덕적이건 간에 한정적이다. 하지만 이것이 어떤 이념적 차원에서건, 정치적 항쟁이나 요구의 차원에서건 안전이나 번영의 문제를 가능한 최대한 고려하기를 그들에게 요구하려면, 그 책임의 소지를 무한하게 설정할 필요가 있다.[10] 그리고 이 경우 여러 가지 쟁점이 발생한다. 이를테면 정부의 책임은 자국민만을 위해 이루어져야 하는 것인지, 아니면 외국인이라 하더라도 국내에 들어와 재난의 피해를 보았다면 그에 대한 책임을 자국민의 수준이나 그 이상으로 져야 하는 것인지를 헤아려야 하는 문제가 제기된다. 의사소통조차 제대로 되지 않는 외인은 어쩌면 완벽하게 번역되지 않는 말로, 더 심각하게는 무언(無言)으로 요구한다. 이 요구 앞에서 나 또는 우리의 책임은 어디까지일까? 완전하게

10 최근 벌어진 이태원 참사나 그 이전에 있었던 여러 참사의 책임 공방을 떠올려보자. 실제 제대로 된 책임 수행이 벌어지지는 않았으나 이런 사건이 있을 때마다 우리는 책임의 무한성이란 말을 흔히 사용하며 공방을 벌인다.

번역되지 않는 환대의 요구, 침묵의 요구를 우리는 어떻게 오롯이 이해할 수 있을까? 이처럼 우리는 누군가를 환대한다고 할 때, 타자로서의 외인에 대한 환대의 책임까지 계산해야 하는 무거운 과제에 직면하는데, 이때 우리는 그 책임의 계산 불가능성이라는 무거운 짐을 지게 된다. 이처럼 환대의 요구는 우리에게 계산 불가능한 것을 계산하게 하는 불가능한 요구를 부과한다.

범위를 더 좁혀 가족 관계에서의 사례를 떠올려보자. 서로 가족을 이루고자 하는 이들이 혼인 서약을 통해 당신을 죽을 때까지 사랑할 것이며 힘들 때나 기쁠 때나 슬플 때나 함께 하겠다는 맹세를 한다고 해보자. 이는 실제로는 지켜질 수 없는 맹세일지도 모른다. 이런 맹세를 하게 된 이들은 여러 현실적인 제약으로 인해, 그 약속을 상대방이 원하는 수준에서 성취할 수 없을 공산이 크다. 하지만 그런 경우라도 상대방을 전적으로 사랑하겠다는 약속에 담긴 정서나 도덕성, 언행 전반과 관련한 무한한 요구가 무의미해지는 것은 아니다. 왜냐하면 바로 그 최초의 요구에 비추어서 이후의 조건적인 사랑의 수행이 이어질 수 있기 때문이다. 이는 비단 사랑하는 연인 두 사람에게만 해당하는 게 아니다. 나의 분신처럼 여기는 타자로서의 아이가 생겼을 때나 새롭게 가족으로 맞이해야 할 타자 또는 이방인이 기존 가족 구성원 사이에 불쑥 들어왔다고 해보자. 이들에 대한 책임은 어디까지여야 하는지를 부모나 기존 가족 구성원들은 심각하게 고려할 수밖에 없으며, 이런 헤아릴 수 없는 요구에 비추어 책임과 환대를 수행하게 된다. 의미를 정확하게 포착하기 힘든 갓난아이의 울음소리로 대변되는 환대를 향한 부름과 요구를 어찌 다 헤아릴 수 있겠는가? 말로 표현되지는 않지만, 가능한 한 따뜻하게 맞이해주기를 바라는, 내 집에, 우리 가족 사이에 들어온 손님의 침묵 속에 전해지는 요구를 어떻게 다 계산할 수 있겠는가? 이처럼 명시적으로 또는 암시적으로, 심지어 침묵 가운데 제시되는 환대에 대한 요구는 환대에 대한 책임의 계산 불가능성을 불러온다. 이 점에서 실제 환대에 대한 책임의 실천은 유한할 수밖에 없고 조건적인 제약 속에 이루어지지만, 무조건적 환대까지 염두에 두게 하는 무한한 요구가 그것에 분리 불가능하게 결부되어 있다는 데리다의 통찰과 환대의 주체성을 통해 윤리의 근원을 파악하려고 한 레비나스의 통찰은 우리에게 많은 생각의 거리를 던져준다. 그리고 그 통찰의 기저에는 바로 이 계산할 수 없는 환대의 책임이라는 쟁점이 자리하고 있다.

분별 또는 선별의 이해를 수반한 환대의 과정

최근에는 해석학적 전통에서 환대의 과정에 분별 또는 선별의 이해가 필요함을 역설하는 흐름도 생겨났다. 무조건적 환대를 지향한다고 할지라도, 타자나 이방인을 맞이할 때 일어나는 (선)반성적 숙고의 차원을 무시할 수 없다는 게 이러한 사고의 핵심이다. 한 주체에게 타인이 급작스럽게 도래할 때, 우리는 일차적으로 육신의 차원, 신체의 차원, 또는 살의 차원에서부터 이미 일종의 반응을 하게 된다. 그런데 이런 신체적 반응 역시 일종의 숙고이며, 이런 두려움과 떨림 속에서 타자에 대한 일종의 분별적 응답이 이루어진다는 점을 섬세하게 포착하려는 철학적 시도가 바로 분별 또는 선별의 해석학을 일으킨다. 바로 이런 수용과 응답의 맥락에서 "분별(Discernment)은 확실히 반성적 인식의 평가에 관한 문제가 되기 전에 타인의 갑작스런 도래에 대한 선반성적인 육적 반응의 문제가 된다. … 비록 우리가 아직 인지적으로 그것을 인식하지 못하더라도, 타인에게 응답하는 것은 언제나 이미 선택하고 해석하는 문제다."[11] 즉, 환대의 주체는 반성적 차원에 이르기도 전에 이미 분별하고, 해석하는 활동에 가담한다. 이런 점에서 환대는 "(이를테면, 폭력적 침략자와 빈곤한 난민들 사이에서의) 분별에의 용기를 요구한다."[12] 물론, 이 분별은 완전할 수 없고, 실패와 위험에 노출되어 있다. 하지만 그렇다고 해서 "분별에의 용기" 없는 수용은 가능하지 않으며, 환대가 여전히 주체의 자리와 지위에 관한 물음과 결부되어 있다면, 타자를 주체가 어떻게 분별할 수 있는지를 세세하고 심도 있게 파헤쳐보는 게 환대에 관한 또 하나의 중요한 쟁점이 된다.

이처럼 환대는 무조건적으로 타자를 맞이하는 사태를 일컫지만, 우리의 조건적 제약이나 유한성에서 비롯한 아포리아 및 분별 또는 선별이라는 해석학적 문제까지 일으키는 복잡한 사태다. 특별히 가족 공동체나 개인 대 개인, 공동체들 사이의 관계가 단지 동질적인 개체들의 문제가 아니라 이질적인 타자들과의 관계 안에서 형성되는 것이라면, 또 집 안과 밖, 주인과 손님, 이방인이나 심지어 적과의 관계를 고려하는 가운데 형성되는 것이라면, 무/조건적 환대를 둘러싼 쟁점들은 바람직한 공동체 구성 및 전개와 관련해서 반드시 고려되어야 하는 주제임이 분명하다.

---

11 Richard Kearney, *Anatheism: Returning to God after God*, Comlumbia University Press, 2010, 46쪽; 『재신론』, 김동규 옮김, 갈무리, 2021, 96, 97쪽.

12 Richard Kearney·Melissa Fitzpatrick, *Radical Hospitality*, Fordham University Press, 2021, 7쪽.

참고문헌 및 더 읽을거리

Benveniste, Émile, *Le vocabulaire des institutions indo-européennes 1: Economie, parenté, société*, Tableau et index établis par Jean Lallot, Les Éditions de Minuit, 1969.

Derrida, Jacques, *Spectres de Marx: L'état de la dette, le travail du deuil et la nouvelle Internationale*, Galilée, 1993. 국역본: 『마르크스의 유령들』. 진태원 옮김. 그린비, 2007; 2014.

Derrida, "Autoimmunity: Real and Symbolic Suicides: A Dialogue with Jacques Derrida," In *Philosophy in a Time of Terror: Dialogues with Jürgen Habermas and Jacques Derrida*, Edited by Giovanna Borradori. University of Chicago Press, 2003. 국역본: 「데리다와의 대화: 자가-면역, 실재적이고 상징적인 자살」, 『테러 시대의 철학: 하버마스, 데리다와의 대화』, 손철성·김은주·김준성 옮김, 문학과지성사, 2004.

Fitzpatrick, Melissa and Kearney, Richard, *Radical Hospitality*, Fordham University Press, 2021.

Hägglund, Martin, *Radical Atheism: Derrida and the Time of Life*. Stanford University Press, 2008. 국역본: 『급진적 무신론: 데리다와 생명의 시간』, 오근창 옮김, 그린비, 2021.

Kearney, Richard, *Anatheism: Returning to God after God*, Comlumbia University Press, 2010. 국역본 『재신론』, 김동규 옮김, 갈무리, 2021.

Levinas, Emmanuel, *Totalité et infini: essais sur l'extériorité*, Martinus Nijhoff, 1961. 국역본: 『전체성과 무한』, 김도형·문성원·손영창 옮김, 그린비, 2018.

저자소개

류도향

전남대학교 인문학연구원 부교수로 재직 중이다. 전공 분야는 사회철학, 미학, 가족커뮤니티인문학이며, 대표 논문으로 「가족하기-되기: 연결의 메타플라즘」, 「열린 가족과 진보적 장소감」 등이 있다. 한국사회의 강고한 가족이데올로기를 해체하고 다양하고 창의적인 친밀 영역을 재구성할 수 있는 가능성을 철학적으로 규명하며, 최근에는 예술과 정동에 대한 이론을 중심으로 신자유주의 체제에 대항하는 창의적 도시 커뮤니티를 연구하고 있다.

김기성

전남대 호남학연구원과 일반대학원 호남학과 교수로 재직 중이다. 전공 분야는 사회철학이며, 대표논문으로 「감성적 근대성의 공간적 전회」, 「지구화 시대의 지역학에 관한 철학적 성찰」 등이 있다. 최근에는 지구화 시대에 시공간의 변화가 사회적 감성에 미치는 영향, 장소와 신체의 상관성 및 횡단지역성(translocality)의 관점에서 도시-마을의 공공성과 풀뿌리 민주주의를 중심으로 마을학과 비판적 지역학에 천착하고 있다.

김현미

연세대학교 문화인류학과 교수로 재직중이다. 주요 연구분야는 젠더의 정치경제학, 글로벌 이주와 난민, 에코페미니즘이다. 저서로는 『글로벌 시대의 문화번역』(2005), 『우리는 모두 집을 떠난다: 한국에서 이주자로 살아가기』(2014), 『페미니스트 라이프스타일』(2021)이 있다. 〈Multiculturalism in East Asia: A transnational exploration of Japan, South Korea and Taiwan〉을 공동 편집했다.

김경란

영남대학교 독어독문학과, 유럽언어문화학부 강사를 역임했다. 전공분야는 독일문학 이며, 대표논문으로는 「노년의 영화적 재현: 노년담론과 노인의 정체성」, 「독일 TV광고에 재현된 노년 및 노인이미지」 외 다수 있으며, 독일 에세이학 및 독일언론의 매체비평에 관심이 깊다. 최근에는 독일 고령화정책에 대해 조사, 분석하고 있으며, 독일 대중매체에 나타난 노인이미지에 대해 연구하고 있다.

강의혁

전남대학교 영어영문학과 부교수로 재직 중이다. 전공분야는 문화연구/미국문학이며, 대표논문으로 「커뮤니티와 면역성-폭력에 대한 사유」, 「재난시대의 인문학을 생각하며」 등이 있다. 커뮤니티와 폭력의 상관관계와 그 문화적 재현에 대한 연구를 진행하고 있으며, 폭력일반이론, 문화적 알레고리와 재현, 구조적 폭력 등을 주제로 글을 쓰고 있다.

신지영

경상국립대학교 철학과 교수로 재직중이다. 최근 『들뢰즈의 드라마론』, 『들뢰즈의 정치-사회철학, 통제사회에 던지는 질문』을 쓰고, 들뢰즈의 『대담, 1972~1990』을 번역 출간했다. 그동안의 연구를 기반으로 『새로 쓰는 형이상학-베르그손과 들뢰즈』, 『과학과 철학-19세기에는 무슨 일이 일어났는가』를 준비중이다. 『내재성』, 『들뢰즈 개념어 사전』, 『들뢰즈의 차이와 반복, 해설과 비판』 등의 저서와 역서가 있다.

김병인

전남대학교 사학과 교수로 재직 중이다. 전공은 한국중세사이며, 최근 논문으로 「원효사의 寺歷과 寺名에 대한 연구」, 「청주한씨 '기자후예설' 재검토」, 「고려도경에 비친 고려인들」 등이 있다. 고려시대 정치사에 대해서 연구해왔으며, 호남학을 비롯한 지역학에 대한 논의에 참여하고 있으며, 축제 및 역사 문화콘텐츠 기획과 관련된 프로젝트를 진행하고 있다.

정미라

전남대학교 철학과 교수이자 인문학연구원 원장으로 재직 중이다. 전공은 사회·정치철학이며 최근 저서로 『현대성과 자기보존욕망』이 있으며, 대표논문으로 「가족과 상호인정의 원리」, 「욕망의 억압과 규범의 원천으로서 가족」 등이 있다. 사회적 규범과 관련된 가족과 공동체의 역할과 의미변화에 관심이 있으며, 자율적 관계성에 기반한 다양한 커뮤니티의 가능성에 대해 연구하며 글을 쓰고 있다.

윤지영

국립 창원대학교 철학과 부교수로 재직 중인 페미니스트 철학자이다. A&HCI급 국제전문저널과 KCI급 국내전문저널에 53편의 영어, 불어, 한국어 논문을 게재하였다. 논문으로는 「The Human-Nonhuman connected body in the era of Climate Change」, 「리얼돌, 지배의 에로티시즘」, 「젠더 게임 해부하기」, 「Escaping the Corset: Rage as a Force of Resistance and Creation in the Korean Feminist Movement」, 「Feminist Net-Activism as a New Type of Actor-Network that Creates Feminist Citizenship」 등과 번역서로는 『자신을 방어하기』가 있으며 단독저서로는 『지워지지 않는 페미니즘』, 공저로는 『탈코르셋 선언』 등이 있다. 신물질주의와 프랑스 현대 철학을 기반으로 인류세, 기후위기, 비인간 전회, 한국 페미니즘 운동의 이론화 등의 주제들에 대해 연구하고 있다.

한우리

전남대학교 인문학연구원 HK교수로 재직 중이다. 전공분야는 미국소설이며, 대표논문으로 「결혼과 시민권: 『카스트의 저주; 노예신부』와 『아이올라 르로이』를 중심으로」, 「사물에 홀린 이들의 이야기-『시스터 캐리』」가 있다.

『교차성×페미니즘』을 함께 썼으며, 『페미니즘 선언』 등을 우리말로 옮겼다. 근대국가의 형성에 얽힌 젠더 및 섹슈얼리티 규율과 유색여성 페미니즘 정치/인식론에 관심을 가지고 연구하고 있다.

김경학

전남대학교 문화인류고고학과와 대학원 디아스포라학과 교수로 재직 중이다. 전공은 인류학이며, 대표 저서로는 『국제이주와 인도인 디아스포라』, 『글로벌 시대의 인도사회: 초국가주의, 디아스포라, 인권』, 『터번의 문화정치: 시크의 초국가적 민족주의』, 『초국적 가족과 돌봄 문화: '고려인마을' 고려인 동포들의 이야기』, 『네팔의 국제이주와 초국가적 가족』 등이 있다. 남아시아 이주자와 구소련권 고려인 이주자를 대상으로 초국적 가족과 돌봄 문화에 대한 연구를 진행하고 있다.

최대희

전남대학교 인문학연구원 HK연구교수로 재직 중이다. 전공분야는 서양사이며, 최근에는 국경을 넘는 초국적 이주와 귀환이민을 주제로 연구하고 있다. 대표논문으로는 「초국주의, 초국화 그리고 21세기 초국적 가족」, 「방법론적 국가주의'와 이민자 개념의 변화-서유럽의 국민국가 건설시기를 중심으로-」가 있다. 2023년에는 루드거 프리즈의 『초국화-경계를 넘어서는 사회화의 이론과 실제』를 공역했다.

정미선

전남대학교 인문학연구원에서 HK연구교수로 재직 중이다. 전공은 한국현대소설론이며, 대표논문으로 「이성애규범성과 젠더화된 섹슈얼리티의 탈구축」, 「동시대 한국소설에 나타난 이모 표상의 의미망」 등이 있다. 레즈비언과 여성의 시선에서 한국사회의 서사화된 문화적 경관과 커뮤니티의 공간화된 정치를 탐색하는 데 관심을 가지고 연구하고 있다.

이경배

전주대학교 한국고전학연구소 HK 연구교수로 재직 중이다. 전공은 해석학이며, 대표논문으로는 「해석학적 철학과 철학적 해석학」, 「시짓기와 철학하기-철학적 해석학의 휠덜린 수용사」, 「'부끄러움(羞)'의 윤리학」, 「세 개의 거울: '자기 돌봄'의 기술」 등과 번역서 『근대철학사』 등이 있다. 주요 연구분야는 서양 현대철학과 독일 관념론이며, 현재 서양 철학적 토대 위에서 한국 근대의 개인, 주체, 권력 문제에 대해 관심을 가지고 연구 진행 중이다.

추주희

전남대학교 인문학연구원에서 HK연구교수로 재직 중이다. 전공은 젠더와 가족사회학, 사회계층론이며, 대표논문으로 「청소년 한부모의 가족구성권에 대한 비판적 탐구」, 「가족의 경계와 질서의 재구성: 탈가정 청소년의 '팸'생활에 나타나는 돌봄과 친밀성을 중심으로」 등이 있다. 현재 소수자적 관점에서 위기, 빈곤 청소년의 성인기 이행과 청년 문제를 연결시켜 사회불평등 문제를 접근하고 있으며, 가부장적 가족이 해체되고 새롭게 형성되는 친밀한 연결과 관계들의 변화지형을 탐색함으로써 사회적 돌봄의 과제를 모색하는 실천연구를 수행중이다.

이재준

숙명여자대학교 인문학연구소 HK조교수로 재직 중이다. 전공은 철학과 미학이며, 대표논문으로 「안드로이드 과학과 포스트휴먼 언캐니」와 「객체들의 관계 외부성과 물질 혐오」 등이 있다. 과학기술과 예술, 그리고 다양한 인문학적 쟁점 사이에서 교차적인 연구를 진행해왔다. 최근에는 인공지능, 로봇, 인류세 등 물질-기계의 자본주의적 변화 상황에서 인간-비인간의 종간횡단에 주목하고 있다.

김동규

서강대학교 생명문화연구소 연구교수, 인문학&신학연구소 에라스무스 운영위원으로 일하고 있다. 주요 저작으로 『선물과 신비: 장-뤽 마리옹의 신-담론』, 『미술은 철학의 눈이다』(공저) 등이 있으며, 주요 논문으로 「『전체성과 무한』에서 '나(들)'의 다원주의」, 「진리의 초과, 주어진 자기: 마리옹의 아우구스티누스 해석에 대한 비판적 고찰」, 「상호성을 넘어서: 폴 리쾨르에게서 주어짐과 선물」 등이 있다. 옮긴 책으로는 장-뤽 마리옹의 『과잉에 관하여』, 레비나스의 『윤리와 무한: 필립 네모와의 대화』 등이 있다.